J. Boulanger

Parti républicain radical
et radical-socialiste

HUITIÈME CONGRÈS

DU

PARTI RÉPUBLICAIN

Radical et Radical-Socialiste

Tenu à DIJON

Les 8, 9, 10 et 11 Octobre 1908

Prix : 25 Centimes

AU SIÈGE DU COMITÉ EXÉCUTIF

9, rue de Valois, 9

Parti républicain radical et radical-socialiste

HUITIEME CONGRÈS

DU

PARTI RÉPUBLICAIN

Radical et Radical-Socialiste

Tenu à DIJON

Les 8, 9, 10 et 11 Octobre 1908

Prix : 25 Centimes

A PARIS. AU SIÈGE DU COMITÉ EXÉCUTIF

9, rue de Valois, 9

8ᵉ CONGRÈS

DU

PARTI RÉPUBLICAIN

Radical et Radical-Socialiste

Tenu à Dijon

Les 8, 9, 10 et 11 Octobre 1908

SEANCE PREPARATOIRE

Jeudi matin, 8 octobre 1908

La séance est ouverte à neuf heures, sous la présidence de M. le sénateur Delpech, président du Comité exécutif, assisté des membres du Bureau et de MM. Tenting, député de la Côte-d'Or ; Jossot, président de la Fédération départementale ; général André et René Renoult.

Il est procédé au tirage au sort des commissions de vérification des pouvoirs et de vérification des finances.

Ces commissions se réunissent immédiatement.

La séance est levée à 11 heures.

SEANCE D'OUVERTURE

Jeudi 3 octobre, après-midi

A deux heures, le Bureau du Comité Exécutif prend place au bureau. M. Delpech, président, est assisté de MM. VIEU, sénateur du Tarn ; BOURÉLY, député de l'Ardèche ; Em. CHAUVIN, député de Seine-et-Marne ; DALIMIER, député de Seine-et-Oise ; DREYT, député des Hautes-Pyrénées ; Ch. DUMONT, député du Jura ; L. JANET, député du Doubs ; LAFFERRE, député de l'Hérault ; LAGASSE, député du Lot-et-Garonne ; Louis MARTIN, député du Var ; Paul MEUNIER, député de l'Aube ; Albert SARRAUT, député de l'Aude ; STEEG, député de la Seine ; BELLANGER (Seine) ; Henri BÉRENGER (Ille-et-Vilaine) ; J.-L. BONNET (Mayenne) ; BOURCERET (Landes) ; BUROT (Charente) ; Ad. CHÉRIOUX, président du Conseil municipal de Paris ; Ch. COINTE (Seine) ; DELPECH, conseiller général de Lot-et-Garonne ; FABIUS DE CHAMPVILLE (Orne) ; FABIANI (Corse) ; Général GODART, (Meurthe-et-Moselle) ; HERRIOT (Rhône) ; F. LEFRANC (Pas-de-Calais) ; J.-B. MORIN (Seine) ; MURAT (Seine) ; Louis PASQUET (Bouches-du-Rhône) ; PATENNE, conseiller général de la Seine ; Henri ROUSSELLE, conseiller général de la Seine ; Jules SIOLY (Alpes-Maritimes), vice-présidents ; BELLIER, député de l'Indre ; DELPIERRE, député de l'Oise ; Louis DREYFUS, député de la Lozère ; Louis DUMONT, député de la Drôme ; De KERGUEZEC, député des Côtes-du-Nord ; Paul PÉLISSE, député de l'Hérault ; BALANS (Seine) ; Jules CELS (Lot-et-Garonne) ; F. CHAZOT (Hérault) ; Paul FALOT (Oran) ; GARNIER (Seine) PALENGAT (Gironde) ; Edmond STRAUSS (Alpes-Maritimes) ; Louis TISSIER (Finistère) ; Paul VIROT (Seine), secrétaires.

Le citoyen Delpech, président, donne la parole au citoyen Jossot, conseiller général, président de la Fédération de la Côte-d'Or.

Discours de M. Jossot

Citoyens,

J'ai le vif plaisir et le très grand honneur, au nom de la Fédération Radicale et Redicale-Socialiste de la Côte-d'Or, d'adresser un cordial salut de bienvenue aux délégués des groupements qui adhèrent à la Fédération Nationale, et j'aurais profondément regretté pour mon parti et pour moi que certaines circonstances que vous savez, aient pu me priver du rôle éphémère que je tiens en ce moment.

Certes, en d'autres villes, les congressistes auraient pu être accueillis avec plus d'enthousiasme et plus de bruyantes acclamations, mais citoyens, si mes compatriotes sont calmes et vous paraissent froids, souvenez-vous que les Bourguignons sont des hommes du nord et n'allez pas en conclure à la tiédeur de leur foi politique.

Nos comités cantonaux sont actifs, et vaillants sont leurs membres. Et si dans les luttes de chaque jour la victoire ne couronne pas toujours leurs efforts, ils n'en sont pas moins les défenseurs énergiques d'une République de progrès social.

Dans les assises qui s'ouvrent aujourd'hui, vous nous donnerez des directions et des conseils que nous suivrons d'autant plus volontiers qu'ils seront le fruit de l'expérience des vétérans du parti.

Vous nous direz sans doute que les mots et les étiquettes sont quelquefois trompeurs, et qu'il ne suffit pas de se dire radical pour l'être en fait, mais qu'il est pour cela nécessaire d'adhérer autrement que des lèvres au programme que vous arrêtez chaque année et de faire tous ses efforts pour en amener la réalisation. Toute autre attitude est une malhonnêteté pour un homme politique, et une duperie pour les électeurs.

Vous nous direz sans doute que ce serait une grave erreur d'ouvrir nos groupes aux hommes qui vont toujours au parti qui triomphe ou paraît triompher. Leur influence pourrait singulièrement modifier la couleur de notre drapeau.

Vous nous direz encore que si les frontières de notre parti ne sont pas mathématiquement établies, il est quelque point de l'horizon politique où il serait dangereux de chercher des alliés. Nous courrions le risque de compromettre l'œuvre des quelques années de vraie République que nous avons vécues de 1898 à 1908.

Vous nous direz enfin que les hommes et les institutions évoluent comme les mondes et que les hommes qui s'arrêtent à admirer le présent qui déjà s'enfuit ne sauraient se prévaloir des idées que nous défendons.

Ces instructions et ces conseils, nous les recueille-
rons précieusement pour donner à nos groupements et
à notre parti l'unité de direction qui lui est nécessaire,
et ce sera un honneur pour notre jeune Fédération
d'en avoir les prémices.

Enfin, citoyens, en ces temps où la démocratie est
unie de deux côtés à la fois, où l'on a pu dire que la
République n'a plus d'ennemis du tout, précisément
lorsque les œuvres de la République sont attaquées
avec une violence dont nous n'avons pas eu d'exemples depuis le 16 mai, vous mettrez nos amis en garde
contre toute tentation, toute alliance avec ceux dont
le premier acte, s'ils étaient au pouvoir, serait de
constituer une République théocratique.

Et vous affirmerez solidairement que la doctrine
constante de notre parti est que tout pouvoir appartient à la démocratie. (*Longs applaudissements*).

Le Président consulte l'assemblée sur la constitution du bureau de séance. A l'unanimité le Congrès
décide de maintenir le bureau du Comité Exécutif.

Discours de M. Delpech

Le citoyen Delpech. — Au nom des membres du
bureau que vous voulez bien maintenir en fonctions
pour présider cette séance, je vous adresse nos sincères remercîments. En qualité de Président de cette
séance je réponds au citoyen Jossot, Président de
la Fédération de la Côte-d'Or, du Parti Radical et
Radical-Socialiste. Il nous a donné l'impression
d'un homme énergique, de forte conviction républicaine. Avec lui, nous restons les adversaires déterminés des faux démocrates qui essayant, selon une
vieille tactique, de dissimuler leur véritable tempérament sous le masque républicain, essayent de
prendre en mains la direction de la République. Nous
qui appartenons au Parti Radical et Radical-Socialiste,
nous avons toujours manifesté notre répugnance
pour les équivoques, les faux-semblants, les hypocrisies ; il est absolument exact, et la chose a été
constatée non seulement dans votre département de
la Côte-d'Or, mais ailleurs, que le parti réactionnaire use de ce procédé pour rentrer en maître dans
les assemblées publiques d'où il a été chassé par le
suffrage universel. (*Vifs applaudissements*).

Nous félicitons nos amis de la Côte-d'Or de prati-

quer une politique de sincérité et de courage et,
comme la raison finit toujours par avoir raison,
le jour de triomphe viendra aussi pour eux. Nous
souhaitons qu'il soit le plus prochain possible.

L'année dernière, au Congrès de Nancy, mon pré-
décesseur, Camille Pelletan, impressionné par les
souvenirs que réveillait en lui le voisinage des provinces perdues, ému aussi par l'odieuse campagne
de quelques fous antipatriotes, protestait énergiquement contre toute propagande qui aurait pour
effet d'amoindrir la force de l'armée française contre
un quelconque ennemi. Cette même année, nous
déclarions dans notre programme, que résolument
attachés à la paix, dépourvus de tout sentiment de
haine contre d'autres peuples, tout en condamnant
les abus et la sottise de l'esprit militariste, nous
exaltons le devoir militaire, parce qu'il a toujours
contribué à faire les nations viriles, grandes et pros-
pères ; parce qu'une armée républicaine, telle que
nous la voulons, et telle que nous l'aurons, n'est pas
un instrument de brutale conquête, mais de défense,
au service de la justice. (Applaudissements).

Enfin, dans une séance qui revêtit un caractère
de singulière beauté, les congressistes de Nancy
applaudirent d'enthousiasme aux paroles de Charles
Dumont, quand il dit notre résolution de défendre
la patrie et la République avec autant de courage
que de dévouement, quand il déclara étrangers à
notre bloc tous ceux qui, par une aberration incon-
cevable, se faisant pour ainsi dire une parure d'infa-
mie, ont voulu élever à la hauteur d'une obligation
la désertion en temps de paix et l'insurrection en
temps de guerre.

Vous qui représentez la grande majorité de la
France, libre, fière, laborieuse et raisonnable, vous
en qui revit l'âme des ancêtres fièrement dressés
contre la coalition des rois ennemis, vous n'oublierez
pas que les ennemis de l'extérieur et ceux de l'intérieur vous observent. (Bravos répétés).

Contre les uns et les autres vous vous déclarerez
bien décidés à défendre sans défaillance le précieux
héritage de liberté et d'honneur conquis par nos
pères et par nous-mêmes ; vous voudrez sans doute
affirmer à nouveau votre invariable et inébranlable
résolution de vous maintenir sur votre programme,
de défendre avec toute l'énergie dont vous êtes

capables, les lois constitutionnelles, l'unité et l'honneur de la République. (*Vifs applaudissements*).

Il nous plaît de rester fidèles à toutes les alliances, d'accepter tous les concours de gauche, depuis l'alliance républicaine démocratique, jusqu'aux socialistes réformistes, ceux-là seuls sont étrangers à notre groupement qui se sont mis d'eux-mêmes hors de notre bloc en professant de folles doctrines dont l'unique résultat serait de provoquer la ruine de la République et l'anéantissement de la patrie française, sans autre bénéfice que d'éteindre un des foyers les plus ardents où s'élabore la civilisation mondiale. Telle est la pensée que j'ai cru devoir exprimer à l'ouverture de ce huitième congrès de notre parti ; si elle est bien conforme à la vôtre, vous proclamerez votre respect de la loi, votre amour du progrès par la liberté, la justice et le courage, votre dévouement absolu à la République une et indivisible. (*Applaudissements prolongés*).

Le Président propose à l'Assemblée d'adresser l'expression de ses sympathies à ses présidents et membres d'honneur, MM. Emile Combes, Camille Pelletan, Henri Brisson, Léon Bourgeois, général André, Vallé. (*Il en est ainsi décidé*).

M. Delpech présente les excuses de MM. Ceccaldi, Tourgnol, Vazeilles, Louis Martin, Trouin, Dubief, députés ; Defumade, Ricard, sénateurs ; Blanchon, conseiller général de la Seine, etc...

Il donne ensuite la parole à M. G. Fabius de Champville, rapporteur de la commission de vérification des pouvoirs.

Vérification des pouvoirs

Le citoyen Fabius de Champville. — Votre commission de vérification des pouvoirs vous propose de valider la plupart des adhésions, je pourrais dire toutes, à part deux qui ont été réservées. Elle vous demande de valider également les pouvoirs de MM. Jean Bernard Passerieu, délégué du XIe arrondissement de Paris, ainsi que ceux de M. Leboucq, député, et de son groupe du XIII' arrondissement, dont le Comité exécutif a décidé de vous proposer la réintégration. Nous n'avons réservé que les pouvoirs de M. Perreau dans le Doubs et de M. Laurent Chat dans le Rhône qui sont sérieusement contestés.

(Les conclusions tendant à la validation des pouvoirs non contestés mises aux voix, sont adoptées à l'unanimité).

Le citoyen Fabius de Champville, rapporteur, demande au Congrès de ne pas valider les pouvoirs de M. Perreau, délégué d'une loge de Besançon ; la délégation de M. Perreau a été contestée par la fédération des comités radicaux et radicaux-socialistes de la première circonscription de Besançon qui a chargé M. Puget d'être l'interprète de ces protestations. Cette fédération reproche à M. Perreau d'avoir fait alliance, aux dernières élections municipales, avec la réaction.

Après des observations présentées par les citoyens *Valentino* et *Richard*, le citoyen *Puget*, dit que le citoyen Perreau fut exclu par la fédération de Besançon pour avoir pactisé avec l'Action Libérale. M. Puget, à l'appui de cette déclaration, produit deux journaux réactionnaires du Doubs.

Le Président met aux voix les conclusions de la commission tendant à la non-validation du mandat de M. Perreau. (*Ces conclusions sont adoptées*).

Le citoyen Fabius de Champville, rapporteur, donne connaissance de l'ordre du jour suivant présenté par la fédération radicale et radicale-socialiste du Rhône, concernant les pouvoirs du citoyen Laurent Chat :

Le Congrès, considérant que le citoyen Laurent Chat, candidat aux élections municipales dans le 1er arrondissement de Lyon, en mai 1908, a fait ou a laissé au 2e tour de scrutin, apposer son nom avec celui de plusieurs membres de son comité sur une liste de coalition avec les réactionnaires ainsi qu'en fait foi l'affiche produite à la commission,

Considérant qu'il a dirigé contre le citoyen J. Godart, député, dont la conduite politique a été irréprochable, une campagne d'attaques et de diffamation reproduisant contre lui des arguments réactionnaires et, en particulier, l'argument tiré de l'augmentation de l'indemnité parlementaire, campagne qui a eu pour résultat l'échec du citoyen Godart au conseil municipal.

Considérant que la reproduction des mêmes pratiques aux élections législatives de 1910 pourrait amener l'échec du député radical au profit du candidat réactionnaire, prononce l'exclusion du congrès du citoyen Laurent Chat.

Le Congrès, considérant d'autre part que le comité central du 1er arrondissement de Lyon a donné maintes fois les preuves de son attachement à la République, invite ce comité à revenir à la discipline du parti, et à sa propre tradition.

Le Rapporteur demande au Congrès d'adopter cet ordre du jour.

Après une observation du citoyen Dumesnil, le citoyen Laurent Chat a la parole pour sa défense.

Le citoyen Laurent Chat déclare que l'affiche incriminée n'a pas été placardée d'après ses instructions, qu'il est étranger à sa rédaction et que, d'ailleurs, le lendemain, il a fait placarder une autre affiche qui mettait les choses au point.

Le citoyen Herriot déclare se placer au-dessus des questions personnelles et ne vouloir se préoccuper que de l'intérêt général du parti. Il y a des fautes graves qu'on ne peut, sans tomber dans l'anarchie, laisser sans sanction. On a fait, contre M. Justin Godart, une campagne personnelle avec des arguments dont se servent les réactionnaires ; on a cherché à le discréditer dans ses actes et dans sa personne; en outre,on a placardé une affiche sur laquelle les noms des réactionnaires étaient accolés aux noms des républicains dissidents. On ne peut pas tolérer ces pratiques. Le citoyen Herriot demande au Congrès de ne pas discuter les intérêts de notre parti devant ceux qui l'ont trahi en pleine bataille, sous le feu de l'ennemi.

Le citoyen Laurent Chat a de nouveau la parole. Il proteste contre le cumul des fonctions électives ; il considère que le débat n'est pas entier, et que la commission a été insuffisamment éclairée. L'orateur rappelle son passé de républicain.

Le Président met aux voix l'ordre du jour proposé par la commission de vérification des pouvoirs.

(Cet ordre du jour est adopté).

Après observations des citoyens Fabius de Champville, rapporteur, Louis Tissier et Périller, le Congrès décide de mettre à l'ordre du jour de la séance de décide de reporter à l'ordre du jour de la séance de samedi la discussion de l'affaire Thalamas, ce dernier étant absent,s'excusant et annonçant son arrivée pour le jour précité.

Le Président. — J'ai négligé d'excuser l'absence de notre ancien président, notre excellent collègue et ami Berteaux qui est sérieusement malade.

On me prie de vous soumettre une motion par

laquelle le Congrès envoie à M. Berteaux l'expression de tous ses vœux pour son prompt rétablissement. (*Applaudissements répétés.*)

L'ordre du jour appelle le rapport sur les travaux du Bureau du Comité Exécutif pendant l'exercice 1907-1908.

RAPPORT

Présenté par M. Lefranc

sur les travaux du Comité Exécutif et de son bureau

Le citoyen Lefranc, vice-président du Comité Exécutif. — Citoyens, vous savez dans quelles conditions a été élu, au Congrès de Nancy, le Bureau du Comité Exécutif. Plus nombreux encore que le précédent, il avait le devoir de redoubler d'efforts pour mener à bien la mission que lui avait confiée les délégués autorisés du Parti républicain radical et radical-socialiste. Nous croyons pouvoir, sans fausse modestie, affirmer qu'il n'y a point failli.

Ses cinq sous-commissions ont fonctionné avec régularité et préparé ainsi le travail du Bureau proprement dit, qui se réunit traditionnellement le mercredi de chaque semaine. Il est à peine besoin de dire que chacune de ses séances est abondamment remplie. La direction d'un parti comme le nôtre n'est pas toujours, on l'imagine aisément, chose des plus faciles. Les affaires qui se présentent sont nombreuses et souvent fort délicates et complexes. Les décisions qu'il est appelé à prendre, sous sa responsabilité bien entendu, peuvent influer sur les intérêts généraux du Parti, surtout à présent que la durée de son mandat est d'une année. On voit dès lors que l'élection du Bureau n'a rien d'une simple formalité et que le choix de ses membres s'impose d'une façon toute spéciale à l'attention des Congrès.

Le Bureau de 1907-1908 a maintenu l'institution des permanences quotidiennes au siège du Comité exécutif, rue de Valois. Cette création, qui remonte à l'an dernier, a donné d'excellents résultats. Il importera de la conserver et même de la perfectionner.

Au lendemain du Congrès de Nancy, dont les sages résolutions avaient eu un si profond retentissement, les premiers soins du nouveau Bureau devaient s'appliquer tout naturellement à la propagande et à l'organisation du parti.

La Propagande

Les conférences. — Les trois principaux moyens dont dispose le Bureau pour propager les doctrines du parti sont :

Les conférences ;
Les brochures ;
Le Bulletin.

En ce qui concerne les conférences, le Congrès de Nancy avait marqué l'intérêt particulier que prenait le Parti à leur multiplication méthodique, en invitant le Comité exécutif à dresser des listes de conférenciers parlementaires et de conférenciers non parlementaires et à établir entre eux un roulement.

Le Bureau, par l'organe de sa sous-commission spéciale, s'est attaché à réaliser le vœu du Congrès, et il a fait appel, dans ce but, à la bonne volonté de tous les orateurs qui, en l'assurant de leur concours. pouvaient le mettre à même de répondre à toutes les demandes.

Parmi les membres du Parlement qui se sont mis à sa disposition nous devons mentionner tout spécialement MM. Delpech, sénateur, Lafferre, Malvy, Buisson, Louis Martin, Camille Pelletan, Henri Michel, Ceccaldi, Charles Dumont, Bouffandeau, Dalimier, Rigal, Louis Dumont, Bourély, René Besnard, de Kerguézec, Emile Chauvin, Steeg, députés, qui ont pris part à plusieurs manifestations et fait de nombreuses conférences.

De leur côté, la Ligue de propagande radicale et radicale-socialiste et la Société des conférences radicales nous ont apporté une collaboration des plus utiles. Nous croyons remplir un devoir de reconnaissance, et nous nous conformons d'ailleurs aux décisions du Congrès de Nancy (page 100 du compte rendu), en notant ici les noms des conférenciers des différentes organisations, qui maintes fois sont allés dans le pays porter, au nom du Comité exécutif, la parole républicaine :

MM. Baffos, Balans, Barbey, Bauzin, Bourceret, Abel Boutin, Brécy, Buchère, Paul Caillot, Fernand Chazot, Ch. Cointe, Georges Dangon, Pierre Dollat, Dominique, Jules Durand, Fabiani, Fabius de Champville, Gély, Gérault-Carion, Henry Bérenger, Emile Laurent, Henri Maître, Molina (de Libourne), Pasquet, Puissant (de Montélimar), Reneux, Richard de Burgues, Robert de Jouvenel, E. Strauss, Paul Tissier, Thibault, Valadier, Constant Verlot, Paul Vibert, Paul Virot, Ed. Weill, Wertheimer, J.-B. Morin, Garnier, Boussenot, etc...

Avec l'aide de ces conférenciers, et grâce à l'augmentation de ressources que lui ont procurée les cotisations des parlementaires, le Bureau du Comité exécutif a pu organiser, après entente avec les hommes politiques et les groupements locaux, quelques grandes manifestations et un nombre considérable de conférences.

Détail à noter : le Comité exécutif a participé pour la première fois, cette année, aux conférences qui ont eu lieu dans plusieurs départements, tels que les Ardennes, Charente, Jura, Manche, Haute-Marne, Morbihan, Basses-Pyrénées, Sarthe, Deux-Sèvres, Vaucluse. Ce qui revient à dire que son rayonnement s'étend de plus en plus.

Mais, il y aurait, semble-t-il, encore autre chose à tenter dans ce sens.

Ainsi, par exemple, dans certaines contrées surtout, ce n'est pas une, deux, dix conférences qu'il faudrait faire, de-ci de-là, un peu au hasard des demandes adressées rue de Valois par nos correspondants, mais ce sont de véritables « tournées », suivant un itinéraire étudié et tracé à l'avance, qu'il conviendrait peut-être de lancer. Les conférenciers qui y prendraient part recevraient un mandat précis, bien déterminé, et ne traiteraient que des sujets choisis par le Bureau, qui aurait à s'inspirer à la fois du désir légitime de vulgariser les idées du Parti et du souci de ne pas les semer sans avoir reconnu le terrain, de manière à produire le maximum d'effet utile.

Dans le même ordre d'idées, ne serait-il pas bon d'organiser régulièrement, au siège social du Comité exécutif, des sortes de conférences-leçons qui seraient faites par des maîtres de la parole, non seulement sur les principaux points de notre programme, mais sur les doctrines mêmes de nos adversaires ? Il nous paraît qu'un tel enseignement serait aussi intéressant que profitable et nous attendrions beaucoup, pour la diffusion et la pénétration des principes radicaux, de cette « coopération des idées ».

J'ajoute que rien ne serait plus aisé que de réunir, rue de Valois, à peu de frais, tous les documents nécessaires. Nous aurions bientôt, de cette façon, tous les éléments d'une bibliothèque dont la nécessité s'est fait sentir plus d'une fois.

***

Les brochures. — A côté des conférences, la propagande par la brochure s'est également développée en 1908.

Le Bureau a fait imprimer deux brochures traitant de l'impôt sur le revenu : l'une, contenant le texte primitif du projet de loi présenté à la Chambre et un lumineux commentaire de notre ancien président Camille Pelletan ; l'autre, renfermant le discours prononcé par M. Camille Pelletan au cours de la discussion générale du projet. Ces brochures ont été répandues à profusion, avec un grand nombre de brochures républicaines que nous possédions déjà. Les frais d'impression et d'envoi se sont élevés à environ 10.000 francs. Le nombre des brochures envoyées à nos adhérents n'a pas été inférieur à 350.000.

Partout, ces envois ont été on ne peut mieux accueillis ; mais, et cela doit nous servir d'encouragement, on en réclame d'autres.

Ce que nous demandent constamment nos amis les plus actifs, ce sont de courtes brochures, de ces *tracts* qui se passent facilement de main en main, qui se lisent avec rapidité et sans fatigue, et grâce auxquels, surtout s'ils sont écrits en style simple et clair, nos idées pénètreront aisément jusque dans les plus petits hameaux.

Nous nous permettons d'exprimer le vœu que les personnalités les plus compétentes de notre parti — et il n'en manque pas — se laissent tenter par cette tâche éminemment efficace, en présence des retours offensifs de la réaction et à l'approche des élections générales de 1910.

Il a été également question, au cours de cette année, de la publication d'un Almanach du Parti. C'est là un projet qui se recommande de lui-même à l'examen approfondi du Bureau et du Comité Exécutif.

Le Bulletin. — Il serait aussi extrêmement désirable que nos amis politiques voulussent bien songer de temps en temps au Bulletin du Parti. Nous avons fait en sorte de lui donner une périodicité à peu près régulière, et nous savons que nos adhérents le reçoivent avec d'autant plus de satisfaction qu'ils en paient l'abonnement. Mais ils seraient plus satisfaits encore si ce Bulletin contenait moins rarement des articles reflétant la pensée générale du Parti. Souhaitons qu'il en soit ainsi désormais. Ce serait là encore de l'excellente propagande.

L'organisation du Parti

Qu'on ne s'y trompe pas, si nous considérons certaines améliorations comme nécessaires, cela ne veut pas dire que nous ayons à nous plaindre du passé ou du présent.

En effet, le nombre des comités adhérents au Comité exécutif va sans cesse en augmentant. Rien que dans l'exercice qui se clôt, le Bureau a prononcé, après l'enquête d'usage, l'admission de 60 comités, et nous avons maintenant d'importantes ramifications dans des départements où notre Parti n'en avait pas, jusqu'à présent, ou n'en avait que très peu : le Calvados, le Doubs, le Jura, l'Orne, etc.

Cet accroissement de nos effectifs indique le progrès des idées radicales et souligne le besoin d'organisation qu'éprouvent de plus en plus les militants républicains. Il importe donc d'encourager et de favoriser l'éclosion des groupements prêts à accepter et à soutenir le programme de notre Parti.

Déjà, le Secrétariat du Comité Exécutif, par les soins du consciencieux et dévoué M. Reynard, a procédé à un recolement qui nous a renseignés d'une manière plus que rassurante sur les forces dont dispose le Parti. Il serait utile de poursuivre cette enquête auprès des organisations existantes et des élus, afin de déterminer les points sur lesquels notre action pourrait se porter avec avantage, de manière à augmenter la puissance et la cohésion de nos cadres.

Ne négligeons pas, pour cette œuvre pressante la collaboration des jeunes. Ainsi que l'écrivait tout récemment notre respecté président, M. Delpech, « la jeunesse républicaine, avertie par les événements de ces dernières années, tentative de réaction nationaliste et cléricale d'un côté, menaces de secousses anarchiques de l'autre, paraît se rendre compte du danger et se décider à défendre l'héritage des précieuses liberté conquises par leurs aînés. Des comités se sont organisés dans tous les arrondissements de Paris. Ils constituent des phalanges actives dont les adhérents participent aux luttes électorales, au bénéfice des candidats radicaux et radicaux-socialistes. Se réunissant à des jours déterminés, ils étudient les questions économiques à l'ordre du jour, ils se forment aux débats contradictoires. Ce sont nos conscrits.

« De ces comités préparatoires à la vie publique, il devrait s'en constituer dans toutes les villes, dans toutes les communes. Les hommes instruits et expérimentés iraient de temps en temps les éclairer de leurs conseils, discuter avec eux, provoquer leurs questions, les aider à se faire une opinion raisonnée sur les choses politiques, économiques, sociologiques. »

La formation de Fédérations d'arrondissements et de départements sollicite au même titre la vigilance du Comité Exécutif. Rien n'est plus souhaitable que la multiplication de ces groupes importants ; mais ils ne peuvent et ne doivent fonctionner que dans des conditions qui ne compromettent pas l'unité de direction du Parti. Ce serait commettre une faute grave que de leur laisser, par des mesures prématurées ou insuffisamment réfléchies, la possibilité soit de s'écarter des règles qui fixent la doctrine et la tactique du Parti, soit de devenir des « chapelles » dressées contre les élus du Parti.

C'est notre désir profond, ne perdons aucune occasion de le proclamer, afin de dissiper tout malentendu que l'organisation du Parti républicain radical et radical-socialiste se perfectionne dans le plein accord des groupements et des élus, uniquement préoccupés les uns et les autres des intérêts supérieurs de la République réformatrice et sincèrement démocratique.

Nous serions heureux, en outre, de voir tous nos Comités faire montre d'une activité moins intermittente. En dehors des périodes électorales, les occasions ne leur manquent pas de manifester leur existence au moyen de réunions dans lesquelles ils étudieraient et convieraient le public à étudier avec eux les questions qui intéressent le pays.

Un Comité n'est pas seulement un organe électoral. Il doit être aussi un Centre d'enseignement mutuel de la doctrine républicaine.

Enfin, disons-le franchement, nous verrions avec plaisir les groupes d'élus de la Chambre, du Sénat, de l'Hôtel de Ville de Paris, entrer en rapports plus suivis avec l'organisation centrale du Parti.

On s'est plaint quelquefois, avec une apparence de raison, de la tendance de ces groupes à se tenir à l'écart, sinon de nos Congrès, du moins du Comité Exécutif qui en est l'émanation, au point de paraître ignorer des décisions prises en assemblée plénière. Ce désaccord n'est sans doute que superficiel : il n'en présente pas moins de sérieux inconvénients.

Au contraire, une entente permanente — et cordiale — amènerait peut-être une compréhension plus sûre des desiderata, des aspirations des masses populaires, auxquelles sont mêlés nos militants. Il en sortirait en même temps une action plus coordonnée, plus harmonique, de toutes les forces vives du Parti. Celui-ci ne pourrait qu'y gagner en influence et en autorité.

Le Comité Exécutif et ses Commissions

Le Comité Exécutif n'a nullement l'intention — encore moins la prétention, qui serait ridicule — de s'ériger en Parlement au petit pied.

Investi d'un rôle des plus considérables en matière électorale, il a en plus le caractère d'un Cercle d'études politiques, économiques et sociales, doublé d'une Chambre disciplinaire. Sa tâche est, par suite, assez sérieuse et assez compliquée pour suffire, si j'ose le dire, à son bonheur.

On a pu voir par les comptes rendus publiés au Bulletin que, pendant l'exercice 1907-1908, le Comité Exécutif a largement occupé son temps : Rapports mensuels présentés avec une rare compétence et une connaissance approfondie de la carte électorale par notre collègue J.-L. Bonnet ; questions politiques d'actualité, les plus diverses et les plus ardues ; affaires ressortissant à l'administration et à l'organisation du Parti ; la matière a si peu manqué à ses séances réglementaires du deuxième mercredi de chaque mois qu'il s'est vu dans l'obligation d'en tenir d'exceptionnelles. Et l'activité laborieuse de ses rapporteurs a préparé au Congrès de Dijon des débats du plus haut intérêt.

Qu'il nous soit permis, toutefois, d'exprimer le regret que la discussion des affaires purement disciplinaires ait pris un peu trop de place, cette année. Le nombre de ces sortes d'affaires semble malheureusement aller en progressant et force est bien au Comité Exécutif de les solutionner. Mais, si un tel état de choses subsiste, peut-être conviendra-t-il de consacrer à ces questions des séances spéciales afin d'en débarrasser l'ordre du jour des réunions réglementaires.

La certitude de voir leurs travaux mis en lumière à des dates bien fixées encouragerait à la fois les Commissions à présenter, en cours d'exercice, les rapports d'un réel intérêt qu'elles n'apportent guère qu'à l'approche des Congrès, et les délégués des départements à venir à Paris plus volontiers pour les entendre et pour les discuter, certains qu'ils seraient de ne pas s'imposer un gros déplacement pour assister à des récriminations le plus souvent stériles ou à des querelles qui n'ajoutent rien à la grandeur du Parti, au lieu de prendre part à une délibération utile et instructive.

Nous demandons la permission d'insister sur ce point : il nous semble indispensable que l'on cherche à donner aux séances du Comité Exécutif le plus d'attrait possible, en soignant leurs ordres du jour. On stimulera par la même occasion le zèle de nos excellents collègues et on leur rendra le goût de l'assiduité.

La Commission de discipline. — Est-ce à dire que nous tenons pour insignifiantes ou négligeables les affaires qui touchent à la discipline ? Notre pensée est toute différente, et pour cause. Nous estimons même que ces sortes d'affaires demandent à être traitées avec un soin méticuleux et que la nomination de la Commission chargée de leur instruction devra faire l'objet de l'attention particulière du Comité Exécutif.

La besogne qui incombe à cette Commission est des plus lourdes et nécessite des séances répétées, auxquelles, pour se prononcer en pleine connaissance, en toute impartialité, chacun de ses membres a, peut-on dire, le devoir d'assister régulièrement. En outre, si, dans les affaires soumises à son examen, les questions personnelles ne tiennent malheureusement pas toujours la plus petite place, il s'y mêle aussi des considérations de politique locale et de politique générale. Or, comment juger sainement et loyalement si l'on n'a pas suivi toutes les phases de l'instance, si l'on n'est pas pleinement au courant des situations, et si l'on n'a pas une expérience suffisamment mûrie des choses de la politique ? Je m'excuse d'entrer dans tous ces détails ; mais nos collègues m'approuveront, j'en suis persuadé, de les avoir donnés, et puisqu'il ne dépend pas de nous d'enrayer le mouvement ascendant des cas disciplinaires, ils nous aideront à rechercher les moyens d'entourer définitivement leur étude et leur solution de toutes les garanties nécessaires.

La Commission de discipline a fait jusqu'à présent — rendons-lui cet hommage — tout ce qui dépendait d'elle pour justifier la confiance du Comité Exécutif. Elle poursuivra sa tâche difficile et véritablement absorbante avec d'autant plus de résolution qu'elle sentira son autorité fortifiée par les conditions mêmes qui auront réglé son recrutement comme son fonctionnement.

Les élections

Il me reste à dire quelques mots des élections qui ont eu lieu depuis une année.

En ce qui concerne les élections municipales de mai dernier, nous ne saurions mieux faire que d'emprunter les appréciations suivantes au remarquable rapport que leur a consacré M. J.-L. Bonnet ; M. Bonnet commente ainsi la répercussion qu'auront les élections municipales sur les élections sénatoriales de 1909, 1912 et 1915 :

« Nos gains au Sénat s'établissent de la façon suivante :

« Départements renouvelables en janvier 1909. — Puy-de-Dôme, où le gain sera de 1 sénateur sur 4 (3 sénateurs étant déjà radicaux) ; Rhône, où le gain sera de 3 sénateurs sur 5 ; Seine-et-Marne, 2 sur 3 ; Seine-et-Oise 3 sur 4 ; Somme, 3 sur 4 ; Haute-Vienne, 2 sur 3 ; Vosges, 3 sur 3.

« *Soit 17 sièges qui seront gagnés en janvier prochain.*

· « Départements renouvelables en janvier 1912 avec les mêmes conseils municipaux. — Hautes-Alpes, où le gain sera de 1 sénateur sur 2 (1 sénateur étant radical) ; Eure-et-Loir, 2 sur 3.

« Soit 3 sièges gagnés.

« Départements renouvelables en janvier 1915. — Ille-etVilaine, 5 sur 5 ; Loire 2 sur 5 ; Mayenne, 3 sur 3; Meurthe-et-Moselle, 2 sur 2.

« Soit 12 sièges gagnés.

« *Soit un gain total de* 32 *sièges sénatoriaux* non compris l'Aisne, 4 sur 4, et la Vendée, 3 sur 3, où la majorité me paraît conquise. »

Dans les élections partielles pour le Sénat et la Chambre des députés, nous avons eu la satisfaction d'enregistrer un chiffre respectable de succès. Nous rappellerons ceux des sénateurs : MM. Grosjean (Doubs) ; Charles Chabert (Drôme) ; Honoré Leygues et Bepmale (Haute-Garonne) ; Richard et Sarrien (Saône-et-Loire) ; Poirson (Seine-et-Oise) ; Dr Raymond (Haute-Vienne). Nous avons également applaudi à l'élection de plusieurs députés républicains : MM. Bollet (Ain) ; Lecherpy (Calvados) ; Gheusi et Bougues (Haute-Garonne) ; Noël (Meuse) ; Fabre (Puy-de-Dôme) ; Bender (Rhône) ; Jouancoux (Somme).

Nombre de nos amis ont, en outre, triomphé dans les élections cantonales, après de belles luttes. Nous nous en réjouissons pour eux et pour notre cause commune.

Le prochain Comité Exécutif aura à se préoccuper du renouvellement sénatorial de janvier 1909 et des élections législatives de 1910. Il aura à cœur de préparer la victoire.

La coalition réactionnaire a essuyé, lors de la dernière consultation municipale, un nouvel échec dont elle subira la répercussion, il faut l'espérer, aux prochaines élections sénatoriales ; mais, si nos amis se divisaient, même dans les départements où la majorité paraît certaine, ils s'exposeraient à de cruelles déconvenues.

Sachons donc demeurer unis et ne nous laissons pas entraîner aux querelles dissolvantes de personnes ou de clochers.

Nos adversaires sont tenaces. Ils disposent en

maints endroits de puissants moyens d'action et sont prêts à profiter de la moindre imprudence. Mettons à déjouer leurs desseins autant d'adresse et de résolution qu'ils déploient de ressources à semer la discorde dans les rangs de la démocratie.

Opposons propagande à propagande et ne négligeons rien pour prouver au peuple qu'il a eu raison de placer en nous ses espérances.

Le Parti républicain radical et radical-socialiste a la majorité dans le pays et au Parlement. Il a le pouvoir. Il a le nombre. Son avenir est assuré s'il sait, étant un parti de gouvernement, montrer qu'il a pleine conscience de ses devoirs et de ses responsabilités

(A l'unanimité, le rapport de M. Lefranc est adopté)

Le Président donne la parole à M. Emile Desvaux pour une proposition sur le règlement de l'ordre du jour.

Fixation de l'ordre du jour

Le citoyen Emile Desvaux. — L'ordre du jour de la séance plénière de demain comporte le rapport de la commission de la réforme électorale. Or, je voudrais rappeler au Congrès qu'il est lié moralement par une décision précédemment prise par le Comité Exécutif qui a décidé de transformer son ancienne commission de prévoyance et d'assistance sociale en commission des réformes sociales.

Pour ne pas abuser des instants du Congrès, il me sera permis de lui signaler simplement l'ordre du jour très motivé que j'ai présenté sur la question au début de l'exercice et qui a été favorablement accueilli par l'unanimité du Comité Exécutif, dans sa séance du 13 novembre 1907 :

« Le Comité Exécutif,

Résolu à donner le meilleur de sa sollicitude à l'étude et à la solution des problèmes touchant l'évolution économique et le devoir social ;

Considérant :

Que, dans tous ses Congrès, le Parti radical et radical-socialiste a nettement affirmé son dessein de réaliser la République dans le domaine économique, ainsi qu'elle l'est déjà dans le domaine politique ;

Que, depuis son Congrès de Toulouse, il ne cesse de proclamer que l'affranchissement du monde du travail ne sera définitif que du jour où les prolétaires auront pu recouvrer — sans expropriation ni révolution — la copropriété de leurs instruments de travail, et par là-même la libre disposition du produit et de leur labeur ;

Décide :

1° La Commission de prévoyance et d'assistance sociale prend le titre de « Commission d'Etudes sociales » ;

2° Le Comité Exécutif lui donne mandat de rechercher par quels moyens d'évolution et de légalité (extension de la capacité civile et commerciale des Syndicats, développement des Coopératives syndicales de production, de consommation, de crédit, etc.) il est possible de préparer — suivant le vœu précis des précédents Congrès du Parti — la disparition progressive du salariat, et de faciliter au prolétariat son accession à la propriété légale ;

3° Ce travail préparatoire, après ratification du Comité Exécutif, servira de base à la discussion qui sera instituée au Congrès de Dijon sur la « Doctrine sociale du Parti » et prendra place en tête de l'ordre du jour de ce Congrès. »

Conformément au dispositif de cet orde du jour, je veux demander au Congrès de réserver une place d'honneur à la discussion sur la Doctrine Sociale du Parti.

D'autre part, des collègues m'ont fait observer que quel que fût l'intérêt de cette discussion, il était une question qui devait primer, c'était celle de la réforme fiscale.

Je voudrais donc vous proposer d'accepter cet ordre des travaux et de discuter d'abord la question de l'impôt sur le revenu, et ensuite cette question — essentielle pour le Parti — l'Evolutionnisme social.(*Applaudissements*).

(*Adopté*).

Au nom des comités du 10ᵉ arrondissement de Paris, le citoyen Gigon émet le vœu que les rapports présentés au Congrès par les commissions du Comité Exécutif soient adressés aux groupes adhérents *dix* jours au moins avant l'ouverture du Congrès. (*Adopté*)

La séance est levée à six heures.

DEUXIEME SEANCE

Vendredi, 9 octobre, après-midi

La séance est ouverte à 2 heures, par M. le sénateur Delpech qui invite l'assemblée à nommer son bureau.

Le bureau est ainsi constitué :

Président : M. Jossot, conseiller général, président de la Fédération de la Côte-d'Or.

Vice-Présidents : MM. Chautard, député de la Seine ; Debaune, député au Cher ; Emile Chauvin, député de Seineet-Marne ; Couderc, député de la Haute-Garonne ; Estier (Bouches-du-Rhône) ; Gilbert Renaud (Vosges) ; Aimé (Meurthe-et-Moselle) ; Herriot (Rhône) ; Gariel (Hérault) ; Dupeux (Gironde) ; Lintier (Mayenne).

Secrétaires : MM. Charles (Ariège) ; Henry Beauquier (Gard) ; Balans (Seine) ; Molina (Vendée) ; Gaston Gérard (Côte-d'Or) ; Sioly (Alpes-Maritimes) ; Angelliaume (Indreet-Loire) ; Hemmershmidt (Seine-et-Oise) ; Palengat (Gironde) ; Robert (Loire).

Le citoyen Jossot, président. — Au nom du bureau qui vient d'être constitué, je vous remercie de la manifestation de courtoisie que vous venez de faire et qui continue une tradition. Vous avez voulu vraisemblablement, en désignant comme président de cette séance, le président de la Fédération des comités radicaux et radicaux-socialistes de la Côte-d'Or, reconnaître tous les efforts que nos amis ont faits ; en leur nom je vous remercie bien vivement. Vous avez voulu aussi, je pense que j'ai le droit de le croire, indiquer que vous approuvez l'attitude de la Fédération de la Côte-d'Or dans des manifestations politiques très récentes dont quelques-unes sont encore présentes à votre mémoire. (*Vifs applaudissements*).

Et cette manifestation comporte aussi en elle une approbation des actes et des attitudes des vaincus de notre pays et de ceux qui les ont défendus. (*Applaudissements unanimes*).

Si c'est avec ces sentiments que vous m'avez nommé à cette présidence, citoyens, je vous en remercie doublement. (*Nouveaux applaudissements*).

Le Président donne lecture des télégrammes suivants :

Télégramme de M. Emile Combes

Je suis profondément touché du témoignage d'attachement qui m'est donné par le Congrès. Je vous prie de lui exprimer ma vive reconnaissance ainsi que les vœux ardents que je forme pour le rétablissement entre tous les groupes de gauche d'une union cordiale qui est la seule garantie de l'accomplissement des réformes politiques sociales inscrites au programme du parti radical et radical-socialiste.

EMILE COMBES.

Télégramme de M. Henri Brisson

Je suis profondément touché par votre télégramme. Je vous adresse personnellement et à tous mes amis l'assurance de mon cordial dévouement.

HENRI BRISSON.

Télégramme de M. Maurice Berteaux

Très touché des vœux du Congrès, je vous prie de présenter aux délégués du parti mes vifs remerciements pour leur témoignage affectueux et tous mes regrets de ne pouvoir participer à leurs travaux.

MAURICE BERTEAUX.

Le citoyen François Deloncle. — Au nom de la commission des affaires extérieures et coloniales du Congrès, j'ai l'honneur de vous soumettre la motion suivante, présentée par les citoyens F. Deloncle, Carpot, Gasparin, César Trouin et Enriquez :

Le Congrès, en présence des dérogations apportées au traité de Berlin sans le consentement des parties contractantes, félicite la Jeune Turquie de l'attitude de calme et de dignité qu'elle montre dans d'aussi critiques circonstances, lui adresse un salut cordial et affirme avec elle sa foi inlassable dans la force morale invincible qui prépare les revanches du droit des gens.

(La lecture de ce télégramme est suivie de longs applaudissements).

Le citoyen Camille Pelletan. — Citoyens, il n'y a pas longtemps j'étais à Constantinople ; j'y ai vu les auteurs de l'admirable révolution qui restera une des plus belles et des plus grandes de l'histoire. Je sais à la fois quel attachement ses auteurs professent pour nos vieux principes de 1789 qu'ils introduisent au cœur du vieux fanatisme musulman et pour notre grande patrie française qui est restée pour eux, comme elle doit rester pour le monde, le symbole du droit et du progrès social dans le monde entier. *(Bravos répétés.*

C'est une honte pour la politique européenne actuelle que le jour où un si grand exemple est venu du pays où l'on devait l'attendre le moins, soit celui où des entreprises se produisent contre ce pays qu'on respectait quand il était dans le despotisme honteux et qu'on attaque quand il est devenu un grand exemple de liberté. (*Applaudissements unanimes*).

Je suis convaincu que nous serons unanimes pour saluer du fond de notre cœur la Turquie libérale, la Jeune Turquie, fille de la France de 1789 et dont j'ai pu apprécier les sympathies pour elle. Citoyens, je vous demande de voter à l'unanimité la motion qu'on vous propose. (*Longs applaudissements*).

(*La motion est votée par acclamation*).

LA REFORME FISCALE

L'Impôt sur le revenu
Rapport de M. Henry Bérenger

Le citoyen Henry Bérenger, rapporteur. — La commission de réforme fiscale de votre Congrès a bien voulu me renouveler le mandat qui m'avait été donné par le Comité Exécutif pour vous présenter le rapport général sur l'impôt sur le revenu. Ce rapport a été imprimé par les soins du Comité exécutif ; il a été, je crois, distribué à tous les membres du Congrès ; j'aurais donc mauvaise grâce à retenir vos instants plus longtemps qu'il ne convient par une nouvelle lecture de ce rapport. Je suis convaincu que la plupart d'entre vous m'approuveront de ne pas lire à nouveau un rapport très détaillé ; nous nous contenterons, si vous le voulez bien, de nous en tenir aux lignes essentielles de la discussion et de reprendre les points qui ont été adoptés à la fois par le Comité Exécutif et par la commission des réformes fiscales.

La question de l'impôt sur le revenu, vous la connaissez tous : sept Congrès antérieurs, depuis la fondation de notre Parti, ont manifesté leur volonté d'aboutir, ont décidé que l'impôt global et progressif sur le revenu devait devenir une réforme essentiellement républicaine et socialiste.

Nous avons admis que la question ne se posait plus comme dans les années précédentes. Le Parlement,

en effet, a été saisi d'un projet de loi. Ce projet a été
déposé par un Gouvernement qui s'inspire de l'idée
radicale, et il a été non seulement approuvé, mais encore amendé dans un sens largement démocratique
par la commission de législation fiscale de la Chambre qui comprend en majorité des députés radicaux
et radicaux-socialistes de notre Parti ; il me suffira de
rappeler le nom du président de cette commission et
celui aussi de son rapporteur, le nom de notre grand
orateur Camille Pelletan, et le nom de notre ami René
Renoult pour bien préciser qu'elle était la volonté
de la commission de législation fiscale. (*Applaudissements*). Cette commission, d'accord avec le gouvernement, se propose d'instaurer l'impôt sur le revenu
dans des conditions qui permettent, non seulement au
parti radical, mais à la majorité républicaine tout entière, de réaliser enfin une réforme voulue par le suffrage universel depuis déjà plus de quinze années.

C'est dans ces conditions que s'est présentée la
question devant le Comité Exécutif : Avions-nous à
retenir, à admettre tel ou tel projet individuel de réformes fiscales? Assurément non ; la réforme fiscale
est, comme la séparation des Eglises et de l'Etat, une
profonde réforme, c'est un de ces grands tableaux où
chacun, avec son intelligence et son talent particuliers, peut inscrire des traits individuels. Mais de
même que les ministères Waldeck-Rousseau et Combes, appuyés sur des parlements décidés à faire la
réforme, ont sacrifié tous les projets individuels pour
faire aboutir la grande loi sur les associations en
1901, puis la séparation en 1904 et 1905, de même le
Parlement et le gouvernement républicains se sont
inspirés d'un projet unique pour faire aboutir la réforme fiscale avant la législation de 1910. C'est ainsi
que nous devons comprendre la question, et de plus,
nous n'avions pas à revenir sur des dispositions qui
avaient déjà été adoptées par la Chambre. Nous aurions fait œuvre de retardataires si nous avions repris à nouveau une multitude de points qui avaient
fait l'objet de discussions approfondies devant les
Chambres et qui, après de longues délibérations
avaient été adoptés par la majorité. Nous nous sommes contentés de les enregistrer; je vous les rappel-
pellerai en quelques mots pour bien marquer les éta-
pes parcourues depuis le début.

Nous avons d'abord franchi la digue de la discus-

sion générale ; nous avons obtenu, après de longs
débats devant le Parlement, que les deux premiers
articles du projet fussent votés malgré l'opposition
tenace du parti réactionnaire et aussi de quelques radicaux dissidents qui poussaient l'amour de l'amendement jusqu'à l'obstruction d'une réforme qui aurait dû leur être plus particulièrement chère. Nous
avons obtenu que le Parlement votât la suppression
de tout notre système vermoulu des contributions directes, que tout ce système fût jeté bas, ainsi que
l'avait toujours demandé notre Parti, pour faire place enfin à un impôt à la fois général et complémentaire qui atteignant dans leurs sources tous les revenus des contribuables arriverait à faire porter la
charge fiscale non pas sur l'agriculture, non pas sur
le petit employé, sur le petit ouvrier, sur les gens aux
petites fortunes, mais avant tout et surtout sur les
valeurs mobilières et les grandes fortunes qui restent le péril de la démocratie. (*Applaudissement prolongés*).

Je n'insisterai pas sur ce point. Nous avons eu à
franchir aussi la dure étape de l'impôt sur la rente.
Là encore, nous avons rencontré des soucis hono-
rables, des scrupules généreux, dans notre propre
parti. Nous nous sommes souvenus que des engagements avaient été pris jadis pour ne pas toucher à
la rente, et nous avons dû démontrer que le nouvel
impôt n'était pas une violation de la loi de vendémiaire, mais, au contraire, une confirmation. La loi
de vendémiaire avait prévu qu'aucune retenue ne serait faite sur le coupon de la rente, mais elle n'avait
jamais dit que les rentiers seraient exemptés de payer
leurs charges à la patrie, car il aurait été inadmissible que dans un petit village, par exemple, tous les
citoyens, les petits cultivateurs, les petits employés,
les petits fonctionnaires, les petits commerçants,
payassent leur impôt et que seuls les rentiers qui auraient eu 3 à 4.000 francs de revenus fussent exemptés de l'impôt complémentaire; ceux-là seuls n'auraient pas payé d'impôt à la République, sans doute
parce que la source de leur richesse ne venait pas
d'eux-mêmes, mais de leurs ancêtres. (*Vifs applaudissements*). Puis nous avons franchi le courant redoutable des bénéfices industriels et commerciaux et
nous sommes arrivés maintenant à l'article 17 du pro-
et, c'est-à-dire que nous n'avons plus qu'à envisager

l'impôt sur les bénéfices agricoles, sur les professions libérales, l'impôt complémentaire sur le revenu, et certaines dispositions qui atteignent les grands magasins et les grands établissements de crédit.

Eh bien, malgré toutes les objections dressées contre l'impôt des bénéfices agricoles, je crois que la lumière est à l'heure actuelle faite dans les esprits, je crois que les paysans à qui s'adresse précisément cette réforme de l'impôt sur le revenu des bénéfices agricoles, sont avec nous. Nous en avons la preuve par les manifestations innombrables qui se produisent toutes les fois qu'une conférence est faite chez des agriculteurs sur cette question. On a essayé de l'embrouiller et de dire que le propriétaire ne pouvait pas à la fois payer un impôt pour la rente sur le sol et un autre impôt pour le revenu des bénéfices agricoles. Mais à quelles conclusions aurait-on abouti ? Est-ce que la terre ne contient pas deux éléments de richesse différents, d'une part sa valeur propre qui fait que quand on est propriétaire d'un lopin de terre on peut ou le garder ou le louer, la terre a une valeur de rente en elle-même, et, d'autre part, le revenu même de l'exploitation, ce qui fait que le propriétaire peut lui-même en retirer les revenus pour vivre ?

Il faut donc bien admettre qu'il y a dans la terre deux éléments distincts : la valeur foncière qui constitue le capital avec sa rente, et la valeur de l'exploitation de la terre qui constitue un commerce ou une industrie comme une autre. Cette base a été adoptée par la plupart des grands pays qui ont instauré l'impôt sur le revenu, et c'est sur cette base que le gouvernement a décidé de proposer l'impôt.

Si nous ne l'avions point fait, tous les autres contribuables auraient été autorisés à dire : Quel privilège d'être cultivateur, et surtout d'être propriétaire, puisque nous autres qui payons tout l'impôt, qui avons admis qu'on supprime toutes les anciennes contributions pour établir un impôt d'équité, nous tous, nous serons sacrifiés, et sacrifiés à qui ? Au gros fermier qui ayant 25 ou 30.000 francs de revenus agricoles ne paiera pas d'impôt sous prétexte que l'impôt ne doit porter que sur la rente du sol !

Il fallait donc établir cette distinction et le gouvernement et la commission ont eu raison de proposer l'impôt sur cette base.

Un radical de notre parti a dit que cet impôt était

excessif, qu'en réalité la valeur locative du sol ne devait pas être considérée comme égale à la rente du sol. Sur quelles hypothèses se fondait M. Aimond ? Je regrette que cet éminent député n'ait pas cru devoir se déplacer du conseil général de son département pour venir défendre ici devant le Congrès de son parti, avec la même ardeur, le même acharnement dont il a fait montre à la Chambre les arguments qu'il a développés (*Applaudissements, bruit, protestations sur quelques bancs*). M. Aimond qui est un esprit distingué et pour lequel j'ai beaucoup de considération, a développé contre la réforme fiscale, et en particulier contre les bénéfices industriels, commerciaux et agricoles une éloquence et une documentation telle que si nous n'avions pas eu dans la Chambre des hommes comme Pelletan pour lui répondre avec toute sa verve, tout son esprit, toute sa technique, peut-être la réforme aurait échoué. Eh bien, puisque M. Aimond a cru devoir arrêter pendant plusieurs semaines le Parlement par ses interventions répétées, il aurait dû se présenter devant le Congrès.

Un délégué. — Il n'a pas pu.

Le citoyen Périllier. — Il a envoyé une dépêche expliquant qu'il est retenu au conseil général de son département.

Le citoyen Henry Bérenger. — Je ne mets point en cause la personne de M. Aimond, mais je formule... (*Bruit*).

Le président. — Je vous invite, citoyens, au silence; si vous avez quelques explications à fournir, je suis tout prêt à vous donner la parole.

Le citoyen Henry Bérenger. — Je savais parfaitement que, lorsque je prononcerais le nom de M. Aimond, ses amis éprouveraient le besoin de protester (*Bruit sur quelques bancs, notamment parmi les délégués de Seine-et-Oise*), mais c'est mon devoir de regretter avec le parti radical qu'on ait poussé trop loin l'amour de l'amendement et de l'obstruction (*Vifs applaudissements, nouvelles protestations*), je n'ai pas à m'occuper ici du département de Seine-et-Oise exclusivement...

Plusieurs délégués. — Ne faites pas de personnalités.

Le citoyen Henry Bérenger. — Quand l'amour d'une candidature sénatoriale a peut-être guidé Aimond jusque-là. (*Violentes protestations ; les délé-*

gués de Seine-et-Oise, debout, interpellent vivement l'orateur).

Le citoyen Henry Bérenger. — J'ai un devoir à remplir et je le remplirai (*Applaudissements ; on crie : Continuez ! Continuez !)*

Le citoyen Albert Dalimier. — Un mot seulement et uniquement pour apporter à notre ami Bérenger des renseignements précis. Bérenger sait très bien que je suis complètement séparé de M. Aimond dans la discussion de l'impôt sur le revenu et que j'ai soutenu tout le projet Caillaux.

Le citoyen Henry Bérenger. — Je vous en félicite.

Le citoyen Albert Dalimier. — Je voulais vous dire qu'au conseil général de Seine-et-Oise où nous sommes à deux voix de majorité, deux de nos amis sont absents. Nous sommes venus au Congrès et si Aimond était parti aussi, la majorité du conseil général passait de gauche à droite : il fallait donc nous partager la tâche. (*Applaudissements*).

Le citoyen Boussenot. — Il aurait été plus logique que vous restiez au conseil général et que ce soit M. Aimond qui vienne ici.

Le citoyen Henry Bérenger. — Je prends acte des déclarations très courtoises et amicales faites par Albert Dalimier, je me contenterai en mon nom personnel, de faire remarquer que, s'il s'agissait de guer un membre du conseil général ici et pas l'autre, peut-être M. Dalmier, qui est avec nous de tout cœur, aurait pu rester au conseil général pendant que M. Aimond... (*Le bruit recommence à nouveau*). Je ne tiens nullement à passionner le débat, croyez-le bien, mais nous n'avons, nous qui étions presque les seuls à défendre le projet de notre parti, nous avons gardé le souvenir pénible, cuisant, douloureux, de la campagne d'obstination dirigée contre la réforme fiscale. (*Vifs applaudissements*).

Je vous disais donc, mes chers collègues, qu'en ce qui concerne l'impôt sur les bénéfices agricoles la commission de législation fiscale était dans la bonne voie quand elle distingue la rente du sol et la valeur locative de ce sol ; cette distinction seule peut donner l'équité en matière de revenus agricoles. Après l'impôt sur les bénéfices agricoles, nous aurons vraiment franchi le grand cap de la réforme fiscale ; c'est le dernier écueil que nous avions à redouter, et pour cela nous demandons au Congrès de voter une motion approfondie sur cette question, nous demandons que les radicaux qui nous combattent dans les coins ou ailleurs (*le tumulte est à nouveau déchaîné ; quelques délégués protestent*).

Le citoyen Henry Bérenger, s'adressant à divers délégués qui l'interpellent. — Vous n'étiez pas hier à la commission quand nous discutions la réforme fiscale.

Un délégué. — Vous nous attribuez des sentiments que nous n'avons pas.

Le citoyen Henry Bérenger. — Nous avons connu ces batailles au moment de la séparation des Eglises et de l'Etat, elles ne nous ont pas effrayé. Nous les connaissons au moment où la réforme fiscale va aboutir ; elles ne nous effraient pas davantage. (*Vifs applaudissements*).

Il nous reste à examiner le revenu des professions libérales et la question de l'impôt complémentaire. Je crois qu'à ce sujet, notre opinion à tous est faite. La commission de législation fiscale et le gouvernement ont eu raison de penser que les professions libérales devaient payer leur dette à la patrie. Grâce au système d'impôts actuels, les avocats, les journalistes, les médecins et presque tous ceux qui appartiennent aux professions libérales ne paient pas d'impôt en proportion de leurs revenus.

Une voix. — Et la patente ? (*Bruit*).

Le citoyen Henry Bérenger. — Nous avons donc pensé que ce n'était pas une raison parce que nous étions des bourgeois et parce que, en grande partie, la plupart d'entre nous appartenaient à des professions libérales, que nous fissions exception en notre faveur (*Applaudissements répétés*). Certes, les petits médecins, les petits avocats, les petits professeurs, les petits journalistes paient trop pendant que les grands avocats ou médecins, que les grands professeurs ou journalistes paient insuffisamment (*Applaudissements*). Et c'est précisément parce que, dans ce moment-ci, nous avons, à côté d'un prolétariat intellectuel accablé d'impôts injustes une ploutocratie qui ne paie pas proportionnellement l'impôt, que la commission vous propose d'accepter l'impôt sur les professions libérales. (*Vifs applaudissements*). Sur ce point, d'ailleurs, la commission de législation fiscale n'a pas reçu de protestations ; la conférence des bâtonniers et le syndicat des médecins ont proposé quelques modifications que le gouvernement et la commission sont décidés à leur accorder. Il y aura donc harmonie et accord sur ce point. Mais il reste la question de l'impôt complémentaire qui peut être considéré comme le couronnement et la clé de voûte de la réforme.

Ah ! en avons-nous entendu des objections sur cette question. Les uns l'ont trouvé trop élevé ; d'autres, au contraire, le trouvaient insuffisant ; on a voulu démontrer qu'on devait abaisser l'impôt jusqu'à 3.000 francs ou 700 francs. Nous sommes persuadés que l'impôt complémentaire sera voté, d'autant plus que les limites prudentes entre lesquelles la commission et le gouvernement ont enfermé la progressivité de l'impôt enlèvent à la loi tout caractère de vexation. Les membres de la commission de législation fiscale sont ici pour la plupart ; ce sont tous des hommes qui, à des titres divers, méritent la confiance de notre parti ; ils ont su faire le sacrifice de leurs projets particuliers ; M. Malvy avait un projet plus accentué que celui de M. Caillaux ; M. Maujan en avait un autre ; tous ont fait le sacrifice de leurs projets sur l'autel de la réforme pour qu'elle soit accomplie rapidement avec cette bonne volonté qui a toujours caractérisé notre Parti. Nous devons affirmer que l'impôt sur le revenu sera un fait accompli avant peu. (*Applaudissements nombreux et répétés*).

Quelques congressistes pourraient peut-être penser que ce sont les membres les plus impa qui tiennent seuls ces propos. Je me permettrais de leur rappeler les paroles de trois parlementaires autorisés. Voici ce qui disaient MM. Chautard, Noulens et Desplas dans leur exposé des motifs du 28 juin dernier : «Si votre majorité ne pouvait arriver à réaliser, au cours de cette législature, une réforme qui a figuré pendant 40 ans sur nos programmes, qui, depuis trois quarts de siècles a fait l'objet des études de tous les maîtres de la science financière et est appliquée dans la plupart des pays qui nous entourent, elle ferait banqueroute à toutes ses promesses et avouerait avec éclat son impuissance. » (*Applaudissements*).

Quand on voit des hommes comme MM. Desplas, Noulens et Chautard prendre ainsi parti, je crois que tous les délégués au Congrès doivent être rassurés et que, tous, nous pouvons nous mettre d'accord sur cette grande idée que les contributions directes ont fait leur temps. Il n'est pas possible de penser que, dans nos campagnes, si les chaumines n'ont pas d'ouverture sur le ciel, c'est qu'il y a un impôt sur les fenêtres ; que, s'il y a de la tuberculose, c'est l'impôt qui, pour une part, l'engendre, et que si l'homme qui vit au milieu de la nature est privé de ses bier ts, c'est par la disgrâce d'un impôt suranné (*applaudissements*).

Tous ceux entre nous qui sont profondément persuadés que l'impôt sur le revenu est comme la serrure précise et compliquée, par laquelle on pourra enfin ouvrir la porte du passé sur l'horizon indéfini des réformes sociales, tous ceux-là voteront pour que l'impôt sur le revenu soit réalisé. (*Bravos*).

Je sais bien que des socialistes comme MM. Bracke et Landrin viennent dire : Quelle misère que cette « réformette » fiscale !

C'est une toute petite chose, c'est du 2 %, c'est du 3 %, vous n'exonérez pas l'ouvrier, ce n'est pas une réforme. Mais je sais aussi qu'à côté de ces socialistes il y en a d'autres, et je tiens à le dire, il y a des hommes comme Jaurès, Veber, Coutant, qui ont apporté plus de modération dans la demande de la réforme fiscale que certains radicaux amateurs de surenchères (*Applaudissements*).Cependant, la majorité du parti socialiste va disant : Qu'est-ce que c'est que cette réforme à côté de la grande révolution que nous voulons ? Nous répondons, nous, radicaux et radicaux-socialistes, que c'est uniquement par le suffrage universel et par le régime légal que la République peut continuer à se développer. Or, dans ce développement, la loi de l'impôt sur le revenu, après celle de la Séparation, vient à son heure. Nous ne pourrons pas faire de grandes lois, comme celle sur les retraites ouvrières, si nous ne connaissons pas les ressources des individus et des sociétés financières. L'impôt sur le revenu n'a donc pas seulement cette vertu personnelle d'assurer la justice dans la démocratie, il a encore cette vertu impersonnelle et collective de faire le contrôle de la fortune nationale et de faire connaître à la République où sont les richesses secrètes qui servent à la combattre en temps de crise. (*Applaudissements répétés*).

2

Voilà l'horizon que nous ne devons jamais cesser d'apercevoir. Nous devons faire l'impôt sur le revenu, non seulement parce que nous en avons pris l'engagement,mais aussi parce que 40 années de lutte n'ont fait que confirmer les convictions du Parti radical. Tant que la fortune publique ne sera pas connue, nous ne pourrons pas établir un budget social de la prévoyance et de l'éducation. On doit donc voter l'impôt sur le revenu non seulement parce qu'il assure la justice, mais aussi parce qu'il prépare l'ordre social de l'avenir. (*Vifs applaudissements*).

C'est dans ces intentions que la commission de réformes fiscales m'a chargé de déposer les conclusions suivantes :

Le huitième Congrès du Parti Républicain Radical et Radical-Socialiste, assemblé en séance plénière à Dijon, le 9 octobre 1908 :

Confirmant les décisions des sept Congrès antérieurs en faveur de l'Impôt sur le Revenu global et progressif ;

Prenant acte des votes émis en ce sens par la majorité républicaine du Parlement depuis le dernier Congrès de Nancy ;

Mais regrettant et blâmant la dissidence fâcheuse de quelques députés radicaux qui, abusant du droit d'amendement jusqu'à l'obstruction, ont systématiquement retardé l'accomplissement d'une réforme voulue par le suffrage universel et élaborée par le Gouvernement d'accord avec la Commission de Législation Fiscale ;

Déclare que le vote immédiat de l'impôt sur le revenu est une obligation essentielle pour tous les parlementaires se réclamant du programme du Parti Radical et Radical-Socialiste ;

Invite tous les députés adhérents à ce Parti à donner leur appui sans réserves aux dispositions fondamentales du projet actuel et à exiger la reprise immédiate de sa discussion dès la rentrée d'octobre jusqu'au vote sans interruption de tous les articles de la loi ;

Proclame la nécessité pour le Parlement et le Gouvernement d'avoir mené à bonne fin la promulgation de cette Loi avant la fin de l'actuelle législature, sans qu'aucune considération ni diversion budgétaires ou autres puissent être invoquées pour faire échec à une réforme qui est la préface indispensable de toutes les autres réformes sociales voulues par le Parti Républicain Radical et Radical-Socialiste.

Mes chers collègues, je dois déposer aussi au nom du comité radical et radical-socialiste de la 2ᵉ circonscription du 10ᵉ arrondissement de Paris et du comité du quartier de la Porte Saint-Denis, une motion admise également par votre commission. Je vais vous en donner lecture, persuadé que vous voudrez bien l'accepter :

Le Congrès, confirmant les déclarations expresses faites à la Chambre tant par le Gouvernement que par la Commission de Législation fiscale ;

Considérant :

Qu'il est de toute équité que la réforme fiscale ait pour bases nouvelles le revenu *net* de chaque assujetti ;

Qu'il serait injuste de faire supporter aux contribuables des charges calculées sur le seul revenu total brut sans tenir aucun compte des charges obligatoires de famille qui lui incombent ;

Emet le vœu :

Qu'il soit tenu compte dans l'évaluation de la capacité contributive de chaque assujetti des charges de famille qu'il doit assumer ;

Et propose l'addition d'un article portant dégrèvement de 1/10 ou toute autre fraction de la contribution totale (taxe crédulaire et taxe complémentaire) pour chaque personne, en sus de la première, se trouvant effectivement à la charge du contribuable et à son domicile.

Seraient considérés comme personnes à la charge du contribuable : les enfants ayant moins de 16 ans révolus, les ascendants âgés ou infirmes et les enfants par lui recueillis.

Pour obtenir le bénéfice de ce dégrèvement, les contribuables devraient se conformer aux dispositions des articles 41 et 59 du projet et faire la déclaration annuelle qui y est prévue.

Votre commission a cru devoir adopter cette motion : il m'importe de faire constater que nos amis Pelletan et René Renoult nous ont fait observer que cette demande était déjà contenue dans le texte de la loi et que la commission et le gouvernement sont d'accord pour faire voter cette disposition.

Un délégué. — Sans limite de revenus.

Le citoyen Henry Bérenger. — Je pense qu'en ce moment-ci nous votons surtout une question de principe et la commission des réformes fiscales et le gouvernement mettront les choses au point.

Le même délégué. — C'est justement parce que c'est une question de principe qu'on devrait bien préciser.

Le citoyen Sauerwein. — Citoyens, je sais bien que dans une pareille discussion et devant un Congrès il n'est pas question de discuter à fond un projet aussi complexe que celui du Ministre des Finances. Ce que le citoyen Bérenger a voulu obtenir, c'est un vote de principe. Il l'a bien montré en laissant de côté les critiques les plus sérieuses qui aient été dirigées contre le projet actuel, je veux dire celles qui émanent des associations syndicales de commerçants et d'industriels.

Il est bien évident qu'une refonte totale du système fiscal comme celle que poursuit le gouvernement peut léser un grand nombre d'intérêts et qu'un certain nombre de campagnes de presse ont pu être inspirées plutôt par le désir de défendre les intérêts individuels de quelques personnalités ou de quelques grands établissements, que par celui de sauvegarder les conditions légitimes d'existence d'un très grand nombre de petits travailleurs qui, pour n'être pas des salariés, n'en ont pas moins droit, très légitimement, à la sollicitude du Parti Radical et Radical-Socialiste.

Des campagnes de presse il en est de toutes sortes nous le savons, et le citoyen Bérenger ne l'ignore pas, mais vous aurez de la peine à faire croire que les vastes Fédérations corporatives dont je vais vous donner l'avis sur la question puissent être rangées dans ce que le citoyen Bérenger appelle « la meute des chiens hurlants de la publicité financière ».

Avant de vous faire connaître ces documents d'une authenticité incontestable, permettez-moi deux remarques. L'une, d'un caractère économique, c'est que jamais les commerçants qui ont si vigoureusement et si souvent protesté contre les modalités du projet Caillaux n'ont entendu contester le principe même de l'impôt sur le revenu. Qui donc, en effet, aurait plus de droit à espérer et à réclamer une plus juste répartition des charges fiscales, sinon ces petits commerçants, vivant péniblement au jour le jour, hantés par le souci des échéances mensuelles et qui malgré cela fournissent le plus clair dès ressources de l'Etat. S'il y a une catégorie de citoyens qui ait le droit de revendiquer légitimement qu'une plus juste proportion soit établie entre les charges et les ressources réelles, ce sont bien ceux-là. Ils ont déjà assez de mal à se défendre contre la concurrence terrible des grands magasins, de ces grands magasins, dont la plupart, ainsi qu'il résulte des statistiques établies par M. Aimond, verront leurs impôts diminués grâce au projet Caillaux. Or, ces petits commerçants par la voix de leurs syndicats et de leurs fédérations nationales ont tous protesté contre les modalités inscrites à la cédule des bénéfices commerciaux. Plusieurs députés, et à leur tête M. Puech, dont vous ne contesterez pas le radicalisme sincère, se sont faits au Parlement l'éloquent écho de cette protestation.

Si nous voyons donc ces petits patentés, aussi intéressants que les prolétaires, protester contre une réforme fiscale, c'est bien parce qu'ils savent, à n'en pouvoir douter, que ce projet est de nature à les charger encore davantage.

Et n'ont-ils pas raison de le croire alors que le Ministre des Finances et l'honorable rapporteur lui-même l'ont expressément avoué et proclamé ? Que dit, en effet, citoyens, le Ministre des Finances dans sa lettre du 22 mai 1907 à la Commission de Législation fiscale ? Je vous cite textuellement sa phrase : « Les grandes fortunes ayant pour échapper à l'impôt des facilités particulières, cet impôt pèsera surtout sur les classes moyennes ». (Vives protestations).

Que dit le citoyen Bérenger lui-même dans la conclusion grandiloquente de son rapport (Bruit) : « Les modestes agriculteurs que le projet dégrève de l'impôt foncier, les millions d'ouvriers et d'employés dont il assure l'indépendance, tous ces travailleurs des champs et des villes soutiendront leurs députés républicains ».

D'autres orateurs, vous diront que parmi ces travailleurs des villes il y en aura un bon nombre d'imposés qui ne l'étaient pas auparavant, et pas un seul de dégrevé parmi ceux qui l'étaient.

Ce n'est point là la question. Ce que je veux vous faire remarquer, citoyens, le fait très grave, excessivement grave. sur lequel j'appelle votre attention, c'est celui-ci : d'une part, le Ministre des Finances reconnaît que cet impôt sera payé par les classes moyennes, d'autre part, le rapporteur, dans son énumération des citoyens auxquels il prétend assurer un dégrèvement, oublie par une étrange omission, les petits commerçants et industriels. Ce n'est donc pas sans raison que ceux-ci protestent et se défendent. (Protestations).

Et ceci me conduit à la seconde remarque que je

voulais vous faire avant de vous donner lecture de ces documents.

Elle vise le côté purement politique de la question. Les citoyens que vous allez frapper, ceux contre qui est faite la réforme fiscale dans les modalités que propose M. Caillaux, ces citoyens forment le noyau et le contingent par excellence du Parti Radical et Radical-Socialiste. Ici je m'adresse aux parlementaires qui sont dans cette enceinte et je crois de mon devoir de leur dire : « Prenez garde, par qui donc avez-vous été élus, sinon par le petit commerce ? Est-ce que notre Parti ne s'est pas précisément édifié grâce au concours des quinze cent mille citoyens qui vivent du petit commerce ?...

Un délégué. — Ce sont des nationalistes. *(Bruit).*

... Est-ce que les bouchers, les charcutiers, les épiciers et surtout les débitants ne forment pas l'appoint le plus sûr des électeurs qui vous ont envoyés siéger au Parlement ? Et vous voudriez voter un impôt dont l'auteur même avoue qu'il sera surtout payé par ces travailleurs, par ces travailleurs modestes et sincèrement attachés à la République démocratique et sociale !

Citoyens, je sais que le temps des discours est limité...

Cris. — Assez ! assez ! les conclusions, M. Sauerwein !

... et je m'empresse de vous lire, non pas certes tous les documents que je pourrais vous apporter pour vous prouver combien le mode des taxations des bénéfices commerciaux est de nature à soulever des objections graves, mais seulement quelques-uns d'entre eux, les plus importants.

Voici le vœu adopté par le Congrès de la Fédération française de l' « Epicerie », au Congrès de Nancy des 3 et 4 juin dernier :

« La Fédération française de l'Epicerie compte
« 65 syndicats et près de huit mille adhérents.

« Le projet de perception d'impôt sur les revenus
« proposé par M. Caillaux étant admis, la Fédération
« demande, pour les commerçants et industriels, que
« la base en soit fixée, non pas sur les bénéfices,
« mais sur le chiffre d'affaires, à condition que cha-
« que catégorie soit étudiée avec le plus grand soin
« et que le quantum en soit judicieusement établi.

« La Fédération sans être hostile, en principe, à

« toute espèce d'impôt sur les revenus, repousse le
« projet actuellement en discussion dit « Projet
« Caillaux », en raison de son caractère inquisitorial
« et onéreux pour les classes productives. » (*Vives
protestations*).

Le citoyen Lagasse. — Dans un Congrès radical et
républicain on ne doit pas entendre ainsi des paroles
nationalistes. (*Applaudissements répétés*).

Un délégué (s'adressant à M. Sauerwein). — D'où
êtes-vous délégué ? Qui vous a envoyé ici ?

Le citoyen Sauerwein. — Je suis délégué de l'*Aurore*.
(*Mouvements divers, bruit*).

Un délégué. — C'est de la supercherie !

Plusieurs voix. — Assez ! assez !

Le citoyen Sauerwein veut lire des ordres du jour
de syndicats de commerçants, notamment de la Bou-
cherie française, des syndicats de l'Alimentation parisienne, mais le bruit empêche d'entendre cette lecture.

Le président invite vainement l'assemblée au calme.
Les interruptions partent toujours plus nombreuses
à l'adresse de l'orateur.

Le citoyen Sauerwein. — Je crois que vous ne
voulez pas m'entendre. (*Cris répétés : Non ! Non !
Assez ! Assez !*) Permettez-moi, au moins, de déposer le vœu suivant :

Le Congrès radical et radical socialiste de Dijon, tenant
compte des vœux exprimés par les syndicats de petits
commerçants, exprime le vœu que le Parlement modifie
les modalités du projet actuel sur l'impôt sur le revenu
qui sont de nature à léser les commerçants. (*Nouvelles
protestations.*)

(*La lecture de ce vœu provoque de nombreuses
protestations*).

Le citoyen Sauerwein. — Je crois, citoyens, que
cet ordre du jour est très modéré.

Plusieurs délégués. — C'est trop modéré, en effet.

Le citoyen Camille Pelletan. — Si je n'écoutais que
votre sentiment, si je ne me rappelais que l'indignation que vous venez de manifester, je ne répon-
drais pas à la manœuvre à laquelle vous venez
d'assister (*Applaudissements*), mais vous comprenez
tous qu'il ne faut pas qu'il y ait d'équivoques, et
qu'on puisse dire que devant vous des imputations
comme celles qui viennent d'être produites ont été

laissées sans réponse. (*Nouveaux applaudissements*).

Et c'est uniquement pour les confondre que je tiens à vous donner quelques mots d'explication, je ne ferai pas de questions personnelles ; je ne chercherai pas qui est le citoyen qui vient attaquer ici, d'accord avec la féodalité financière, la réforme fiscale. (*Vifs applaudissements*). Je ne lui demanderai pas par quel hasard, c'est au nom de l'ancien journal du président du Conseil qu'il vient combattre ici une réforme soutenue par lui et tout le ministère. (*Applaudissements répétés*). Je ne lui demanderai pas qui il est et quel titre il peut avoir à parler au nom du commerce parisien. Je prendrai le projet en lui-même et je dirai : Il est pour le petit commerce en général une libération fiscale considérable et il est pour le commerce parisien une libération fiscale plus considérable encore (*Applaudissements*). Nous vengeons, par lui, le petit commerce de l'injustice actuelle qui le fait payer une part contributive plus grande qu'il ne doit ; nous proportionnons l'impôt à la fortune et le citoyen Sauerwein, s'il a du bon sens, et je veux bien le croire, ne peut pas ignorer que c'est le petit commerçant qui est absolument intéressé à l'adoption de notre projet.

Le citoyen Sauerwein. — Pour le taux, oui, mais pas pour le mode de taxation.

Le citoyen Camille Pelletan. — Voilà déjà pour le taux, ah ! ah ! (*Rires et exclamations*).

Le citoyen Sauerwein. — Je n'ai pas dit autre chose tout à l'heure.

Le citoyen Camille Pelletan. — Il y a une équivoque. Croyez-vous que le commerce soit le premier intéressé à ce que chacun paie d'après ses ressources réelles et alors croyez-vous que la première condition d'un impôt équitable est qu'il soit proportionné au revenu du contribuable ? Est-ce que vous n'êtes pas las d'entendre des gens qui font injure à votre bon sens en disant : Oui, nous vous applaudissons, frappez chacun suivant son revenu, mais ne faites rien pour connaître son revenu. Voilà cependant quelle est l'accusation qu'on dirige contre nous. (*Applaudissements*).

Le citoyen Sauerwein. — Je constate que les applaudissements sont limités.

Le citoyen Camille Pelletan. — On me dit que les applaudissements sont limités. Vous allez montrer tout à l'heure à l'interrupteur, par votre vote, que le Congrès ne partage pas sa manière de voir. (*Salves répétées d'applaudissements*). Il y a de l'autre côté de la Manche un pays qui a été plus loin que nous. Il a dit que le gouvernement pourrait exiger la production des livres. Nous, nous nous sommes refusés à le dire. Nous avons déclaré que le gouvernement ne visiterait jamais les livres.

Le citoyen Sauerwein. — Mais vous la rendrez obligatoire. (*Bruit*).

Le citoyen Camille Pelletan. — Vous serez peut-être plus éloquent en m'interrompant qu'en parlant tout à l'heure (*rires*), mais je vous demande d'y renoncer. Il y a quelqu'un qui enrage de l'impôt sur le revenu.

Il a ses raisons : c'est M. Aynard. Eh bien, il a reconnu lui-même à la tribune, qu'avec la législation anglaise qui donne le droit de voir les livres, il n'y a, en pratique, aucune vexation, qu'il était, lui, commerçant et industriel en Angleterre et qu'on s'en est toujours tenu à sa déclaration. Et sa seule façon d'attaquer notre projet, c'est de prétendre qu'en étant plus libérale dans la lettre que la loi anglaise, notre loi serait exécutée par une telle administration qu'elle serait en pratique plus vexatoire. Eh bien, je vous le demande à tous : Qui est-ce qui peut croire qu'avec l'influence légitime du commerce dans toutes les élections, il se trouvera jamais un gouvernement pour essayer d'embêter gratuitement, inutilement tous les petits commerçants de France ? Voilà la vérité. Et alors si j'examine le commerce parisien, il faudrait que j'entre ici dans quelques détails. Nous l'exonérerons, en dehors de l'impôt complémentaire qui ne frappe que les riches, par la patente et dans une proportion énorme. Cela a même été reconnu par ce singulier fonctionnaire des finances, blâmé par son ministre, qui avait fait un rapport au Conseil municipal dans lequel il disait que le commerce parisien serait surchargé. Ce rapport, dont le ministre a dû relever les grossières erreurs, n'en attribuait pas moins à notre impôt sur le commerce un chiffre très inférieur à la patente. Et puis, il ne faut pas oublier que toutes ces critiques ont été faites sur le projet primitif de M. Caillaux ; depuis, à la commission, nous avons pu encore diminuer l'impôt qui sera demandé aux petits commerçants. J'ai fait le barème, j'en connais quelque chose ; toutes les formules faites auparavant ne s'appliquent plus. Voilà la vérité. Nous allons dégrever les petits commerçants sur l'impôt d'Etat, mais nous allons les dégrever infiniment plus, sitôt que la loi sera faite, sur l'impôt communal et sur l'impôt départemental, puisque nous appelons à l'impôt tous les rentiers oisifs, toutes les fortunes qui n'y étaient pas appelés auparavant et qui auront désormais à payer leur part. De sorte que la part contributive du petit commerce sera beaucoup plus diminuée sur les impôts locaux qu'elle l'est sur l'impôt d'Etat. Et malgré cela, nous avons eu des manifestations. Vous savez bien pourquoi.

Ce petit commerce parisien que j'estime infiniment, dont j'ai été l'ami depuis de longues années a, vous le savez, en partie accordé aux nationalistes une confiance qui est malheureusement fâcheuse pour la capitale intellectuelle de l'Europe. (*Applaudissements nourris*).

Je ne voudrais pas dire du mal de la presse (*rires*); vous savez quelle a été l'indépendance de la presse, mais dans certains journaux sur lesquels nous pouvions compter, lorsqu'il s'est agi de l'impôt sur le revenu, il s'est produit des situations regrettables. M. Caillaux a dit des choses que je ne voudrais pas répéter. Il y a bien une caisse quelque part ; il y a bien eu un certain nombre de millions dans cette caisse. Cette précaution était prise parce que nous mettions un impôt sur les titres d'emprunts étrangers et la haute banque qui avait un nombre considérable de titres à écouler sur certains emprunts, avait besoin d'une hausse pour les écouler. Notre impôt rend la hausse impossible. Alors vous savez ce qui s'est passé : nous avons eu presque toute la presse contre nous. Je dois dire que le Parti Radical n'a pas été plus mal partagé que le parti socialiste unifié le plus enragé. La petite bourgeoisie, le petit commerce ont été trompés de toutes façons. Mais est-ce qu'ils sont libres, est-ce qu'ils sont indépendants ? On vous apporte ici des listes de pétitions des syndicats. Est-ce que vous ne savez pas qui a présidé à la confection de ces pétitions qu'on présente à la signature ? Est-ce que vous ne savez pas que c'était un grand nombre de gros commerçants, les mêmes qui ont fait, avec quelquefois les protestations de ceux dont ils usurpaient la signature, échouer Goblet dans le premier arrondissement de Paris. (*Applaudissements répétés*).

Ah tenez ! dans les colonnes du *Matin*, j'ai eu une polémique avec le président d'un de ces syndicats de petits commerçants. Il avait derrière lui la foule des petits commerçants et je lui ai répondu sans savoir qui il était. Bien entendu il défendait le petit commerce contre les grands magasins. Et sitôt la polémique épuisée, j'ai reçu de nombreuses lettres m'indiquant que ce président de syndicats de petits commerçants était l'un des directeurs d'un des plus grands magasins de Paris. (*Rires et applaudissements*). M. Sauerwein sait de quoi je veux parler.

Le citoyen Sauerwein. — Vous voulez parler de M. Moss, directeur du « Phare de la Bastille ». Mais ce n'est pas un grand magasin. (*Mouvements divers*).

Le citoyen Camille Pelletan. — En tout cas, notre impôt surcharge certainement les magasins de la nature du « Phare de la Bastille ». (*Rires*). Et maintenant qu'est-ce que nous voyons depuis le commencement de la discussion ? Ah citoyens, nous voyons les gros banquiers, les gros commerçants engager la lutte contre nous, mais quand ils viennent protester, ils vont chercher un costume et ils se mettent un costume de mendiants (*Hilarité générale*). Ils arrivent la main tendue et nous voyons alors tel chef des plus grandes maisons de banque de Paris, tel milliardaire, non, nous n'en avons pas, mais tel personnage plusieurs fois millionnaire, arriver l'air loqueteux, nous dire : Je suis un petit, vous allez m'écraser et me retirer le pain de demain (*Rires*). Le parti radical ne se laissera pas duper par cette grossière supercherie. Vous savez au nom de qui M. Sauerwein a parlé et vous n'avez pas été illusionnés par ces chiffres de signatures plus ou moins libres. Vous vous rappellerez que le parti radical a son honneur et sa vie attachées au succès du projet que nous défendons pour le moment et vous donnerez à vos mandataires, dont beaucoup n'ont pas eu la fidèlité que nous aurions voulu voir, le mandat impératif sous peine d'être réprouvés (*bravos répétés*) par la démocratie tout entière de cesser tout complot contre le projet d'impôt sur le revenu. (*Double salve d'applaudissements*).

Le citoyen Sauerwein. — Je demande la parole.
(*Bruit, protestations. Cris : Non ! Non ! Aux voix !*)

Un délégué. — Au nom de qui parlez-vous ?

Le citoyen Sauerwein. — Je n'ai pas à parler au nom de qui que ce soit ; vous comprendrez qu'il m'est très difficile de répondre à quelqu'un que je respecte autant que M. Camille Pelletan et qui a autant d'esprit. On a dit que j'ai fait une manœuvre contre le projet d'impôt sur le revenu. Je le nie de toutes mes forces (*Mouvements divers*). Mon ordre du jour tend à porter uniquement sur le mode d'évaluation des bénéfices commerciaux.

Un délégué. — Mais c'est voté cela.

Le citoyen Sauerwein. — C'est voté à la Chambre, mais ce n'est pas voté au Sénat. Les petits commerçants considèrent que ce texte transactionnel présenté par M. Puech notamment, doit de beaucoup être amélioré. Il dit qu'après que le commerçant aura fait sa déclaration, le contrôleur procèdera à l'évaluation et qu'il la soutiendra devant le conseil de préfecture par tous les documents de présomption qui sont en son pouvoir. Quant au commerçant il sera forcé de la soutenir par des documents précis, c'est-à-dire par la production de ses livres...

Un délégué. — C'est inexact !

Voix nombreuses. — La clôture ! Aux voix !

Le citoyen Sauerwein. — Vous voudrez bien vous convaincre que s'il y a un commerçant qui a besoin de son crédit, c'est le petit plutôt que le gros ; ce n'est pas celui qui a des millions qui peut craindre, en produisant ses livres, de diminuer son crédit ; tandis que le petit commerçant peut montrer une situation difficile. C'est bien évident cela.

Un délégué. — Au nom de qui déposez-vous votre ordre du jour ?

M. Sauerwein. — Je dépose cet ordre du jour en mon nom personnel.

Le Président. — Je vais mettre aux voix l'ordre du jour du citoyen Sauerwein qui implique le rejet des conclusions de la commission. Le voici:

Le Congrès radical, tenant compte des vœux exprimés par les fédérations commerciales, exprime le vœu que dans la discussion du projet Caillaux, le Sénat, complétant l'œuvre commencée à la Chambre, modifie les modalités de nature à léser les commerçants dans leur crédit, en les contraignant indirectement à la production de leurs livres.

Je vous fais bien observer que si vous votez cet ordre du jour, vous rejetez du même coup les conclusions de la commission.

Le Président met l'ordre du jour Sauerwein aux voix.

(Cet ordre du jour est repoussé à l'unanimité moins cinq voix. (Nombreux applaudissements).

Le Président. — J'ai reçu l'ordre du jour suivant que je vais vous lire et qui paraît être dans l'esprit de ses auteurs une adjonction aux conclusions de la commission :

Le Congrès émet le vœu qu'il soit tenu compte dans l'évaluation de la capacité contributive de chaque assujetti des charges de famille qu'il a assumées.

Le citoyen René Renoult. — J'appuie énergiquement le vœu qui vient de vous être présenté ; il correspond exactement aux sentiments de la commission de législation fiscale. Nous trouverons dans l'indication que vous nous donnerez ainsi un motif de plus pour insérer dans le projet une résolution relative à la réduction pour les chargés de famille. *(Très bien.)*

Le citoyen Camille Pelletan. — Nous ne devons pas trop entrer dans des détails et ne pas imposer des textes arrêtés. Mais le vote sur ce principe doit être adopté par tout le Congrès.

(Adopté à l'unanimité).

Le Président met aux voix ce vœu qui est joint aux conclusions de la commission.

Le Président. — Voici un vœu présenté par M. André (Orne) :

Le Congrès Radical et Radical-Socialiste, réuni à Dijon, envoie ses félicitations à M. Caillaux, Ministre des Finances, pour le courage qu'il a manifesté en présentant au Parlement un projet d'impôt progressif sur les revenus et pour l'énergie qu'il met à le défendre ;
Et invite tous les membres du Parlement appartenant au Parti à voter l'impôt progressif sur les revenus conformément à sa doctrine. *(Bruit, nombreuses protestations.)*

Le citoyen Henry Bérenger. — Nous regrettons que ce vœu soit apporté ici sans avoir été soumis au préalable à la commission : nous maintenons nos

conclusions dans lesquelles nous présentons nos félicitations à tous les républicains qui se sont associés
à la réforme fiscale. (*Assentiments unanimes*).

Le Président. — Ce vœu est renvoyé de droit à la
commission des réformes fiscales. (*Assentiment*).

Le citoyen Henry Bérenger. — La commission des
réformes fiscales remercie le Congrès du vote unanime qu'il a émis en faveur de conclusions que nous
vous avons apportées. (*Applaudissements*).

Un délégué. — On n'a pas voté sur les conclusions
de la commission.

Le président. — L'adoption du vœu Sauerwein aurait impliqué le rejet des conclusions de la commission ; ce vœu a été repoussé, les conclusions de la
commission ont été adoptées avec le vœu concernant
les chargés de famille. C'est bien le sentiment de
l'assemblée ? (*Approbations et applaudissements*).

LES REFORMES SOCIALES
LA DOCTRINE SOCIALE DU PARTI

Le citoyen Boussenot a présenté au nom de la commission des réformes sociales du Comité Exécutif, le rapport suivant :

LE LAISSER-FAIRE ECONOMIQUE ET SOCIAL

Gauche

CHAMBRE DES DÉPUTÉS

Droite

Schéma de la Chambre par Groupes.

Collectivistes (unifiés ou non) : 52

MM. Jaurès, Vaillant, Sembat.

Socialistes Indépendants : 24

MM. Viviani, Briand, Gérault-Richard.

Groupe Radical-Socialiste — M. Dubief

952

Groupe Radical — M. Chapuis

Gauche démocratique — M. Modeste Leroy

Union démocratique — M. Chéramel

Groupe républicain : 35

Groupe Progressiste : 69

M. Aynard, L'Abbé Gayraud.

Groupe : 79

Teinte noire : Groupes représ. l'Action Libérale Populaire (Gr. des Libéraux : M. J. Piou).
Teinte grise : — la Fédération Républ. (Gr. des Progressistes : MM. J. Roche et Ribot).

Droite   SÉNAT   Gauche

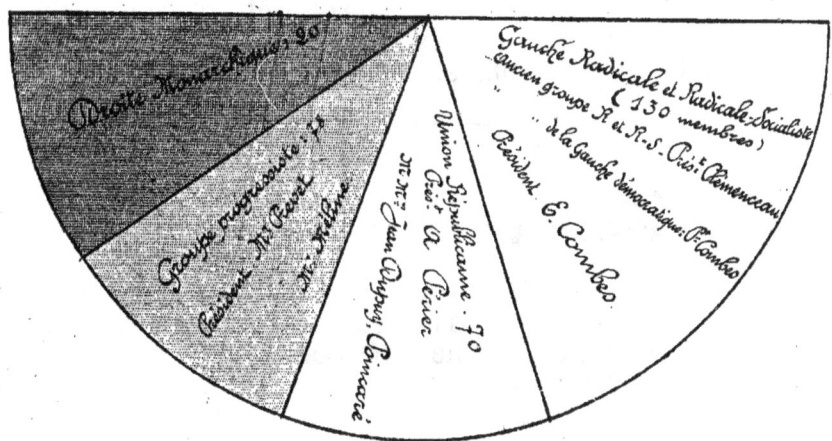

Droite Monarchique : 90

Groupe progressiste : 15
Président: M. Poirié
M. Milliès

Union Républicaine : 70
Pré[?] A. Perier
M. M[?] Jean Dupuy, Poincaré

Gauche Radicale et Radicale-Socialiste
(130 membres)
ancien groupe R et R. S. Pré[?] Clemenceau
de la Gauche démocratique: F. Combes
Président. E. Combes

Schéma du Sénat par Groupes.

Teinte noire : Groupe représentant l'Action Libérale Populaire,
Teinte grise :   —   ·   —   la Fédération Républicaine.

Principaux parlementaires appartenant à
la FÉDÉRATION RÉPUBLICAINE

MM. Brindeau, député, *président* ; Delobeau, Bernot, Gourju, Fessard, Gotteron, Bonnefille, Guillier, P. Fleury, Gontaut-Biron, Quentin, Lozé, Ch. Dupuy, Beral, Bérenger, Cabart-Danneville, Sebline, Mézières, Méline, Audiffred, Milliard, Tillaye, général Langlois, etc., *sénateurs* ; René Brice, Ribot, Krantz, Guillain, Jules Roche, Thierry, Ch. Benoist, Bonnevay, Prache, Marin, Bauregard, Aynard, Amodru, Dior, Alicot, de Moustier, de Boury, Duclaux-Monteil, Dupourqué, J. Lebaudy, Leroy-Beaulieu,, Quesnel, de Saint-Pol, Spronck, Delaune, Gellé, de Kerjégu, Monsservin, F. Hugues, Perroche, etc., *députés*.

Principaux parlementaires appartenant à
l'ACTION LIBÉRALE POPULAIRE

MM. Jacq. Piou, député, *président* ; de Cuverville, de Lamarzelle, Delahaye, etc., *sénateurs* ; Lerolle, de Gailhard-Bancel, de l'Estourbeillon, A. Reille, X. Reille, Grousseau, Ollivier, de Mun, Ballande, Leblanc, Auriol, de Castelnau, etc. *députés*.

SOMMAIRE

I. — **Où devons-nous prendre, pour la discuter, la doctrine économique et sociale de l'opposition ?**

II. — **Les libéraux et les modérés** (Action libérale et Fédération républicaine) **et les syndicats professionnels.**

Thèse des progressistes : Il faut *étendre les capacités juridiques* des syndicats pour pouvoir leur donner une *responsabilité effective.*

Thèse des libéraux : Il faut créer de toutes pièces une *organisation professionnelle* inspirée du système des *corporations* de l'ancien régime.

III. — Du contrat de travail et de l'arbitrage obligatoire.

Thèse des progressistes : On *peut* chercher à substituer le contrat collectif au contrat individuel. *Pas d'arbitrage obligatoire,* la loi de 1892 suffit.

Thèse des libéraux : Il est nécessaire de préciser les règles du contrat de travail et d'y introduire une clause concernant la *tentative obligatoire* de conciliation et d'arbitrage.

IV. — De la réglementation du travail des adultes.

Thèse des progressistes : L'Etat *peut intervenir* pour fixer une limite maxima à la durée du travail, à la *condition* que la *production* des établissements assujettis ne soit point diminuée.

Thèse des libéraux : L'Etat *doit intervenir* comme agent de contrôle, les organisations professionnelles seules, ayant les moyens de fixer judicieusement les règles relatives à la durée de ce travail les concernant.

V. — Retraites ouvrières.

Thèse des progressistes : Les retraites peuvent et doivent être organisées en *utilisant* les *Sociétés de prévoyance libre.*

Le projet des radicaux basé sur la triple obligation est :

a) meurtrier de la mutualité ;

b) une concession dangereuse faite au collectivisme ;

c) repoussé par la plupart des syndicats et groupements ouvriers.

Le système belge, lequel consacre en fait le principe de la *double obligation* (ouvrier et Etat) est le seul qui convienne au tempérament français.

Thèse des libéraux : Les organisations professionnelles ont seules qualité et compétence pour instituer les retraites (avec le *triple concours* des salariés, des patrons et de l'Etat).

VI. — Réforme fiscale.

Libéraux et modérés ne veulent point d'un impôt qui serait *global, personnel* et surtout *progressif*.

VII. — Rachat de certains monopoles.

Libéraux et progressistes sont *hostiles à l'exploitation par l'Etat* des grandes industries monopolisées. Ils estiment que cette reprise serait un pas fait dans la voie du collectivisme.

---

1. — OU DEVONS-NOUS PRENDRE POUR LA DISCUTER LA DOCTRINE ECONOMIQUE ET SOCIALE DE L'OPPOSITION ?

Placé politiquement entre les socialistes collectivistes, d'une part, et les progressistes libéraux, d'une autre, le Parti républicain radical et radical-socialiste a, pour justifier l'œuvre qu'il s'est imposée et les moyens dont il entend user pour l'accomplir, à opposer successivement et sa doctrine et son programme à la doctrine et au programme de ceux qui, soit à sa droite, soit à sa gauche, cherchent à lui disputer la direction et la gestion des affaires publiques.

Une pareille tâche, pour être complète, comporterait nécessairement l'examen et l'étude des trois questions suivantes :

1° Exposé des réformes que le Parti républicain radical et radical-socialiste entend réaliser dans l'ordre politique, économique et social ;

2° Critique de la doctrine des collectivistes ;

3° Critique de la doctrine des progressistes et des libéraux.

La première question, a été magistralement traitée par le Congrès de Nancy en octobre dernier. A cette heure, il n'est permis à personne d'ignorer quelle doctrine est la nôtre et ce vers quoi tendent les efforts du Parti.

La seconde fera l'objet d'un rapport spécial de la rédaction duquel notre collègue, M. Emile Desvaux, a bien voulu se charger.

La troisième enfin est celle dont l'étude nous a été confiée par votre Commission qui a limité notre tâche à la critique du programme économique et social des partis modérés.

*
* *

Dès le début, un problème s'est posé : Où devions-nous prendre pour l'examiner et la discuter la doctrine de cet assemblage mal défini qui, sous les noms de *Groupe progressiste*, de *Groupe libéral*, se meut et bataille sur notre flanc droit ?

Parmi les nombreux ouvrages d'économie politique et sociale qui ont été écrits ou inspirés par des hommes appartenant aux groupements que nous venons d'indiquer, il en est un certain nombre qui, par la grosse influence et l'incontestable autorité dont ont joui et jouissent encore leurs auteurs semblaient devoir attirer et retenir notre attention. L'un, vieux déjà de plus de quarante ans, est celui qu'écrivit sous le titre : *La Réforme sociale*, l'économiste Le Play.

Considéré avec raison par les gens de l'époque comme la véritable charte du Parti libéral, il était le premier travail de ce genre auquel il nous fallait avoir recours.

Quant aux autres, de M. Paul Leroy-Beaulieu, ouvrages beaucoup plus modernes, plus scientifiques surtout, ils s'imposaient d'eux-mêmes à notre examen.

De l'œuvre double, élaborée à vingt-cinq ou trente ans de distance par ces deux hommes, une même doctrine se dégageait. Etait-ce celle-là que nous allions discuter et combattre ?

Evidemment non, et la raison en est bien simple.

Nous formons, ne l'oublions pas, un groupe essentiellement et exclusivement politique, c'est-à-dire que nous devons nous appliquer moins à l'étude de la philosophie des systèmes qu'à la résolution rapide — et pratique surtout — des problèmes sociaux qui nous sont posés.

Dès lors, que nous importent les théories et les idées, si belles et si ingénieuses soient-elles, de MM. Le Play et Leroy-Beaulieu ?

Le parti contre lequel nous avons à lutter, dont nous entendons discuter le programme article par article a-t-il fait siennes l'ensemble des conceptions économiques de ces deux maîtres ?

Incontestablement non. Si la doctrine des libéraux est, dans ses principes essentiels, tout entière dans les ouvrages que nous venons de citer, ceux qui se la sont appropriée et qui la défendent aujourd'hui ont dû cependant, pour la rendre plus acceptable, tenir compte de l'évolution naturelle des idées de la masse et la présenter sous une forme infiniment moins absolue.

Ce travail d'adaptation moderne, de rajeunissement si l'on peut dire, avec les retouches en plus et en moins qu'il comporte, avec les atténuations ou les exagérations voulues de certains détails qu'il nécessite, constitue pour nous une indication précieuse.

Ce n'est pas dans les livres, souvent trop dogmatiques, toujours trop personnels qu'il faut aller extraire le programme économique et social d'un parti. C'est aujourd'hui dans le Congrès que tiennent périodiquement les membres de ce parti, c'est dans les conférences et les discours qu'ils prononcent, c'est dans les tracts et les brochures de propagande qu'ils répandent qu'il faut aller soigneusement les chercher.

Voyons donc ce que les investigations de ce genre ont pu nous fournir.

A l'heure actuelle, il est, dans le pays, deux organisations puissantes — et par la valeur et l'autorité de ceux qui les dirigent et par le nombre des éléments qui y adhèrent — organisations dont les fondateurs et les chefs représentent pour ainsi dire les héritiers politiques de l'économiste Le Play. Ce sont la *Fédération républicaine* et l'*Action libérale populaire*.

L'une compte dans son sein des hommes comme MM. Ribot, Guillain, Joseph Thierry, Jules Roche, Beauregard, Prevet, etc... ; l'autre a dans son état-

Tableau des Programmes économiques et sociaux des Groupements ci-dessous désignés

	ACTION LIBÉRALE POPULAIRE GROUPE PIOU	FÉDÉRATION RÉPUBLICAINE GROUPE RIBOT	PARTI REPUBLICAIN RADICAL & RADICAL-SOCIALISTE
Code de travail	L'A. L. P. demande qu'il soit constitué par la réunion de toutes les dispositions éparses des lois ouvrières un Code du Travail. (Congrès de 1904).	Le F. R. demande le vote par le Sénat de la codification des lois ouvrières votée par la Chambre en 1905. (Congrès de 1907.)	Le P. R. R. et R. S. réclame instamment l'élaboration d'un code complet du Travail et de la Prévoyance. (Congrès de 1907.)
Syndicats	**Syndicats** L'organisation syndicale actuelle est défectueuse parce qu'incomplète. L'A. L. P. estime qu'il y aurait lieu de lui substituer *l'organisation professionnelle* qui, de l'aveu même de ceux qui en ont déterminé et précisé les bases, constituerait un retour au système corporatif d'autrefois.	La F. R. est partisan de donner aux syndicats professionnels le *droit d'acquérir* et de *posséder* sous cette condition qu'ils soient tenus de constituer une réserve. La F. R. entend, en outre, donner aux syndicats ouvriers une responsabilité effective. (Congrès de 1907.)	Le P. R. R. et R. S. est profondément syndicaliste.
Limitation de la durée des heures de travail	**Limitation de la durée des heures de travail.** L'A. L. P. *reconnait* en cette matière le droit à l'*Etat d'intervenir*, mais cette intervention doit se borner à un pur rôle de contrôle, les organisations professionnelles ayant seules qualité pour déterminer la durée du travail pour chaque industrie ou profession. (Congrès de 1906). L'A. L. P. est *partisan du repos hebdomadaire dominical.*	La F. R. *admet* le principe de l'*intervention de l'Etat* dans la *limitation des heures de travail* imposées aux adultes, aux femmes et aux enfants et dans la mesure où cette limitation n'atteint pas les forces productives. (Congrès de 1907.) La F. R. *partisan du repos hebdomadaire* demande que les dispositions de la loi qui le consacre soient remaniées en tenant compte des intérêts communs et inséparables des ouvriers et des patrons des diverses corporations nationales. (Congrès de 1907.)	Le P. R. R. et R. S. 1° se prononce en *faveur* de l'extension à tous les salariés du commerce et de l'industrie du *principe de la réglementation légale.* 2° Il réclame du gouvernement et du parlement certaines *modifications* à la loi sur le *repos hebdomadaire* laquelle excellente, dans son principe, est encore d'une application difficile et souvent préjudiciable aux intérêts de l'industrie, du commerce et des travailleurs.
Contrat de travail arbitrages	L'A. L. P. estime : qu'il y a lieu de préciser par une loi spéciale les règles de contrat de travail de manière à en poser les principes généraux tout en laissant aux groupements professionnels le soin d'en faire une application spéciale à leur région et à leur métier (Congrès de 1906), Qu'il faut y introduire la clause concernant le repos dominical et la *tentative obligatoire de conciliation et d'arbitrage*, Que des règles relatives au *contrat collectif* doivent être établies par ceux qui veulent recourir à cette forme de contrat et qu'elle doit être sanctionnée par une action civile en dommages-intérêts. (Congrès de 1904).	La F. R. ne se déclare *pas hostile* à la transformation du *Contrat de Travail*. Se déclare être l'*adversaire résolu* de tout projet de loi qui tendrait à rendre l'*arbitrage obligatoire*. (Congrès de 1907.)	Le P. R. R. et R. S. reconnaît à l'*Etat* le *droit d'intervenir* dans les rapports du Capital et du Travail. Il demande le dépôt et la discussion d'un projet de loi tendant à codifier ce contrat dont le Code civil a totalement oublié de faire mention. Il estime que la substitution du *contrat collectif* au contrat individuel s'impose et que son organisation doit entraîner celle de l'*arbitrage obligatoire*. Il déclare enfin que la reconnaissance légale des conventions collectives ne constitue qu'un acheminement vers une transformation plus complète des rapports actuellement existants entre le Capital et le Travail.
Retraites ouvrières	L'A. L. P. estime que les *retraites ouvrières* doivent être organisées par les mutualités et surtout les *organisations professionnelles*, avec l'aide et le concours de l'*Etat*, sur la base d'une *obligation* minima, au moyen d'un système d'équivalence très largement pratiquée et laissant à chaque individu le libre choix du moyen de prévoyance. (Congrès de 1906)	La F. R. émet le vœu que le Parlement résolve au plus tôt la question des *retraites ouvrières* tout en laissant une part aussi large que possible à l'*initiative individuelle*. (Congrès de 1907.)	Le P. R. R. et R. S. se montre résolument *partisan* de la création des *Retraites ouvrières et paysannes* lesquelles doivent être organisées sur les bases d'une triple *obligation* de versement (Etat, employeur, employé).
Réforme fiscale	L'A. L. P., au point de vue fiscal, demande à ses élus de réaliser le dégrèvement des petites cotes foncières, De *combattre* tout système d'impôt qui par sa *progression* et sa *globalité* serait un danger d'inquisition et de vexation tyrannique. (Question étudiée pour la première fois au Congrès de 1907).	La F. R. entend poursuivre la réforme de l'impôt par le dégrèvement des cotes foncières et l'institution d'un impôt *réel* et *proportionnel* et non global et progressif. (Congrès de 1906-1907.)	Le P. R. R. et R. S. veut 1° l'établissement d'un impôt *global* et *progressif* sur le revenu, remplaçant les quatre contributions directes ; 2° La diminution des impôts de consommation.
Nationalisation de certains monop. privés	L'A. L. P. est résolument et systématiquement *hostile* aux *monopoles d'Etat*.	La F. R. se déclare nettement *opposée* à l'exploitation par l'Etat des monopoles industriels et commerciaux ; chemins de fer, mines, etc... (Congrès de 1906-1907.)	Le P. R. R. et R. S. réclame la *reprise par l'Etat des monopoles de fait* là où un grand intérêt l'exige : chemins de fer, assurances, etc...

Lois protectrices des Travailleurs : Lois syndicales, limitation des heures de travail etc.

major MM. Jacques Piou, Lerolle, de Mun, Grousseau, etc...

Si la première, la *Fédération républicaine*, a un programme général un peu plus coloré que celui de la seconde, toutes deux font un excellent ménage, se prêtent, si besoin est, mutuellement leurs orateurs et dans les moments difficiles se portent un fraternel appui. Nous les avons vues, lors de la grande consultation de mai 1906 et plus récemment encore aux élections municipales, s'unir et faire bloc contre les radicaux.

Ces Associations sont, au Parlement, représentées ainsi :

1° Les membres de la *Fédération républicaine*, investis d'un mandat législatif, se retrouvent presque tous, au Palais-Bourbon et au Luxembourg, dans le groupe progressiste que président respectivement en fait MM. Ribot et Jules Méline, 2° Les parlementaires affiliés à l'*Action libérale populaire*, eux, entrent presque en totalité dans la composition de la droite du Sénat ; à la Chambre, ils siègent, soit parmi ceux qui consentent encore à se parer de l'étiquette — actuellement bien démodée — de nationalistes, soit sur les bancs de la fraction avancée (!) de la droite (Se reporter aux tableaux qui figurent en tête du présent rapport.)

Par ces explications, qui pourraient paraître, à première vue, quelque peu oiseuses, nous avons voulu fixer nettement la place qu'occupait sur l'échiquier parlementaire, chacune des deux organisations dont nous allons analyser, aux fins d'une critique impartiale, les divers éléments du programme économique et social.

Ah ! les programmes, que de choses ne leur fait-on point dire ! Ceux des progressistes et des libéraux, les voici, tels que nous les avons relevés sur les comptes rendus des trois derniers Congrès :

(Voir le tableau ci-contre.)

Tel est le tableau analytique et comparatif des programmes — du moins dans leurs parties économique et sociale — des Groupements qui se disputent à l'heure actuelle la confiance et les votes du pays.

Quand on considère les programmes de ce qui représente aujourd'hui l'opposition de droite, on voit combien peu profond est, en apparence et sur les questions importantes, le fossé qui les sépare du nôtre.

Comme le Parti radical, les groupements de l'*Action libérale populaire* et de la *Fédération républicaine* se déclarent partisans :

1º De l'intervention de l'Etat dans les rapports du Capital et du Travail et d'une transformation rapide du contrat qui lie l'un à l'autre ;

2º De la limitation légale de la durée du travail dans la mesure où, naturellement, cette limitation n'atteint pas les forces productives ;

3º Du repos hebdomadaire ;

4º De la constitution des retraites ouvrières ;

5º De la réforme de l'impôt.

Certes, tout cela est fort beau, mais reste à savoir maintenant comment MM. Piou et Ribot entendent poursuivre la réalisation d'un programme aussi vaste et par quels moyens ils espèrent pouvoir aboutir.

Ils ont, affirment-ils à l'envi, la ferme intention d'accomplir ces réformes. Soit, mais qu'est-ce que le désir s'il n'y a point l'action, le geste qui le suivent et que valent les engagements les plus solennels si l'on ne les tient pas ? Or, il y a deux façons de ne point atteindre le but qu'on s'est à soi-même assigné. La première, c'est de s'immobiliser indéfiniment à la même place et d'attendre toujours au lendemain pour partir ; la seconde consiste à s'embarquer dans un chemin qui n'y conduit pas.

L'étude critique à laquelle nous allons nous livrer de la méthode préconisée et suivie par les modérés pour réaliser les promesses qu'ils ont faites nous renseignera sur la nature exacte et le sens véritable de leurs intentions.

II. — LES PROGRESSISTES LIBERAUX ET LES SYNDICATS PROFESSIONNELS

A l'heure actuelle, il n'est aucun des économistes attachés au dogme libéral qui ne reconnaisse, sans discussion, la légitimité des efforts faits ou tentés par les Groupements syndicaux pour améliorer la situation des travailleurs.

Tous sont unanimes à penser et à dire que les Associations professionnelles telles qu'elles fonctionnent depuis la mise en vigueur de la loi de 1884 ne constituent qu'une « pierre d'attente », qu'une étape vers un état de choses meilleur. Reste maintenant à définir quelles modifications les modérés entendent apporter à la législation existante pour rendre l'organisation syndicale conforme à l'idée qu'ils s'en font. Tout est là, en effet.

La *Fédération républicaine*, elle, se borne à demander pour les Syndicats ouvriers le droit d'acquérir et de posséder, avec comme corollaire, l'obligation, pour eux, de constituer des réserves destinées à l'achat d'immeubles et de valeurs immobilières nominatives.

L'*Action libérale* va plus loin. L'extension des capacités syndicales est sans doute à ses yeux chose éminemment désirable. Mais là ne doit point s'arrêter l'effort du législateur.

Si utiles qu'aient été et que soient encore les Associations ouvrières constituées sur les indications fournies par le texte du 21 mars 1884, si sérieuses que puissent être les améliorations résultant de la faculté d'acquérir et de posséder que beaucoup, aujourd'hui, sont d'avis de leur concéder, ces groupements, dit-elle, ne rempliront véritablement le rôle qui leur fut dévolu que le jour où ils cesseront d'être les représentants et les porte-parole d'une classe — celle des salariés — en conflit permanent d'intérêts avec une autre classe — celle des capitalistes, des patrons. De là, pour l'*Action libérale* l'impérieuse et urgente nécessité de créer de « vastes Associations professionnelles », réunissant à la fois employeurs et employés, lesquelles constitueraient — ce sont les propres termes des auteurs de la proposition de loi déposée en 1901 sur cette question — « un retour aux Corporations moyenageuses, restaurées, rajeunies et purgées de leurs anciens vices ».

A. — De l'extension des capacités syndicales.
(Thèse de l'Ecole progressiste).

Actuellement, les Syndicats peuvent ester en justice, employer à leur guise les cotisations qu'ils reçoivent de leurs membres, acheter les immeubles nécessaires à leurs réunions, à leurs cours d'instruction professionnelle. Et c'est tout. Ils n'ont ni le droit d'accepter des legs et des dons, ni celui d'acquérir des biens à titre onéreux.

Or, ce que les progressistes et les réactionnaires réclament, ce que certains de nos amis demandent aussi avec instance, c'est que la loi accorde aux Syndicats, *dans les plus brefs délais,* la faculté de devenir propriétaires.

L'idée, à première vue, peut paraître séduisante par son libéralisme. Mais que vaut-elle en réalité ?

Personnellement, après une étude sérieuse de la question, nous sommes fermement convaincu qu'octroyer *de suite* aux groupements professionnels la personnalité civile et les pouvoirs qui en découlent, serait infiniment plus nuisible qu'utile au prolétariat et nous nous prononçons énergiquement contre la prise en considération de tout vœu, contre l'adoption de toute mesure qui tendrait à compléter, à élargir, dans le sens indiqué plus haut, les dispositions du 21 mars 1884, et cela tant que l'usage du contrat collectif n'aura pas été généralisé et consacré par un texte de loi.

Que sont, quant à leur but, les syndicats ouvriers ? Des Associations organisées pour défendre les intérêts professionnels de leurs adhérents et conquérir le bien-être matériel et moral auquel ces derniers peuvent légitimement aspirer.

A l'heure où le capital et le travail — que nous sommes loin de considérer comme des facteurs à jamais irréconciliables de la richesse du pays — sont en opposition presque constante d'intérêts, ces groupements constituent un merveilleux instrument de transformation sociale.

Le rôle qu'ils jouèrent, dès leur reconnaissance légale, dans les divers conflits qui s'élevèrent entre ces deux éléments de production, le concours qu'ils donnèrent au prolétariat dont les revendications, naguère mal présentées, mal soutenues, furent par eux, cristallisées, étudiées, défendues devaient nécessairement attirer la colère et les persécutions patronales .

Le temps n'est pas loin où les Compagnies minières du Nord — pour ne citer qu'elles — se refusaient à embaucher les syndiqués, où un industriel faisait brûler dans la cour de l'usine tous les livrets de ceux qu'il avait su être affiliés au Syndicat, où M. Waldeck-Rousseau, enfin, se voyait obligé d'intervenir officiellement pour interdire aux chefs d'entreprise de s'opposer au développement du mouvement syndicaliste.

Aujourd'hui, le nombre des Fédérations ouvrières a décuplé ; leur action est sans cesse grandissante, leur autorité, jadis tant discutée, s'est considérablement affermie et force est souvent aux patrons de s'incliner devant les réclamations légitimes qu'elles formulent.

En présence d'un pareil mouvement que rien n'avait pu arrêter, la classe capitaliste n'avait qu'un moyen pour parer aux difficultés de toute sorte que lui préparaient les organisations prolétariennes. C'était d'en changer l'esprit, soit en modifiant leur mode de constitution (Syndicats mixtes, Fédérations professionnelles de l'*Action libérale populaire*), soit en leur enlevant partiellement leur indépendance.

Que craint le patronat ? La cessation concertée du travail et pour lui — ce sont du moins ses représentants les plus autorisés qui le proclament dans les meetings et les Congrès — les Syndicats n'ont été créés que pour faire des grèves et les soutenir.

Et qu'a-t-il trouvé de mieux pour affaiblir l'action de ces syndicats qu'il redoute ? La faculté, à eux concédée, de recevoir des legs, des dons, de posséder des biens en *terres immeubles* et *valeurs nominatives*. Nous soulignons intentionnellement ces derniers mots.

L'insistance que met aujourd'hui l'opposition à vouloir relever la situation matérielle et morale des groupements ouvriers avec lesquels, cependant, la plupart de ses membres ont eu souvent maille à partir, ce besoin impérieusement ressenti d'accroître la puissance syndicale nous paraissent quelque peu suspects.

Oh ! sans doute, elle sait, par des considérants d'apparence libérale, fort bien justifier la réforme qu'elle propose et elle se plaît à répéter dans ses congrès, dans ses brochures que la loi de 1884, en ne conférant aux associations professionnelles que des droits mineurs, a manifesté à leur égard un sentiment de défiance excessive.

Mais quand on examine les conséquences qui résulteraient pour la clase ouvrière de la prise en considération par la Chambre du vœu que les partis modérés formulent tous les ans avec une énergie inlassable, on voit que l'extension des capacités juridiques des syndicats, sans contrat collectif du travail préalable, *serait fatalement meurtrière de l'indépendance et, dès lors, de l'action de ces syndicats.*

Donner dès aujourd'hui aux groupements ouvriers la personnalité civile, leur octroyer la faculté de recevoir des legs, d'acquérir à titre onéreux des biens meubles et immeubles, mais c'est leur enlever une partie de la liberté qui leur est nécessaire pour présenter, au nom de leurs adhérents, les revendications qu'ils croient justes et fondées ; c'est obliger le syndicat non seulement à tendre ses efforts vers l'amélioration progressive de la situation des travailleurs qu'il représente, mais encore à administrer, à gérer les biens dont il aura la garde. On voit sans peine tout le profit que les patrons pourront tirer d'un pareil état de choses. Trop modestes pour procurer à la masse des syndiqués propriétaires des avantages matériels appréciables, ces biens, par contre, constitueraient le gage, non pas de la servilité, mais de la prudence poussée jusqu'à l'extrême des chefs de syndicats. Tenus par le patronat sous la perpétuelle menace de procès coûteux dont le patrimoine commun serait appelé à supporter les frais, les organisations syndicales n'auraient plus pour présenter et défendre les revendications de leurs membres la liberté et l'autorité qu'elles possèdent aujourd'hui. Soucieuses de ménager l'avoir de la collectivité, elles s'assagiront, disent les orateurs et les sociologues libéraux ; elles regarderont à deux fois avant de se lancer dans la lutte, écrivent les modérés. Elles deviendront plus souples, plus maniables, plus accommodantes surtout, voilà, en réalité, si ces gens étaient sincères et consentaient à jeter le masque, ce qu'ils devraient dire.

Actuellement dans l'hypothèse d'un droit de propriété sans limites concédé aux syndicats, l'injustice suivante se produirait :

Le patron pourrait intenter une action en domma-ges-intérêts contre le syndicat toutes les fois que celui-ci se serait solidarisé avec un ouvrier et aurait pro-voqué une interruption de travail, même si l'interven-tion du syndicat était moralement justifiée par un acte patronal contraire aux conventions ou aux usages ;

En revanche, le syndicat ne pourrait pas intenter une action contre le patron même si celui-ci violait, à l'égard d'un ouvrier, des conventions formellement consenties puisque en l'absence d'un texte modifiant les principes de la stipulation pour autrui, le syndicat est conformément à la jurisprudence de la Cour su-prême. évidemment irrecevable à se plaindre d'un préjudice direct.

Ainsi, tant que les salariés n'auront point été ren-dus véritablement solidaires — et ils ne le seront que le jour où le contrat collectif aura été institué — ils demeureront à la merci des patrons, ceux-ci pou-vant, au lendemain d'une grève faite par leurs ouvriers pour répondre à des mesures coercitives injustes dont un des leurs aura été la victime, pour-suivre devant les tribunaux le syndicat, coupable d'avoir accueilli les réclamations du travailleur lésé et d'être intervenu en incitant les autres à quitter l'atelier ou l'usine.

La personnalité civile *et* le contrat collectif, oui ; la personnalité civile *sans* le contrat colectif, non ; cela pour la raison suivante :

Loin de nous la pensée de vouloir conserver aux conflits qui, si souvent, de nos jours, s'élèvent entre le Capital et le Travail, leur double caractère de fréquence et d'acuité. Nous déplorons, autant pour les patrons que pour les ouvriers. les conséquences inévitables de toutes ces petites crises locales qu'on appelle les grèves et nous ne sommes pas les der-niers, dans notre parti, à en souhaiter l'immédiate disparition.

Mais nous n'entendons pas que pour arriver à un pareil résultat, éminemment désirable, le prolétariat qui, depuis des années, cherche, par un travail de lente éducation sociale, à s'émanciper économique-ment, abandonne un seul des avantages que lui a conférés le texte de 1884. Et c'est parce que nous estimons que l'extension des capacités syndicales, telle que la comprennent, la définissent et la deman-dent les leaders de l'opposition, serait une mesure destructive des libertés et des droits déjà acquis par la classe ouvrière que nous nous prononçons énergiquement contre l'adoption de tout vœu qui tendrait à en consacrer le principe.

D'ailleurs, l'expérience tentée par nos voisins d'outre-Manche — gens qu'on ne saurait accuser d'être des réformateurs à tendances révolutionnaires — doit être pour nous une indication précieuse.

En 1904 — et les réactionnaires ne manquent pas de s'en prévaloir dans leurs congrès de 1904 et de 1905—le Parlement anglais décida d'établir pour les Trades-Unions la personnalité civile. Or, que s'est-il passé en Angleterre depuis le vote de cette prétendue réforme ? Les causes de conflits ont-elles diminué ? Nullement. Les grèves ont-elles été moins onéreuses ? Pas davantage, disent les statistiques officielles. Ce qu'on a vu et enregistré, c'est la progression rapide du nombre des poursuites exercées contre les syndicats par les compagnies, poursuites qui se sont multipliées tant et si bien que le Parlement a dû, deux années plus tard, abroger une loi jugée par les législateurs eux-mêmes infiniment trop préjudiciable aux intérêts de la classe ouvrière.

Cet exemple, très suggestif et que l'*Action libérale* se garde bien de relater, vient singulièrement renforcer la thèse que nous venons d'exposer.

Bref, nous concluons ainsi : En égard aux conditions d'infériorité dans lesquelles se trouvent actuellement placés les ouvriers vis-à-vis du patronat, nous estimons que rendre les syndicats détenteurs responsables des biens de la collectivité dont ils émanent, leur imposer la gestion de ces biens, serait créer chez eux certaines préoccupations susceptibles de leur enlever tout ou partie de leurs moyens; donc ni faculté de posséder, ni personnalité civile pour les groupements professionnels tant que le contrat collectif ne jouira point du bénéfice de la reconnaissance légale, tel est le vœu que nous formulons après étude de la question.

B. — L'organisation professionnelle telle que la conçoivent les libéraux.

Pour l'Ecole libérale, les syndicats, même ceux à capacités juridiques étendues, ne constituent point la forme définitive du groupement professionnel.

Donner aux associations ouvrières formées par application de la loi de 1884 la personnalité civile impliquant la plénitude du droit de propriété est bien, sans doute ; mais chercher à transformer ces associations, tenter d'en faire autre chose que les organes de revendication d'une classe, s'efforcer de les détourner du rôle qu'elles se sont assigné est, pour les libéraux, infiniment mieux.

Et pour arriver à ce résultat, rien n'est plus simple. Il suffit, disent MM. de Gailhard-Bancel et Piou, de substituer aux syndicats des associations professionnelles d'un type nouveau dont les avantages sont par eux, longuement commentés dans un projet de loi déposé sur le bureau de la Chambre dans le courant de l'année 1906.

Que tend donc à créer cette proposition de la loi que messieurs les libéraux considèrent comme la charte fondamentale du monde des travailleurs ?

Le projet dit ceci :

1° Tous les membres de chaque profession seront inscrits d'*office* sur une liste spéciale par les soins de l'administration publique ;

2° Les membres de chaque profession ainsi inscrits constitueront les corps professionnels ;

3° Chaque corps professionnel aura des règlements particuliers auxquels *seront soumis* tous les membres de la profession ;

4° Dans chaque corps professionnel, il sera établi un conseil composé d'un nombre égal de membres des diverses sections de la profession, patrons et ouvriers. Ces conseils édicteront les règlements généraux d'organisation du travail et fixeront les coutumes de la profession. Les règlements qu'ils auront ainsi élaborés devront être homologués par les pouvoirs publics ;

5° Les conseils des corps professionnels seront investis d'un certain nombre d'attributions judiciaires et du droit de prélever certaines contributions sur les membres de la profession, dans les limites fixées par la loi.

Ce simple aperçu de l'organisation professionnelle, telle que la conçurent, au lendemain de l'effondrement de l'Empire, MM. de Mun et de La Tour du Pin, et telle que la veulent aujourd'hui les chefs de l'Ecole sociale catholique, suffit à en montrer le caractère véritable. Ce sont, en dépit du vocable nouveau sous lequel l'*Action libérale* se plaît à désigner l'institution qu'elle désire si vivement créer, les corporations anciennes qu'elle entend faire revivre.

Nous n'avons pas ici à instruire le procès de ces vastes Associations moyenâgeuses lesquelles, dans le but louable de maintenir l'équilibre entre l'offre et la demande, se constituèrent en corps rigoureusement fermés et devinrent peu à peu entre les mains de ceux — les maîtres — qui les dirigeaient, des organismes meurtriers de la liberté et des intérêts de la grande masse des travailleurs — apprentis et compagnons — qui en faisaient obligatoirement partie. D'autres, avant nous, se sont chargés de faire connaître tous les défauts et tous les vices de ces fameux corps de métiers d'autrefois.

D'ailleurs — et nous le reconnaissons volontiers — le système que préconisent aujourd'hui les catholiques libéraux est en progrès notable sur celui de l'ancienne monarchie. C'est ainsi, par exemple, que les corps professionnels, alors que les corporations étaient, elles, exclusivement dirigées par les maîtres, seront, eux, placés sous l'autorité de Conseils formés à la fois et d'éléments ouvriers et d'éléments patronaux.

Ce seront, en définitive, des sortes de *Syndicats mixtes*, qui, au sommet de l'échelle et avec des pouvoirs très étendus, présideront aux destinées de tout un groupement corporatif. La part attribuée au prolétariat dans la direction des affaires, la gestion des intérêts communs paraît donc être, dans le projet de l'*Action libérale*, encore assez importante.

Mais en raison même de ce fait que le projet Gailhard-Bancel consacrera, pour ainsi dire, le principe du Syndicat mixte, qu'il imposera à tous les salariés, et *dans tous les cas* qui pourront se produire, l'obligation d'avoir recours à lui pour défendre leurs intérêts quand ils les jugeront menacés ou atteints, qu'ils seront, de par le règlement intérieur de la Fédération et de par la loi constamment placés sous la surveillance du syndicat, nous nous déclarons formellement hostile à l'adoption d'un tel projet.

« L'avenir n'est pas aux Syndicats mixtes », a déclaré par l'organe d'un de ses membres les plus autorisés l'*Action libérale populaire* (compte rendu du congrès de 1906, pages 99 et suivantes). C'est très exact, mais alors pourquoi chercher à en faire le

rouage principal, indispensable d'une organisation
nouvelle du travail ? Certes, il faut en respecter et
le but et la pensée première, mais si cette forme particulière du groupement syndical est excellente en
soi, elle ne peut logiquement être adoptée que si ceux
qui ont décidé de s'unir, patrons et ouvriers, ont
conclu préalablement une entente sérieuse et durable.
Or l'on sait combien, en raison même de l'antago-
nisme d'intérêts qui existe, à cette heure, entre ces
deux forces productives, un pareil accord est difficile
à réaliser.

Tant que l'harmonie la plus complète ne régnera
point entre employeurs et employés, les Syndicats
mixtes qui synthétisent l'union si désirable des différentes catégories de travailleurs ne pourront pas se
développer et s'ils se développent, c'est que l'un des
deux éléments qui les composent aura réussi à annihi-
ler l'autre en l'absorbant progressivement.

Qui dit Syndicat mixte, dit quatre-vingt-quinze fois
sur cent Syndicat à esprit conservateur. Et cela se
conçoit sans peine tant il est vrai que dans des
groupements de ce genre, réunissant un nombre
égal d'individus de chaque classe, l'influence et l'autorité des patrons — hommes plus puissants et souvent plus instruits que les ouvriers avec lesquels ils
se trouvent en présence et discutent — finissent toujours par devenir et demeurer prépondérantes.

Sous l'ancien régime, le salarié, qu'on appelait
alors « compagnon », était l'esclave de la corporation
de laquelle il ne pouvait s'évader sans encourir de
sérieuses représailles (libre, il n'avait plus le droit de
travailler ; chômeur, même involontaire, il était
arrêté et risquait les galères) ; il était le bien, la
chose des maîtres qui, seuls, établissaient les conditions générales du travail, fixaient les salaires, déci-
daient de l'avancement ou du maintien dans un
grade inférieur de leurs subordonnés respectueux et
soumis.

L'*Action libérale*, tout en reconnaissant volontiers
qu'un tel système avait du bon, crut cependant qu'il
lui fallait faire, si elle voulait être suivie, un pas
dans la voie du progrès : c'est alors qu'elle inventa
les Corps et les Conseils professionnels, lesquels, suivant les propres paroles des auteurs du projet de
loi sur la question (MM. Lerolle, de Gailhard-Bancel,
de Castelnau, Ollivier, Piou et de Mun) « doivent

« constituer un retour aux traditions et aux cou-
« tumes anciennes, aux corporations restaurées et
« rajeunies. »

Voilà, si la majorité républicaine des Chambres
voulait les suivre, où la conduiraient les libéraux.
Personnellement — et nous en avons donné plus
haut les raisons — nous ne pouvons nous rallier à une telle conception du «travail organisé ». Il
y a, dans l'œuvre des réformateurs catholiques,
d'excellentes choses (l'institution des délégués ouvriers, par exemple), mais considéré dans son
ensemble un pareil projet ne nous satisfait pas.
L'inscription *obligatoire* de tout ouvrier dans une
corporation, laquelle, sans doute, n'est fermée à personne, mais ne s'ouvre plus, dans la suite, pour aucun ; la constitution, en Syndicats mixtes, des Conseils
professionnels ; leurs pouvoirs excessifs (attributions
judiciaires étendues, droit de prélèvement de contributions sur les membres du corps de métiers), tout
cela est inacceptable et nous nous demandons comment un homme comme M. de Mun, par exemple,
a pu définir un semblable système : l'association
libre dans la profession organisée , alors que ce
système *impose* à tous les travailleurs, à tous les
salariés sans exception, l'inscription d'office sur les
rôles de la corporation et les *soumet*, de ce fait, à
une réglementation spéciale, à des obligations déterminées qui n'ont été ni discutées, ni consenties par
les intéressés.

Un semblable projet est, d'ailleurs, pour les catholiques libéraux, une heureuse trouvaille. Subordon-
nant la mise en application des réformes sociales
demandées par les républicains à la création et au
fonctionnement préalables des fameux corps professionnels, ils se trouvent, vis-à-vis de ceux qu'ils
représentent, en excellente posture pour refuser leur
concours aux partis qui veulent les réaliser.
« Comme vous, nous disent-ils, nous sommes sincèrement résolus à apporter telle et telle amélioration
à la situation des travailleurs. La limitation de la
durée du travail dans les ateliers, la constitution des
retraites ouvrières sont choses qui nous préoccupent
autant que vous, mais estimant que les corps de
métiers ont seuls qualité pour apppliquer, dans
chaque industrie ou profession, les lois que vous
voulez voter, nous ne vous donnerons notre appui
que le jour où vous aurez institué, de concert avec

nous, le système d'organisation profess'onnelle que vous connaissez et dont, depuis plus de trente ans, nous réclamons en vain l'adoption. »

La tactique est ingénieuse : c'est pour cela, d'ailleurs, que nous tenions, dès maintenant, à la révéler.

III. — CONTRAT DE TRAVAIL ET ARBITRAGE

Que désigne-t-on exactement par « contrat de travail » ? C'est l'acte par lequel l'ouvrier loue ses services à un patron sur des bases nettement spécifiées et acceptées de part et d'autre.

Ce contrat est le plus ordinairement, à l'heure présente, *verbal* et *individuel* : le patron embauche un seul ouvrier à la fois et convient oralement avec lui des conditions dans lesquelles il l'emploiera.

Cette forme particulière, extrêmement fréquente, d'entente entre les deux facteurs de la production — le Capital et le Travail — peut être souvent, il suffit de réfléchir un moment pour s'en rendre compte, très préjudiciable à ce dernier.

En effet, un contrat, en droit, suppose toujours l'égalité des parties en cause. Or, ici, est-il possible de dire que l'ouvrier qui vend ses forces et le patron qui les lui achète sont sur un même pied d'égalité ? Évidemment non.

Sur le marché du travail l'offre est toujours supérieur à la demande et le patron a dès lors toutes facilités pour choisir dans la masse des ouvriers qui sollicitent un emploi ceux d'entre eux que le besoin, la nécessité impérieuse de gagner quelque chose rendent peu exigeants. Quand les temps sont durs, quand les affaires marchent mal, les travailleurs ne font pas grève, même quand on diminue leur salaire. Ils savent trop que d'autres, plus malheureux qu'eux encore puisque non embauchés, sont prêts à prendre, moyennant une rémunération dérisoire, la place qu'ils seraient tentés d'abandonner.

L'ouvrier isolé non soutenu et sans avances n'est rien et la convention qu'il passe avec son employeur, le plus souvent il ne l'accepte pas, il la subit.

L'égalité des parties contractantes ne sera réelle que quand une collectivité d'ouvriers, au lieu d'un seul, négociera avec un ou plusieurs patrons. Pour peu que les premiers s'entendent, et que leurs syndicats, par l'aide pécuniaire qu'ils leur apporteront, le cas échéant, leur permettent d'attendre, ils obtiendront du patronat, mis dans l'impossibilité de spéculer sur leur impatience et leur détresse, des conditions plus avantageuses que celles qu'ils se seraient vu accorder s'ils avaient présenté eux-mêmes, individuellement, leurs revendications.

Là est le contrat collectif. Les garanties qu'il comporte n'ont pas seulement trait au chiffre de salaires, mais aussi, est-il besoin de le dire, aux autres conditions du travail : durée, sécurité, etc...

Ainsi compris et légalement reconnu, il constituera pour notre Parti le *premier pas* fait vers une transformation rationnelle et prudente du régime détestable du salariat.

Peu employé en France, — la Fédération du Livre est un des rares groupements corporatifs qui l'aient adopté — le contrat collectif a prévalu, malgré les résistances très vives du capitalisme industriel, en Angleterre, en Belgique, aux Etats-Unis.

Nous, radicaux-socialistes, nous voulons en généraliser l'usage et nous considérons, au surplus, que son organisation doit entraîner nécessairement celle de l'arbitrage obligatoire. Entrée définitivement dans nos lois, cette forme nouvelle de contrat de travail rendra, au surplus, possible la résolution du problème de l'extension des capacités juridiques des groupements syndicaux.

Qu'en pensent les partis modérés ? Le groupe Piou admet très nettement (Congrès de 1904) ces deux points. Il estime que les règles relatives au contrat collectif doivent être étudiées et posées sans délai, sous réserve de laisser aux associations professionnelles du type Gailhard-Bancel (c'était inévitable !) le soin d'en faire une application spéciale à leur région et à leur métier. Quant aux *tentatives obligatoires* de conciliation et d'arbitrage dans les cas des différends collectifs entre employeurs et employés, l'*Action libérale populaire* se borne tout simplement à les mentionner : « Il faut, dit-elle, les introduire dans la loi des contrats... au même titre que certaines autres clauses comme, par exemple, celles qui concernent le tarif des salaires (paiement en espèces et non en jetons ou en bons) la durée et l'organisation matérielle du travail, participation possible aux bénéfices (congrès de 1904).

Mais elle n'apporte aucune précision sur la façon

dont elle conçoit le mode de règlement des conflits entre patrons et ouvriers.

La *Fédération républicaine*, elle, se révèle à cet égard infiniment moins libérale. Dans son dernier congrès, elle se contente d'affirmer qu' « elle n'est point systématiquement hostile à la transformation du contrat individuel du travail » (1907). Formule bien vague qui ne saurait la compromettre ! Et plus loin, — elle est alors très catégorique — elle déclare être l'adversaire résolue de tout projet qui tendrait à rendre l'arbitrage obligatoire. Et pourquoi une telle hostilité ? Uniquement parce que la réforme proposée serait attentatoire à la liberté des intéressés, ouvriers et patrons.

Cette critique d'ordre général que les progressistes avaient déjà émise avant l'élaboration d'un texte précis, nous l'avons retrouvée dans les écrits et dans les discours des amis de M. Ribot quand M. Colliard a déposé au nom de la Commission du travail son rapport sur cette importante question de l'arbitrage.

Ce projet de loi, issu de la collaboration étroite de MM. Millerand, Desplas, Chautard, Paul Constant et Buisson, pour ne citer que ceux qui fournirent à la Commission les principaux éléments de son étude, institue des délégués permanents élus par le personnel ouvrier des entreprises occupant plus de cinquante personnes, délégués qui, dans les conflits, ont charge de s'entremettre avec les patrons ou ses représentants pour trouver un terrain d'entente. Si la conciliation entre délégués et patrons n'est point possible, obligation est faite aux deux parties de soumettre les différends qui les divisent à l'arbitrage. Le choix des arbitres est laissé aux intéressés qui en désignent chacun un nombre égal.

Telles sont succinctement exposées les grandes lignes du projet sur lequel la Chambre aura bientôt à se prononcer.

Alors que la loi du 17 décembre 1892 n'avait pour but que de *faciliter* le règlement des différends en mettant à la disposition des parties les bons offices de l'administration ou d'un tribunal d'arbitrage quelconque, le nouveau texte rendra le recours à ce tribunal *obligatoire* pour tous ceux qui auront accepté, avant leur entrée dans l'établissement qui les occupe, de soumettre leurs contestations éventuelles à l'arbitrage tel qu'il aura été organisé par ladite loi.

Quels arguments les modérés ont-ils apportés pour combattre une pareille institution ? Les faire connaître, les apprécier, y répondre sont choses qui entrent bien dans le cadre de l'étude qui nous a été confiée puisque notre mission — du moins c'est ainsi que, dès le début, nous l'avons comprise—est moins de critiquer une doctrine, laquelle en certains points est difficilement critiquable parce que négative, que d'opposer nos conceptions en matière économique et sociale à celles de nos adversaires de la droite, progressistes et libéraux.

Après lecture et examen du rapport de M. Colliard, les défenseurs de la classe capitaliste ont déclaré que le projet était inacceptable parce qu'il introduisait dans les établissements l'anarchie et l'injustice, qu'il créait en face de la direction un autre pouvoir en enlevant à celui « qui risque son honneur en même temps que sa fortune » la libre disposition de ses affaires.

Ils ont vu, au surplus, dans les délégués des gens enclins à s'ingérer dans les questions de direction ou dans les combinaisons commerciales et à former, dès lors, une sorte d'Etat dans l'Etat.

Les hommes qui formulent contre l'institution des délégués permanents de pareilles critiques sont les mêmes que ceux qui persistent à voir dans l'institution syndicale une œuvre malfaisante parce qu'à tendances révolutionnaires. Rien dans le texte dont notre parti a approuvé unanimement les conclusions ne justifie de semblables appréhensions.

Alors que les syndicats, porte-parole des revendications ouvrières, n'interviennent auprès du patronat qu'*en pleine crise*, c'est-à-dire au moment où le travail ayant cessé, les esprits sont généralement fort surexcités et conséquemment peu disposés à faire des concessions, les délégués permanents, eux, présenteront les réclamations de leurs mandants avant que soit ouverte l'ère, toujours grave, des conflits. *Leur action sera donc avant tout une action préventive.*

Quant à l'arbitrage obligatoire que ces messieurs de la *Fédération Républicaine* considèrent comme une erreur sociale, arbitrage auquel seront soumis les litiges que n'auront pu réussir à régler les délégués, il suffit pour répondre à ses adversaires de leur demander, avec M. Colliard, de nous indiquer un autre

moyen plus pratique, plus commode de mettre fin
aux différends que les parties en cause n'auront pû
solutionner à l'amiable.

C'est très joli d'avoir la critique prompte et facile,
mais encore faut-il être capable de savoir soi-même
faire quelque chose de mieux que ce que font ou veulent tenter les autres. Or, toute la doctrine des progressistes est là ; pour dénigrer et démolir, M. Ribot
et ses amis sont toujours très habiles ; mais quand
il s'agit d'édifier, de bâtir, de montrer de l'initiative
et de passer de la parole à l'action, ces messieurs se
dérobent.

En réalité, ce qui leur fait aujourd'hui repousser
comme attentatoire à la liberté individuelle des futurs
assujettis l'arbitrage obligatoire, c'est qu'ils voient
dans cette institution de demain la consécration du
principe dont ils n'ont, jusqu'ici, jamais voulu admettre la légitimité, celui de l'intervention de l'Etat dans
les relations du Capital et du Travail.

Sans doute, et nous y reviendrons quand nous
étudierons le problème de la limitation des heures de
travail dans les établissements industriels et commerciaux, le parti progressiste a dû, sous la poussée
des événements, se montrer en certains cas infiniment moins intransigeant qu'il ne l'était hier encore
sur cette question de l'interventionnisme d'Etat.

Mais si, à son dernier congrès, il a été contraint
de reconnaître et de déclarer que les pouvoirs publics
avaient le droit de s'entremettre entre ouvriers et
patrons pour fixer une limite *maxima* à la durée,
parfois excessive, du travail dans les établissements
privés, il a tenu à affirmer nettement que c'était sur
ce point seulement, et encore sous certaines réserves, qu'il consentirait à se rallier à la doctrine interventionniste.

L'arbitrage obligatoire, comme suite aux tentatives
infructueuses de conciliation entre les parties, s'impose. Avec lui nous n'aurions pas vu des conflits s'éterniser comme à Fougères ou aboutir comme
à Cluses et plus récemment encore à Draveil-Vigneux,
à ces tragédies sanglantes dont ouvriers, patrons et
gendarmes sont, à des degrés divers, les malheu-
reuses victimes.

D'ailleurs, les progressistes eux-mêmes n'ont-ils
pas, d'abord en 1903, à l'occasion du mouvement
d'Armentières, puis en 1907, lors de la grève géné-

rale de la Compagnie parisienne des Tramways, invité, dans des ordres du jour très explicites, le gouvernement à user de tout son pouvoir pour amener à un arbitrage les parties en lutte. »

Que veut donc aujourd'hui notre Parti ? Généraliser une solution qu'adopta, au moins dans son principe et à deux reprises différentes, la grande majorité du Parlement.

L'hostilité que témoigne, à cette heure, la *Fédération républicaine*, à l'égard d'une institution dont ses membres les plus éminents reconnurent en 1903 et 1907 l'incontestable utilité, ne se comprend pas.

Ce groupement déclare vouloir s'en tenir, en fait d'arbitrage, au texte du 27 décembre 1892, lequel, on le sait, laisse aux ouvriers ou aux patrons la *faculté* de recourir ou non aux bons offices d'arbitres. Or, sait-on quels ont été les résultats de la mise en pratique des dispositions de cette loi ? Nuls ou à peu près. Préventivement, c'est-à-dire appliquée avant toute cessation de travail, elle n'a servi pour ainsi dire à rien. En treize ans, de 1893 à 1906, 102 recours seulement ont été introduits par les parties en lutte, alors que dans la même période on a enregistré plus de 9.000 conflits — 9.032 exactement.

« Quant à son action sur la solution des grèves « une fois engagées, elle est, déclare M. Colliard dans « un rapport fortement documenté, de très mince « importance. »

Voici, d'ailleurs, les chiffres :

Des 9.032 conflits qui se sont élevés entre patrons et ouvriers, de 1893 à 1906, il n'y en a eu que 2.200, soit 24 %. dans lesquels les parties ont songé à faire appel au texte de 1892, et encore ces tentatives n'ont-elles abouti à la formation d'un Comité de conciliation que dans 1.288 cas seulement. Ajoutons enfin que parmi ces 1.288 différends, 729 ont trouvé dans la procédure instituée par la loi de 1852 un moyen d'arriver à la conclusion d'un accord.

729 sur 9.032 *soit à peine* 7.70 %, c'est, on en conviendra, un résultat plutôt médiocre.

Tout récemment, en juin 1908, lors de la grève des ouvriers terrassiers et déchargeurs de Draveil (Seine-et-Oise), grève qui fut marquée par les incidents douloureux que l'on connaît, le sous-préfet de Corbeil, M. Emery, tenta une conciliation qui échoua, les patrons s'étant énergiquement refusés à discuter avec leurs ouvriers.

Si un texte précis leur avait fait une obligation de recourir à l'arbitrage, il est certain que les événements sanglants qui se sont déroulés là-bas, *plus d'un mois après la cessation complète du travail,* ne se seraient point produits.

La loi du 27 décembre 1892 est donc insuffisante. L'essai qui en a été fait montre que son action, loin d'être en progrès, bien au contraire s'épuise : la proportion du nombre des recours à la loi, par rapport à celui des différends, a été de 24.57 % pendant la période de 1893-1905, alors qu'elle n'a été que de 23 % en 1906.

Tout cela prouve surabondamment que la loi de 1892, en dépit de l'excellence de ses intentions, est encore imparfaite. Il faut, quoi qu'en disent les modérés qui l'estiment suffisamment opérante, la modifier, l'amender en y introduisant des disposition- nouvelles qui rendent les tentatives de conciliation et d'arbitrage, non plus facultatives, mais rigoureu sement obligatoires.

Certains États nous ont, d'ailleurs, précédés dans cette voie et s'en sont bien trouvés.

La Nouvelle-Zélande, la première, a constitué une procédure dont s'est, à coup sûr, beaucoup inspiré l'honorable M. Colliard, pour établir son rapport. Les dispositions essentielles de la loi néo-zélandaise ont été reproduites par deux États australiens : l'Australie Occidentale et la Nouvelle-Galles du Sud (1901).

Enfin, plus près de nous, nous voyons le canton de Genève et le Canada inscrire dans leurs lois ouvrières le principe de l'arbitrage obligatoire.

Dans aucun de ces États ou régions on n'a trouvé que ce principe portait par son application, atteinte à la liberté du travail et à celle des travailleurs.

IV. — DE LA RÉGLEMENTATION DU TRAVAIL DES ADULTES

Peut-on réglementer le travail des adultes ? Y a-t-il à cette réglementation un intérêt social et l'État doit-il intervenir ?

À cette triple question qu'il se pose, avec l'*Action libérale populaire,* le Groupe Piou, à une assez forte majorité, répond résolument oui.

La *Fédération républicaine*, elle, naguère encore, se déclarait nettement hostile à tout interventionnisme d'Etat dans les relations du Capital et du Travail. Aujourd'hui, elle sent qu'il lui serait impossible de persister dans une opinion que des groupements réputés plus réactionnaires qu'elle ont condamnée presque unanimement dans leurs Congrès et elle admet le principe de cette intervention sous l'expresse réserve que la limitation légale de la durée du travail dans les usines et manufactures ne sera point de nature à diminuer leur production.

Jadis, l'argumentation que les modérés opposaient à la thèse interventionniste était celle-ci :

1° La limitation de la journée de travail est une atteinte grave portée au principe de la liberté individuelle. Les adultes, assez grands pour régler eux-mêmes leurs affaires au mieux de leurs intérêts, doivent être les seuls juges de l'utilité qu'il y a pour eux à modifier dans un sens ou dans un autre la situation que leur font les patrons qui les occupent. Réduire la durée du travail par une loi, c'est limiter l'effort que peut et que doit tenter le travailleur pour obtenir un salaire plus important ; c'est, disait M. le sénateur Bérenger, à propos du texte de 1892, protecteur de la femme et de l'enfant « faire plus qu'une erreur, c'est commettre une véritable hérésie. » (Séance du 28 mars 1892).

2° La diminution des heures de travail accroîtra les heures passées au cabaret. M. Raé, l'économiste et sociologue bien connu, s'est chargé de montrer combien une telle appréhension, insultante pour la classe ouvrière, était erronée.

3° Cette diminution n'est point possible devant les exigences de la concurrence internationale.

4° La limitation projetée est un pas fait dans la voie dangereuse du collectivisme. La Chambre de Commerce de Lyon insiste particulièrement sur ce point. A son sens, ce que le Parti radical poursuit, ce n'est pas l'amélioration de la santé publique, c'est « le loisir obligatoire qu'il veut établir dans la législation, et cela en oubliant sciemment de rendre également obligatoire l'emploi très noble que, nous, membres de la Chambre de Commerce, souhaiterions voir l'ouvrier faire de ce loisir. » (La fréquentation des offices cultuels, sans doute.)

Il y a là, comme le dit fort justement M. Godart,

député du Rhône, un véritable argument de classe.

À cette heure, le parti progressiste paraît avoir abandonné la thèse qu'il avait, jusqu'en 1907, soutenue avec une inlassable opiniâtreté dans ses précédents Congrès. Il est probable, il est même certain que les déclarations qu'il a faites sur ce point impressionneront favorablement les quelques Chambres de Commerce (Lyon, Saint-Quentin, Cambrai, Dunkerque, etc.) et les organisations patronales, lesquelles, appelées à donner leur avis sur la nécessité et l'opportunité d'une diminution légale de la durée du travail, s'étaient alors montrées hostiles à toute nouvelle réglementation.

Actuellement donc, la *Fédération républicaine* se rallie à la doctrine interventionniste, sous la seule réserve que la limitation légale ne soit point de nature à porter atteinte aux intérêts des parties en cause. En termes plus explicites, elle admet que l'Etat a le *droit* de fixer une limite *maxima* à la durée du travail dans les établissements manufacturiers, industriels et commerciaux à la condition que ni le salaire de l'ouvrier, ni la production desdits établissements — production qui est, est-il besoin de le dire, en rapport étroit avec les gains réalisés par les patrons — puissent être diminués.

Là, est, en effet, toute la question.

Or, nous allons par l'examen de ce qui a déjà été fait dans cette voie montrer, en citant quelques exemples, que la réduction normale, rationnelle et sage des heures de labeur n'entraîne point obligatoirement un abaissement de la production.

Des expériences multiples et concordantes tentées dans les industries les plus diverses et dans toutes les nations, il ressort, déclare M. Justin Godart dans un des chapitres les plus intéressants de son rapport sur « la journée de dix heures », que la productivité n'est pas mathématiquement liée à la durée du travail. Certes, il ne faut rien pousser à l'extrême et il est certain que, s'il prenait fantaisie à l'Etat de réduire, du jour au lendemain, les journées de travail de 12 à 8 heures, la production pourrait gravement s'en ressentir. Autre objection à laquelle nous devons encore répondre : les résultats des essais que vous citez, nous dira-t-on, essais qui ont été tentés à l'étranger et dans quelques industries bien déterminées, ne peuvent être généralisés. Sans doute, il faut tenir compte, dans l'appréciation de ces résultats, du milieu dans lequel vit l'ouvrier, de son tempérament propre, de son intensité d'attention, de la nature même du travail qu'il produit.

Mais ces réserves faites, il est permis d'affirmer que partout où des expériences ont été décidées et poursuivies d'une *façon prudente, méthodique*, elles ont été des plus encourageantes.

En 1893, dans les établissements métallurgiques de MM. Mather et Platt, à Saldorf (1.200 ouvriers), la durée du travail fut réduite de 57 à 48 heures par semaine (de 9 h. 1/2 à 8 h.) Après une année d'essai, la production fut plus grande que celle enregistrée durant l'année précédente, toutes choses égales d'ailleurs. On constata, de plus, une économie sérieuse dans les dépenses d'éclairage (gaz et électricité), dans l'usure des moteurs, dans la dépense de combustible, dans les frais généraux. Cependant aucun changement n'avait été apporté à la marche des machines; leur vitesse n'avait pas été augmentée. M. Mather attribue ces résultats « uniquement à l'énergie constante et joyeuse, la journée durant, des hommes et des enfants ».

En Allemagne des constations semblables ont été faites ; en Belgique également. En France, enfin, nous voyons les directeurs de la cristallerie de Baccarat réduire la journée de travail de 12 à 10 heures sans que la production des usines, — *et conséquemment les salaires des ouvriers* — se trouve diminuée.

Et cela, en définitive, s'explique fort bien. L'intensité du travail faiblit à mesure que sa durée augmente et il arrive un moment où l'ouvrier, après avoir durant six, sept et huit heures, fourni un labeur régulier et soutenu, perd les trois quarts de ses moyens. Fatigué, son ardeur est moindre, son attention baisse, ses mouvements deviennent moins précis : c'est, les statistiques sont là pour le prouver, l'heure où se produisent habituellement les accidents.

Pour que la réduction de la durée du travail ne s'accompagne point d'une diminution du rendement — laquelle entraînerait forcément une baisse parallèle des salaires,—car l'on sait que le patronat aime assez à reporter sur les autres (employés ou consommateurs) les charges que les lois sociales font peser sur lui — il est de toute nécessité que cette réduction ne soit point excessive et qu'elle s'opère aussi, non pas d'une façon brusque, mais progressivement. Il faut, au surplus, que l'établissement qui tente l'expérience possède des services suffisamment bien organisés pour que la distribution de la tâche à accomplir s'effectue de manière à ne pas entraver, à ne pas gêner la surproduction horaire attendue.

Ces conditions sont indispensables. Dans toutes les industries et manufactures où l'abaissement de la durée du travail, décidé, n'a point porté atteinte aux intérêts des employeurs et des employés, on peut dire qu'elles ont été scrupuleusement remplies. Il a fallu, dans certains cas, sans doute, perfectionner l'outillage, modifier les méthodes, mais le résultat poursuivi a toujours été atteint et les patrons ont trouvé dans un rendement meilleur de leur personnel ouvrier et une diminution de leurs frais généraux (éclairage, force motrice, usure des machines), de quoi rattraper leurs dépenses de matériel nouveau.

Un grand imprimeur de Vannes — le cas est cité tout au long par un membre de l'*Action libérale populaire* au Congrès de 1906 — fut un jour invité par ses ouvriers à réduire la journée de travail à huit heures ou tout au moins à neuf. « Je suis absolument d'accord avec vous, leur dit-il, après avoir écouté leur réclamation. Mais comme je ne puis pas renoncer complètement aux bénéfices de la maison, je vais me trouver pris entre l'alternative ou de renvoyer quelques-uns d'entre vous—ce que je me garderai bien de faire — ou de diminuer quelque peu vos salaires — ce que je ne veux pas. Or, comment sortir de cette situation ? Je vais transformer mon outillage. Dans l'état où mon imprimerie est actuellement, il m'est impossible de vous accorder de suite la journée de neuf heures. Faites-moi crédit quelques mois encore et j'arriverai alors à vous donner satisfaction sans que j'aie besoin de diminuer mon personnel ou d'abaisser le taux de vos salaires. » Le patron s'y est appliqué et a pleinement réussi.

C'est moins pour avoir voulu aller trop vite que pour n'avoir point apporté dans la façon même dont le travail est organisé les améliorations nécessaires que le régime des journées de huit heures, substitué brusquement au régime des dix, a donné dans les arsenaux et quelques établissements de la Guerre, les piètres résultats que l'on connaît.

En définitive, il est possible, il est facile, sans porter atteinte aux forces productives d'établir une limite maxima de la durée du travail.

Et voilà pourquoi les progressistes qui, sur la pression de l'opinion publique, ont fini par accepter, bon gré mal gré, le principe de l'interventionnisme d'Etat, — au moins en matière de réglementation du travail, — ne peuvent aujourd'hui, s'ils sont logiques avec eux-mêmes et si les réserves qu'ils ont émises ne leur sont point dictées par un sentiment de sourde hostilité à l'égard de la réforme qui consacrera cette réglementation, refuser leur concours à ceux, radicaux et radicaux-socialistes, qui ont inscrit ladite réforme dans leur programme et entendent la réaliser à bref délai.

L'*Action libérale populaire*, nous l'avons dit plus haut, partage sur ce point notre manière de voir. Comme nous, elle estime 1° que la limitation de la durée du travail s'impose ; 2° qu'elle peut être obtenue sans diminution de la production et, partant de là, sans entraîner pour les ouvriers appelés à en bénéficier une réduction sensible des salaires.

Mais elle subordonne — et ce point est suffisamment important pour que nous y insistions, — la réalisation de cette réforme à la création et à l'organisation des corps professionnels du type Gailhard-Bancel, seuls capables, d'après elle, d'appliquer judicieusement suivant les métiers et les régions le texte projeté.

Cette « organisation professionnelle » est, pour le parti libéral catholique, la clef de voûte de l'édifice social. Rien, à l'entendre, ne peut être tenté avant qu'elle n'ait été instituée ; toute réforme restera sans effet si ce ne sont pas les corps de métiers eux-mêmes qui la préparent et l'élaborent et si ce ne sont pas eux qui, dans la suite, doivent être chargés d'en arrêter le mode d'application, l'Etat n'ayant, lui, qu'un simple droit de contrôle.

Nous aurons plus loin l'occasion de revenir sur cette question, quand nous examinerons l'aride problème des retraites ouvrières. Nous verrons que là encore la création des corps professionnels doit, suivant la thèse des libéraux, précéder celle de la Caisse des Retraites. Est-ce à dire que les disciples de M. Jacques Piou ne feront rien tant que ces corporations nouveau style n'auront pas été reconstituées ? Personnellement, nous ne le pensons pas et nous croyons, au contraire, qu'en dépit de ce qu'il peut y avoir d'absolu dans leurs déclarations, ces messieurs, quand le moment viendra d'examiner et de discuter les conclusions du rapport de M. Justin Godart (texte qui fixe à dix heures la durée maxima du travail dans les établissements industriels et commerciaux) nous donneront un concours plus efficace que celui que nous promettent, *sous condition,* les amis de M. Ribot.

Repos hebdomadaire.

Un point nous reste à préciser : celui du repos hebdomadaire. Nous serons bref.

Tous les partis quels qu'ils soient demandent avec instance un remaniement complet de la loi du 13 juillet 1906, laquelle, malgré l'excellence de ses intentions, a souvent prêté le flanc aux critiques les plus vives. La dernière circulaire portant interprétation de certaines de ses dispositions assez obscures date du 15 avril 1907. Elle ne saurait remplacer une loi. Aussi, de l'extrême droite à l'extrême gauche est-on d'accord pour réclamer des amendements sérieux au texte primitif.

L'*Action libérale*, en groupe catholique qu'elle est, demande que la loi rende le repos *dominical* obligatoire. On devine aisément à quelles préoccupations elle a obéi en exprimant ce très formel désideratum. Ce serait, en principe, incontestablement fort joli, le dimanche étant considéré par tous comme un jour de fête ; dans la pratique, ce serait chose absolument impossible à réaliser. Si désireux qu'ait pu être en effet le législateur de 1906 de laisser aux travailleurs — pour des raisons tout autres que celles que fait valoir l'*Action libérale populaire*, — la faculté de jouir du repos dominical, il a été contraint d'établir ce qu'on a appelé le « roulement » dans les établissements où le repos simultané de tout le personnel était susceptible de porter préjudice à la masse, c'est-à-dire au public (boulangeries, etc.,) ou de compromettre le fonctionnement de certains de ces établissements (usines à feu, par exemple).

L'objection à faire au désir exprimé par les libéraux dans leurs Congrès est, comme on le voit, bien simple. Elle est de plus, ce qui est mieux, décisive et sans réplique possible.

V. — DES RETRAITES OUVRIERES

Sur le principe même des retraites ouvrières, il ne paraît y avoir aucun doute, tous les partis, sans distinction aucune, sont d'accord pour en reconnaître la légitimité.

Où l'entente est difficile à faire, c'est quand il s'agit de définir de quelle façon ces caisses de retraites pourront et devront être constituées. Est-ce le système de la liberté absolue, celui de la contrainte légale ou un système mixte cherchant à concilier les deux premières combinaisons qui doit prévaloir ?

Pour nous, radicaux et radicaux-socialistes, notre conception est la suivante : partisans résolus de l'institution des retraites ouvrières et paysannes, nous sommes d'avis qu'elles doivent être organisées sur les bases d'une *triple obligation de versement* (Etat, employeur et salarié).

L'*Action libérale populaire* a longuement étudié la question dans son Congrès de 1904. Dans le vœu qu'elle a émis, elle reconnaît que le principe de l'obligation de versement de l'Etat, du patron et de l'ouvrier est nécessaire, mais elle déclare qu'il doit être, dans la pratique, tempéré par la plus grande liberté laissée aux intéressés pour constituer leurs retraites comme ils l'entendent, soit qu'ils s'adressent aux mutualités syndicales, professionnelles ou autres, soit qu'ils achètent des immeubles ou des valeurs qui seront frappées d'inaliénabilité jusqu'à leur décès.

Ici, comme dans la question de la limitation de la durée du travail, l'*Action libérale populaire* ne varie pas. La constitution des retraites ne paraît devoir être à ses yeux aisément opérée que si on la fait s'appuyer sur une organisation professionnelle préexistante.

Le système préconisé par M. de Gailhard-Bancel et en général par l'école catholique se résume ainsi : l'Etat ayant réparti toute la population industrielle et commerciale en un certain nombre de groupements corporatifs laisse à chacun la faculté d'établir une caisse autonome. Ces caisses sont alimentées par les versements des employeurs et des employés (M. de Gailhard-Bancel voudrait, lui, que les ouvriers ne fassent aucune espèce de versement) et l'Etat n'interviendrait que pour fournir des allocations pécuniaires aux caisses professionnelles trop grevées... c'est-à-dire en réalité, toujours.

Donc, dans ce système, le capital nécessaire pour le service des retraites est constitué par les seules organisations corporatives.

En définitive, nous retrouvons dans cette proposition que son auteur a brillamment défendue en 1904, le principe de la triple obligation que nous, radicaux, considérons comme absolument intangible.

Et les progressistes, eux, que disent-ils ? Voici le vœu qu'ils ont formulé dans leur dernier Congrès :

« Considérant que la question des retraites ouvriè-
« res est inséparable de celle de la prévoyance et
« qu'il convient d'en rechercher la solution dans le
« régime de liberté avec subventions de l'Etat,

« Demande que le Parlement, s'inspirant de la légis-
« lation belge, favorise la constitution des retraites
« et adopte une loi basée sur le principe de la liberté
« subsidiée, seul système qui tienne compte des orga-
« nisations mutualistes existantes et soit dès lors
« compatible avec le caractère français. »

Ce texte est précis et clair : le parti modéré se déclare formellement hostile au principe de l'obligation. Il estime que l'assurance volontaire — base de la mutualité — est de beaucoup supérieure à l'assurance obligatoire et que l'œuvre du gouvernement et du législateur en matière de retraites doit consister à encourager de toutes les manières possibles la mutualité, moralement et pécuniairement. Il se rallie donc au système belge de la liberté subsidiée, système dans lequel l'Etat n'intervient que pour favoriser le développement des sociétés de prévoyance sérieuses, bien dirigées, par l'octroi de larges subventions.

Ces subventions qui ont pour effet de majorer notablement les pensions des sociétaires constituent pour les autres un appât qui doit infailliblement les pousser vers la mutualité. Mais — et c'est là le point capital de la législation belge — il n'existe dans la loi aucune disposition qui rende leur affiliation à ces sociétés obligatoire.

Nous examinerons plus loin les résultats qu'ont obtenus nos voisins de la mise en application de leur système. Pour l'instant, bornons-nous, en réponse à ceux qui prétendent que l'Etat ne peut forcer personne à être prévoyant, à leur dire ceci : la question des retraites ouvrières étant le corollaire naturel du droit à l'existence — droit que possède dans une nation civilisée tout individu quel qu'il soit — la collectivité a le devoir strict de donner à ceux de ses membres que l'âge et les fatigues ont rendus inaptes au travail, un minimum de ressources propres à leur assurer cette existence. Or comment peut-elle y parvenir ? En obligeant à participer à la constitution de caisses de retraites ceux auxquels le travail de l'ouvrier aura profité, c'est-à-dire :

1° L'ouvrier lui-même qui dans la rémunération de son labeur quotidien a trouvé ce qui lui fut nécessaire pour vivre ;

2° Le patron qui s'est enrichi et qui, en dehors de l'amortissement de ses machines et de ses outils, doit également prévoir celui du « matériel humain » qu'il utilise ;

3° L'Etat, c'est-à-dire la masse, qui bénéficie des efforts de chacun.

De là est né le principe de la triple obligation que le parti républicain, de concert avec les libéraux, ont placé à la base de tout projet de retraites.

Les progressistes, eux, sont d'avis que point n'est besoin d'un texte nouveau et que la mutualité bien comprise, bien organisée, suffisamment encouragée, comme elle l'est en Belgique, peut à elle seule résoudre le problème. C'est ce que nous allons examiner.

A. — La mutualité est insuffisante pour assurer à tous et dans les conditions normales une retraite pour la vieillesse.

Les Sociétés de secours mutuels n'ont été, à l'origine, instituées que pour parer au risque-maladie, et il faut reconnaître que le succès qu'elles ont eu dans le pays les a largement récompensées de leurs efforts.

Dans la suite, elles ont voulu garantir les sociétaires contre le risque invalidité-vieillesse, et, grâce au concours de l'Etat, elles ont pu constituer des retraites au tiers environ de leurs membres, c'est-à-dire à près de 1.300.000 adhérents.

La loi a concédé aux retraités mutualistes un avantage exceptionnel : elle a décidé que les sommes versées par les Mutuelles à la Caisse des Dépôts et

Consignations bénéficieraient d'un intérêt de 4 1/2 %. Cela est possible pour deux raisons : d'abord, parce que le nombre des sociétaires retraités n'est relativement, à cette heure, que peu élevé ; ensuite, parce qu'au regard du privilège qui fut ainsi accordé aux Sociétés sous forme de bonification d'intérêt, la loi a obligé les Sociétés à ne point aliéner le capital du fonds commun constitué par leurs dépôts.

Mais que le nombre des retraités augmente, que la clause concernant l'aliénation des sommes versées, vienne, ainsi que le demandent les modérés, à disparaître, et l'on verra combien graves seront les conséquences financières que de telles modifications apportées au régime établi entraîneront fatalement.

Votre rapporteur général, l'honorable M. Émile Chauvin, a, dans une série d'articles fort intéressants publiés par l'*Action*, montré quelle surcharge énorme supporterait le budget si les Sociétés de secours mutuels étaient admises à verser des capitaux à la Caisse des Dépôts et Consignations en un compte de retraites à capital aliéné, bénéficiant des avantages attribués au fonds commun inaliénable.

Cette disposition, que certaines personnalités marquantes du monde progressiste avait voulu introduire subrepticement dans la législation sous forme d'un benoît amendement incorporé à la loi de finances, aurait eu la répercussion que l'on devine. Alléchés par le double appât des subventions et de la bonification d'intérêt ainsi promise, les mutualistes dont le nombre se serait très certainement et très rapidement accru, n'auraient pas manqué de se précipiter sur la Caisse des Dépôts qui leur offrait à *capital aliéné*, un intérêt de 4 1/2 %.

Le Ministère des Finances a évalué approximativement le montant des crédits qu'il lui faudrait inscrire, chaque année, dans le budget pour servir, sur ces bases, les retraites mutuelles. Ils atteindraient la somme énorme de 360 millions.

Et pourquoi MM. Ribot, Benoist, Cochin et autres essayèrent-ils d'insérer dans la loi cette onéreuse disposition dont M. Émile Chauvin sut montrer, à temps, tout le danger ? Parce qu'ils reconnurent que la mutualité est impuissante à réaliser, à moins qu'on ne la fasse bénéficier d'avantages exceptionnels, les assurances à long terme.

Bien antérieurement, en 1898, M. Lourties qui ne saurait être suspect d'aller, dans la voie des réformes, et trop vite et trop loin, avait déjà dans un discours prononcé au Sénat, déclaré que les Sociétés de secours mutuels ne pourraient jamais garantir le risque invalidité-vieillesse.

Plus tard, M. Waldeck-Rousseau faisait une constatation identique.

Les cotisations demandées aux mutualistes sont insuffisantes. A l'heure actuelle, les retraites qu'elles servent à leurs membres ne viennent, à proprement parler, qu'à titre d'appoint. Si les bénéficiaires s'en contentent, c'est que, d'une façon générale, ils appartiennent à cette classe heureuse d'artisans, de commerçants modestes qui, indépendamment de leur participation effective à une œuvre de mutualité, se sont constitué eux-mêmes, grâce à leur esprit d'économie et d'épargne, et aussi parce qu'ils en avaient les moyens, de petites rentes pour leurs vieux jours.

Mais l'ouvrier qui compterait exclusivement sur les Sociétés de prévoyance libre comme le sont les Mutuelles pour s'assurer une pension convenable après trente ans et plus de versements ordinaires serait grandement déçu. Il suffit pour s'en convaincre de consulter les barèmes de ces organisations. On y voit, par exemple, que telle Société d'une importante commune de la banlieue de Paris ne garantit, après vingt-cinq années, durant lesquelles l'adhérent verse annuellement douze francs pour s'assurer à la fois et contre le risque-maladie et contre le risque-vieillesse, qu'une pension de quarante francs environ.

Ceci prouve, jusqu'à l'évidence, que, dans les conditions actuelles, la mutualité, en raison même de l'étendue considérable de son champ d'action, est absolument impuissante à constituer des retraites.

Nous le reconnaissons volontiers, concède le parti progressiste, mais ce que nous demandons, c'est l'acclimatement, en France, du système belge, lequel repose comme la Mutualité dont il n'est d'ailleurs qu'une des modalités, sur le principe de l'assurance librement consentie, encouragée par des subventions de l'Etat.

B. — Le système belge, préconisé par les partis modérés, outre qu'il ne fait point bénéficier des retraites la totalité des travailleurs consacre, en fait, le principe de l'obligation.

La loi belge du 10 mai 1900 utilise la plupart des Sociétés de secours mutuels existantes et les subventionne. Nous ne pouvons, bien entendu, étudier en détail le fonctionnement de cette loi qui impose à l'Etat pour la majoration des pensions de retraites, une charge annuelle de 16 millions de francs, ce qui, en France, équivaudrait à un versement de 100 millions environ.

Un point seul nous retiendra.

Les modérés, en gens épris de liberté, déclarent que le système belge, leur donne toute satisfaction. Il n'est, disent-ils, ni tracassier, ni inquisitorial. Sans doute, il n'y a dans le texte aucune disposition particulière astreignant tel ou tel individu à faire partie d'un groupement mutualiste. Mais, en réalité, que voit-on ? La plupart, pour ne pas dire la généralité, des patrons imposer à leurs ouvriers, par une clause inscrite dans le contrat de travail, l'obligation de laisser prélever sur leurs salaires les sommes nécessaires à leur affiliation à la Caisse générale des retraites. Si l'ouvrier refuse de souscrire à cette condition, force lui est d'aller se faire embaucher ailleurs. C'est, en définitive, la seule liberté qu'il a...

Bref, en Belgique, le salarié — par les cotisations qu'il est contraint de fournir — l'Etat, c'est-à-dire le contribuable — par les subventions qu'il est tenu d'accorder — alimentent à eux deux la Caisse des retraites. Le *patron*, *lui*, et nous ne saurions trop insister sur ce point, car il donne au texte dont nous nous occupons son véritable caractère, *n'a à effectuer, à ladite Caisse, aucune espèce de versement.*

Nous étonnons-nous maintenant que le parti progressiste, défenseur naturel des intérêts capitalistes, ait donné sa pleine et entière approbation à la loi belge, laquelle confère, nous venons de le faire ressortir, au patronat des avantages que ni la loi allemande, ni la future loi française, n'ont voulu et ne voudront lui accorder.

C. — Les retraites ouvrières ne tueront point les œuvres mutualistes.

Les adversaires du projet des retraites ouvrières et paysannes actuellement soumis à l'examen de la Haute Assemblée, dans le but évident de créer un mouvement d'hostilité contre la réforme, ont dit et ont écrit que, voté par le Sénat et dès lors entré dans le domaine des faits, le projet annihilerait complètement l'effort mutualiste et tuerait la mutualité.

Les Sociétés de prévoyance libre, dans les réponses qu'elles ont adressées au fameux questionnaire qu'élabora et que répandit la Commission sénatoriale chargée d'examiner le projet de loi, ont fait leur cet argument. Et c'est d'ailleurs fort compréhensible.

Les mutualistes, et cela est à leur honneur, sont tous profondément attachés à une institution qui leur procure des avantages matériels considérables. Elle est leur œuvre, leur chose ; ils y tiennent, et ils ont pleinement raison. Aussi venir leur dire que les retraites peuvent menacer les Sociétés qu'ils ont fondées, qu'elles les feront fatalement disparaître en les absorbant, c'est provoquer, chez eux, une émotion très légitime. Qu'ils se rassurent !

Les Sociétés mutualistes continueront à fonctionner comme par le passé, et ce n'est point parce que leurs adhérents seront susceptibles d'être astreints aux prélèvements prescrits par la loi sur les Retraites qu'ils ne pourront plus fournir leurs cotisations aux mutuelles. A l'heure présente, sont-ce les ouvriers qui constituent la grande masse des sociétaires ? Nullement. A eux, l'assurance libre leur paraît encore trop coûteuse, obligés qu'ils sont d'en assumer seuls, ou à peu près, les frais. La majorité des participants est, nous l'avons déjà dit, composée surtout de petits commerçants, d'artisans, de travailleurs aisés qui voient moins dans la mutualité un moyen de se garantir contre les risques invalidité-vieillesse — le taux des pensions servies par ces Sociétés est toujours extrêmement bas — que de s'assurer contre le risque-maladie.

Loin de leur porter atteinte et d'en paralyser les efforts, la réforme projetée est susceptible, au contraire, d'en faciliter le fonctionnement en déchargeant ces Sociétés d'un fardeau qu'elles se sont à elles-mêmes — et peut-être bien témérairement — imposé.

Depuis 1898, date à laquelle la loi, par abrogation des décrets de 1850 et de 1852, autorise les mutuelles à s'occuper directement du service des pensions d'invalidité, les essais qui ont été tentés dans ce sens n'ont pas été très heureux. Ils l'auraient été moins encore si l'Etat n'avait accordé à leurs membres la bonification d'intérêt que l'on connaît pour les sommes versées par eux à la Caisse des Dépôts et Consignations.

En définitive il ne peut y avoir qu'avantage à séparer nettement l'assurance contre le risque-vieillesse (tâche devant incomber à l'Etat) de l'assurance contre le risque-maladie (seule tâche assumée jadis par la mutualité).

Donc, contrairement à l'opinion émise par les adversaires des Retraites d'Etat, opinion qui a si fort, et si justement d'ailleurs, ému les mutualistes, l'institution chère à ces derniers n'a rien à craindre de l'adoption du système que les libéraux catholiques, sous les réserves énoncées plus haut, et nous, avons préconisé.

D. — Les travailleurs sont-ils véritablement hostiles ainsi que le prétendent les modérés, au principe de l'obligation.

Toute contrainte, quelque légitime qu'elle soit, est toujours mal vue de ceux qui la subissent. Les ouvriers n'ont pas fait exception à cette règle et à peine apprirent-ils le dépôt d'un projet contenant le principe de la triple obligation de versement qu'ils firent entendre les plus véhémentes protestations.

Or, si l'on compare les résultats des referendum de 1901 et de 1907 sur cette grave question, on voit que le monde des salaires a, en six années, considérablement modifié son opinion première.

Voici les chiffres que nous empruntons au substantiel article de notre rapporteur général, M. E. Chauvin, article paru dans le numéro de l'Action du 23 novembre dernier.

En 1901, sur 937 avis exprimés par les syndicats ouvriers, 861 ont été défavorables au principe de l'obligation, soit 95 % approximativement. En 1907, sur 1.372 groupements qui répondirent, 270 seulement se révélèrent hostiles au principe susénoncé, soit 20 % environ. Ces résultats sont éminemment instructifs et tout à fait encourageants. Mieux renseignée qu'elle ne l'était en 1901 sur les conditions du problème qui lui fut alors soumis, la classe ouvrière ne se refuse plus, à cette heure, à participer effectivement à la constitution de sa caisse de retraites et l'argument que les adversaires du système adopté par le gouvernement tirent des réponses que les travailleurs firent en 1901, tombe aujourd'hui à faux.

L'hostilité que ces derniers traduisirent si véhémentement lors du premier referendum, trouve son explication dans l'ignorance où ces ouvriers furent tenus du contexte exact de la loi qu'on voulait élaborer pour eux et ils eurent pour le projet dont on ne sut pas suffisamment définir et préciser les avantages, la même défiance qu'ils avaient manifestée, jadis, à l'égard des dispositions, si libérales cependant, des lois de 1884 et de 1898 sur les syndicats et les responsabilités patronales en matière d'accidents du travail.

A l'heure présente, ils se sont renseignés, assagis ; ils savent que la contribution qu'on leur réclame est rationnelle, légitime et qu'elle est, au surplus, la garantie du succès de l'œuvre projetée.

Quand les leaders progressistes, arguant des résultats fournis par une consultation qui date déjà de six ans, affirment que la classe ouvrière elle-même s'est montrée ouvertement hostile au principe de la triple obligation de versement, ces messieurs commettent sciemment — nous sommes correct — une grossière erreur qu'il nous fallait relever.

Nous en avons fini avec cette question un peu ardue des retraites. Nous plaçant uniquement sur le terrain des principes, le seul qui nous convienne, nous avons évité avec soin de prendre la défense d'un projet, quelque séduisant et si bien conçu soit-il.

Notre critique du système préconisé par M. Ribot et ses amis, se résume à ceci :

« 1° La mutualité est impuissante à résoudre le problème des retraites ouvrières lesquelles doivent être servies à tous les travailleurs invalides ou âgés sans exception.

« 2° La triple contribution de l'ouvrier, du patron

et de l'Etat est indispensable (nous n'avons pas à discuter ici la quotité de cette contribution, pas plus d'ailleurs, qu'à examiner si les sommes versées doivent l'être dans une caisse unique centrale, ou dans des caisses régionales).

« 3° Le système belge de la liberté subsidiée, que le parti modéré voudrait voir acclimater en France, implique l'obligation de contribution pour l'Etat et pour l'ouvrier ; seul, dans ce système, le patron ne verse pas. »

Enfin, il nous a paru utile de répondre à l'une des principales objections, — la seule, à notre avis, qui ait pu produire dans les milieux intéressés, une certaine émotion — objection qui consiste à prétendre que les Retraites, telles que nous les concevons, seront meurtrières des œuvres de prévoyance libre et de mutualité.

VI. — DE L'IMPOT GLOBAL ET PROGRESSIF SUR LES REVENUS

Sur la question de la réforme du système d'impôts directs, l'*Action libérale populaire* et la *Fédération républicaine* sont entièrement d'accord.

Comme nous, elles déclarent nettement que le régime fiscal actuel a grand besoin d'être amélioré, retouché dans son ensemble, refondu même en certains de ses points (impôt foncier, par exemple), C'est là chose entendue et dont nous prenons acte.

Mais quand nous cherchons à nous rendre compte de la façon dont les libéraux et les progressistes conçoivent cette transformation qui leur paraît, depuis vingt ans, nécessaire et urgente, quand nous nous efforçons à dégager des discours qu'ils prononcent, des brochures qu'ils répandent, non pas certes un projet tout entier — on n'improvise pas dans une conférence, écrite ou parlée, une œuvre aussi importante que l'est un projet de réforme fiscale — mais simplement une esquisse, un schéma indiquant les grandes lignes du système qu'ils désirent édifier, nous nous heurtons à de vagues formules déclamatoires dont l'imprécision même est, oh ! combien, symptomatique du peu de sincérité des intentions réformatrices qu'elles ont la prétention de vouloir exprimer.

Critiquer les conceptions fiscales des modérés, c'est donc, on en conviendra, tâche plutôt difficile, car là où il n'y a rien, pourrait-on dire en parodiant quelque peu le vieil adage, l'examen et l'analyse perdent leurs droits.

Ce que veulent ces messieurs de la *Fédération républicaine* et de *l'Action libérale*, oh! c'est fort simple : demeurer dans le statu quo, c'est-à-dire ne point s'associer à l'élaboration d'une œuvre qui aura, à leurs yeux, en réduisant les charges qui pèsent sur les petits, à augmenter celles que leurs amis et eux, capitalistes, industriels et commerçants aisés, gros salariés, supportent actuellement.

Chaque fois qu'un projet de réforme fiscale est venu devant la Chambre, ils l'ont combattu pour un motif ou pour un autre... même quand c'était un des leurs qui le présentait.

En veut-on des exemples ?

En 1887, le ministre Dauphin, qui n'était point cependant un révolutionnaire, celui-là, proposait de supprimer les quatre contributions directes et de les remplacer par un impôt assis sur les signes extérieurs. Qui le fit échouer? Un des dirigeants de la *Fédération républicaine*, M. Jules Roche lui-même qui aujourd'hui, dans la discussion du projet Caillaux, a pris résolument la défense, avec ses collègues des groupes de droite, des signes indiciaires bien suffisants, dit-il, pour permettre à l'administration d'évaluer la faculté contributive de chaque citoyen et cela sans inquisition ni vexation d'aucune sorte.

Plus tard, en 1894, MM. Poincaré et Cochery, hommes non suspects d'attaches avec les politiciens avancés, présentaient un projet taxant les diverses catégories de revenus. Qui le combattit? M. Ribot, l'adversaire opiniâtre, en 1908, du principe de la globalité de l'impôt.

Chaque fois, depuis vingt ans, qu'une tentative a été faite pour supprimer le système suranné, vieillot, des quatre contributions directes et les remplacer par un système répartissant les charges au prorata des facultés et des moyens de chacun, libéraux et modérés ont réuni leurs efforts pour barrer la route aux réformistes malencontreux.

Jamais la tactique d'obstructionnisme à outrance adoptée par les progressistes ne s'est mieux révélée qu'à l'occasion de la discussion du projet Caillaux, lequel, en dépit de certaines imperfections que le temps et l'usage surtout permettront de faire dispa-

raître, réalisera, s'il est voté, un progrès considérable sur notre législation fiscale actuelle.

On a, à droite, multiplié les amendements, on s'est,
avec violence, élevé contre des dispositions que tous
les républicains sincères et épris de justice ont jugées
essentielles (taxe de la rente par exemple) ; on l'a
combattu, ce projet, tantôt parce qu'il était trop vaste
(M. Aynard), tantôt parce qu'il était incomplet (M.
Cochery).

« Ne se croirait-on pas écrit M. Camille Pelletan,
» revenu aux temps anciens, à entendre les cris qui
» s'élèvent contre l'impôt sur le revenu ? Il semble
» que les abus actuels soient pour ceux qui en pro-
» fitent une propriété sacrée. On ne discute pas si
» relativement à ses facultés, une partie de la France
» est odieusement surchargée, tandis qu'une autre ne
» paie pas sa part. Nombre de ceux qui seraient
» augmentés le jour où chacun serait taxé suivant
» son revenu se plaignent comme si on les dépouil-
» lait. Cela est d'autant plus absurde que les privi-
» lèges de l'heure présente ne dérivent pas comme
» ceux de l'ancien régime, d'un principe faux, à la
» vérité, mais admis pendant longtemps : ils tiennent
» simplement aux fautes qu'un système mal conçu
» introduit dans le calcul des contributions. L'égalité
» devant l'impôt est un principe universellement
» accepté depuis 89 : si elle n'existe pas, c'est par
» les erreurs de calcul qu'entraîne une organisation
» fiscale désastreuse. »

La conception fiscale des modérés, nous ne la connaissons pas encore ; nous attendons depuis des mois
et des années qu'on nous l'expose. Peut-être, quelque
jour, des financiers, comme M. Aynard, des économistes, comme M. Jules Roche, nous apporteront-ils
un texte bien charpenté, solidement construit que
nous pourrons alors examiner, analyser et apprécier
à sa juste valeur.

Jusqu'à cette heure, un pareil plaisir ne nous a
pas encore été procuré. Le projet de réforme fiscale
des libéraux et des progressistes a, d'ailleurs, beaucoup d'analogie, à cet égard, avec ce plan de société future que M. Jaurès, en un jour de lyrisme,
nous avait promis dans six mois : tous deux seraient
parfaits... s'ils étaient nés !

La seule chose que nous sachions, c'est du moins
ce qui ressort et des déclarations faites dans les di-

vers Congrès et des discours que leurs leaders ont prononcés à la Chambre, c'est que la *Fédération républicaine* et l'*Action libérale populaire* sont formellement hostiles à toute réforme qui consacrera le double principe de la *globalité* et de la *progressivité* de l'impôt.

Or, nous radicaux et radicaux-socialistes, ce que nous voulons, c'est l'établissement d'un impôt global et progressif sur les revenus en remplacement des quatre contributions directes. Nous disons global et progressif et cependant le Parti tout entier a donné, nous objectera-t-on, sa pleine et entière approbation à la proposition de la loi actuellement soumise à l'examen de la Chambre, laquelle proposition, on s'en souvient, a trait à un impôt qui, en réalité, est moins progressif que proportionnel, plus cédulaire que global. C'est fort exact, mais alors même que le projet en discussion ne répondrait point entièrement ,complètement aux *desiderata* que nos Congrès ont exprimés, il n'en était pas moins, à nos yeux, très défendable, puisqu'il consacrait d'une façon indiscutable, par l'institution de la taxe dite complémentaire, ce fameux principe de la globalité et de la progressivité. Et c'est pourquoi nos amis ont eu grandement raison de s'y rallier, bien qu'il ne satisfît point à toutes les conditions qu'aurait dû remplir, selon eux, l'impôt sur le revenu. Le combattre, sous prétexte qu'il ne réalisait qu'imparfaitement notre programme fiscal aurait été une lourde faute... Pourquoi certains des nôtres ne l'ont-ils pas compris ?

Il n'entre pas dans nos intentions de justifier ici nos conceptions en matière de fiscalité. Après tout ce qui a été dit et écrit sur cette vaste question, après la brochure qu'a publiée notre ancien président, M. Camille Pelletan, après les rapports remarquables de netteté et de précision de nos collègues du Comité Exécutif, MM. Malvy et P.-L. Tissier, qui, aux Congrès de 1906 et de 1907, exposèrent les raisons pour lesquelles le Parti radical entendait substituer au système actuel de nos contributions directes le système d'un impôt général sur les revenus, nous aurions mauvaise grâce et ferions montre d'une prétention bien inutile si nous voulions, à notre tour, apporter en faveur de la réforme, quelques arguments personnels et nouveaux.

Nous nous bornerons simplement, *dans l'impossi-*

bilité où nous sommes de critiquer la doctrine fiscale d'un parti qui n'en a pas, à :

1° Dire, en peu de mots, pourquoi la globalité et la progressivité nous apparaissent respectivement naturelle et légitime ;

2° Répondre aux objections principales qui ont été formulées contre l'établissement de l'impôt global et progressif.

A. — Globalité

« La contribution commune, lisons-nous dans la *Déclaration des Droits de l'Homme*, doit être également répartie entre tous les citoyens, en raison de leurs facultés. »

En d'autres termes, chacun doit subvenir aux charges publiques par une contribution en rapport avec ses moyens propres, c'est-à-dire avec sa fortune (le mot « fortune » est ici pris dans son sens le plus large.)

D'où cette conséquence que les ressources *personnelles* de chaque citoyen étant déterminées, soit par sa déclaration, soit par une évaluation faite d'office par des agents spéciaux, suffisamment instruits et documentés, soit par la combinaison de ces deux procédés, la part d'impôt qu'il a à fournir est établie suivant le chiffre *global* de ses ressources, lesquelles donnent une idée exacte de sa force contributive.

L'impôt unique, personnel et global est donc parfaitement équitable.

B. — Progressivité

Le but de la progression en matière fiscale est double : elle sert d'abord à corriger ce qu'il y a de profondément injuste dans la façon dont pèsent, sur la masse des contribuables, les impositions indirectes. Ces dernières qui représentent 1.500 à 1.600 millions environ, alors que les directes en produisent 700 seulement, pèsent, en raison de leur nature même (impôts de consommation), beaucoup plus sur les petites gens que sur les riches.

La progressivité, en second lieu, dérive de cet axiome que la faculté contributive des citoyens n'est point rigoureusement proportionnelle au montant de leurs revenus. La proportion légitime n'est pas celle des chiffres abstraits : prendre à l'un 100 francs quand ses ressources s'élèvent à 2.000 francs par an, n'équivaut pas à en prélever 10.000 sur les 200.000 de rentes que touche annuellement un autre.

Quant aux arguments que l'école modérée fait valoir contre l'adoption de cette forme d'impôt, arguments qu'a produits avec une grande éloquence, à la tribune de la Chambre (Séance du 7 février dernier), l'un des hommes les plus en vue de la *Fédération républicaine* — nous avons nommé M. Jules Roche — ils se résument ainsi :

1° *Argument historique.* — L'impôt progressif a toujours été fatal aux gens ou aux Assemblées qui l'ont institué. M. Jules Roche cite à l'appui de sa thèse les échecs éprouvés par ceux qui, pendant la tourmente révolutionnaire, essayèrent de lancer des emprunts forcés à caractère progressif. L'insuccès — relatif — de ces tentatives, a démontré M. Caillaux, ne fut point dû à la nature même de l'emprunt, mais bien au peu de confiance qu'on faisait alors au Gouvernement de la Première République. En 1793, on voulait réunir un milliard à une heure où le stock métallique était considérablement restreint. Y a-t-il lieu, dès lors, de s'étonner qu'une pareille entreprise n'ait pas réussi (M. Paul Leroy-Beaulieu nous apprend que l'on put néanmoins faire rentrer un peu plus de cent millions).

Au surplus, M. Jules Roche oublie totalement de citer — vraisemblablement parce que les faits se retournent contre lui — une opération analogue,« tenant à la fois de l'impôt et de l'emprunt forcé (1) », laquelle opération tentée au début de la Restauration, sous le ministère du baron Louis, fut couronnée de succès : la taxe de cent millions demandée à la France fut entièrement recouvrée dans les délais prévus, du 15 septembre au 15 novembre 1815.

« C'était bien là cependant, déclara le ministre des Finances, l'emprunt à caractère progressif, l'emprunt odieux que signala M. Jules Roche dans son violent réquisitoire contre notre projet d'impôt. »

Ces considérations et ces faits font justice des allégations émises par le porte-parole autorisé des progressistes et des libéraux. L'histoire, dit-on, est riche

(1) Paul Leroy-Beaulieu, tome II, page 285.

d'enseignements, soit, mais encore faut-il que ceux qui la pillent sachent — ou veuillent — se garder des omissions volontaires ou des interprétations erronées.

2° *Nous voulons organiser en France un impôt qui n'existe nulle part ailleurs.* C'est inexact.

En Allemagne, pays de l'autocratie, l'impôt est à la fois personnel, global et progressif.

En Angleterre, contrairement à l'opinion formulée par M. J. Roche, les partis dirigeants songent très sérieusement à créer, à côté de l'*income-tax*, un impôt complémentaire possédant le caractère de la progressivité.

Quoique une pareille réforme ne soit point encore inscrite à l'ordre du jour des travaux de la Chambre des Communes, le « Select Comittee », ou Commission chargée de rechercher les modifications à introduire dans la législation fiscale existante, a déclaré que l'institution d'une *super-tax* (analogue à notre impôt complémentaire) était parfaitement praticable », c'est-à-dire susceptible d'application immédiate, pratique, sans occasionner ni un surcroît de travail pour l'administration, ni un mécontentement excessif parmi les futurs assujettis (*sic*).

3° *L'impôt progressif deviendra un instrument d'expropriation capitaliste entre les mains des collectivistes le jour où ceux-ci arriveront au pouvoir.*

C'est le grand argument, bien fait pour impressionner, affoler les classes possédantes. La réfutation en est simple : Quand le parti de M. Jaurès aura réussi à conquérir la direction des affaires publiques, il n'aura nul besoin de l'instrument fiscal que nous aurons forgé nous-mêmes pour communiser la propriété privée. Maître du pays, il appliquera sa doctrine et l'impôt progressif sur le revenu — si tant est qu'il s'en serve — ne deviendra dangereux que parce que le gouvernement d'alors l'aura profondément modifié et qu'il le maniera brutalement.

Telles sont, succinctement résumées, les observations que nous entendions présenter au regard des critiques assez vives que les groupes de droite ont articulées contre le système d'impôt global et progressif sur les revenus.

VII. — ÉTATISATION DES GRANDS MONOPOLES PRIVÉS

Sur cette question nous serons bref. Ni l'*Action libérale*, ni la *Fédération Républicaine* ne veulent entendre parler du rachat par l'Etat des grands monopoles industriels et commerciaux. La seule raison sérieuse que ces groupements donnent de leur hostilité est la suivante : l'étatisation de certains services d'utilité publique est un pas fait dans la voie dangereuse du collectivisme.

Nous autres *radicaux-socialistes* (nous soulignons intentionnellement le mot, car il est de très bons républicains qui n'admettent pas, eux non plus, que la nation puisse s'emparer des entreprises ayant un caractère d'utilité publique pour les gérer à son profit) nous envisageons la question d'une tout autre façon.

Forts de notre nombre et de l'excellence du but que nous poursuivons, confiants dans la sagesse et le bon sens populaires, nous ne craignons point les socialistes-collectivistes, sûrs que nous sommes de ne jamais nous laisser entraîner au delà des limites que notre doctrine nous assigne.

Et dans le rachat des monopoles — ce qui n'est pas la même chose qu'une confiscation — nous voyons simplement le moyen de faire bénéficier la masse des avantages considérables que l'exploitation de ces monopoles procure aux quelques privilégiés qui les détiennent.

Personne ne nous contredira quand nous affirmerons que les compagnies d'assurances, pour ne citer qu'elles, réalisent chaque année des gains très importants dont une infime minorité de la population est seule à profiter ; il suffit pour s'en rendre compte de constater l'énorme hausse qu'ont subie, en vingt ans, les actions de ces sociétés.

Nous allons prendre un autre exemple d'une actualité plus brûlante encore : le rachat d'une compagnie de chemin de fer. L'opération est faite et l'Etat gère le réseau convenablement. Qu'en résultera-t-il ? Les bénéfices, au lieu d'aller aux actionnaires qui touchent un dividende moyen de 4 à 5 % environ sera d'abord employé à rémunérer à 3 % le capital engagé. L'excédent pourra ou être versé au Trésor public ou servir à diminuer, dans une certaine mesure le prix

4

des transports (voyageurs et marchandises). Dans les deux cas, la collectivité y gagnera.

Cet exemple d'expropriation légale, suivie naturellement de l'octroi aux propriétaires ainsi dépossédés d'une indemnité compensatrice — *modus faciendi* qui nous différencie des révolutionnaires — montre, en dépit de la façon volontairement sommaire dont nous avons indiqué les avantages et les conséquences de cette expropriation, ce que nous entendons poursuivre en nous déclarant partisans de la suppression des monopoles privés.

Ce n'est point, à coup sûr, faire acte de foi socialiste que de se dire rachatiste ; c'est tout simplement s'affirmer résolu à sacrifier, aux intérêts de la masse, ceux d'une petite poignée de privilégiés.

Rapport de M. Pic

Le citoyen Pic, rapporteur. — Votre commission d'assistance, de prévoyance et de réformes sociales a tenu deux séances successives. Je vais succinctement vous donner connaissance des résolutions qu'elle a décidé de vous proposer :

1° *En ce qui concerne les Syndicats agricoles.*

Le Congrès, faisant sien et approuvant le rapport de M. Dollat, estime que les Syndicats agricoles et toutes les Sociétés et Associations de secours mutuels méritent des encouragements et engage tous les membres du Parti à un titre quelconque à entrer dans les Syndicats agricoles pour contrebalancer les influences réactionnaires qui pourraient s'y produire et pour diriger les Syndicats agricoles dans un sens plus démocratique.

2° *En ce qui concerne l'Evolution de la propriété rurale.*

Le Congrès, prenant acte du rapport de M. André Lacroix, émet le vœu que les représentants du Parti dans les Chambres favorisent dans la plus large mesure l'évolution de la propriété rurale par le vote de mesures législatives et en premier lieu par le vote prochain du projet de loi sur le bien de famille ainsi que par l'adoption du régime des livres fonciers.

Je fais remarquer que la question de la réforme hypothécaire est à l'ordre du jour depuis quinze ans environ ; nous avons cru devoir rappeler ces deux projets.

Le président met aux voix les deux résolutions. *(Elles sont adoptées à l'unanimité).*

Extension du droit syndical

Le citoyen Pic. — La commission a examiné ensuite la question syndicale ; elle propose au Congrès d'adopter la résolution suivante :

Le Congrès, considérant que le droit syndical doit être étendu et renforcé, mais que la reconnaissance expresse par la loi du contrat collectif du travail n'est pas moins urgente, estime qu'il serait indispensable de n'étendre la capacité syndicale qu'après avoir reconnu au préalable le contrat collectif du travail, et invite en conséquence le Parlement à voter à bref délai : 1° La loi Waldeck-Rousseau, sur l'extension des capacités syndicales ; 2° Les dispositions du projet de loi sur le contrat collectif du travail ; 3° Le projet de loi Millerand-Colliard, sur le règlement amiable des conflits du travail et l'arbitrage obligatoire.

Le citoyen Emile Desvaux. — Je suis, naturellement, tout acquis au projet de contrat collectif du travail. Ce contrat collectif est d'une absolue nécessité. Mais, ce contre quoi je m'élève, c'est contre l'idée dangereuse, à mon sens, d'en faire la condition préalable du vote du projet Barthou.

Le contrat collectif du travail constitue une question syndicale ; l'extension de la capacité civile et commerciale des syndicats constitue une interprétation plus large de la question sociale. Si on peut imaginer que le syndicat doit se borner à formuler des revendications professionnelles, on peut estimer, d'un autre côté, que le syndicat a une portée plus haute et qu'il constitue comme la cellule sociale de demain. Si j'avais quelques objections fondamentales à faire aux conclusions de la commission, je dirais qu'il faut, contrairement à son avis, réclamer tout d'abord l'extension de la capacité civile et commerciale des syndicats. En effet, je le répète, d'un côté nous avons des syndicats qui sont exclusivement des organismes de revendications professionnelles, mais on peut aussi imaginer le syndicat comme un organe transformateur de la société actuelle, créateur d'une société nouvelle. Par conséquent, toute mesure, si légitime soit-elle en principe, qui aurait pour résultat de retarder le vote de l'extension du droit civil et commercial des syndicats, serait un échec direct à la transformation sociale.

Je veux demander à notre rapporteur général, M. Chauvin, dans l'exposé général qu'il fera tout à l'heure, de bien insister sur les vertus rénovatrices de cette réforme profonde. Je supplie le Congrès, quel que soit l'intérêt qu'il porte au contrat collectif, de ne pas lier ceci à cela. S'il y a tant de difficultés au point de vue social, si nous voyons tant de syndicats s'engager dans la voie mauvaise que nous désapprouvons, c'est parce qu'on a ligoté, du fait de la loi insuffisante de 1884, leur action ; et la seule façon de résister à la fois aux violences révolutionnaires et de précipiter l'accession légale et pacifique du prolétariat à la propriété, c'est de lui donner, par une formule légale, le droit d'y accéder collectivement (*Vifs applaudissements*). Je supplie le Congrès de vouloir bien repousser les conclusions de la commission ou plutôt de les accepter séparément.

Discuter le contrat collectif, c'est bien ; c'est là un moyen offert à la classe ouvrière d'augmenter sa force de lutte, et pour cela même nous l'acceptons.

Mais la réforme essentielle d'où découlent toutes les autres, c'est précisément l'extension de la capacité civile et commerciale des Syndicats. Je prie le Congrès d'accorder la priorité à cette question, d'inviter le Parlement à hâter le vote du projet Barthou et de donner ainsi au prolétariat un moyen légal d'accéder à la propriété collective, ce qui ne veut pas dire collectiviste. (*Vifs applaudissements*).

Le citoyen Pic. — Personnellement je suis un partisan convaincu de l'extension du droit syndical et, pour ma part, je n'aurais pas donné la formule qui vous est proposée, mais je vous exprime d'abord l'opinion de la commission. M. Boussenot estime que les syndicats redoutent cette extension de responsabilités, qui serait la conséquence d'une capacité élargie ; c'est pour leur donner satisfaction dans une certaine mesure qu'il voudrait lier la réforme syndicale à la reconnaissance expresse du contrat collectif.

Un délégué. — C'est la thèse révolutionnaire !

Le citoyen Pic. — Je ne le conteste pas : mais elle peut avoir une part de vérité. Le principe de l'irresponsabilité des Trades-Unions a été récemment proclamé en Angleterre, c'est ce qui vous explique que la commission a été amené à lier les deux question. J'estime cependant qu'on peut très bien les détacher, et personnellément, je suis partisan de l'extension de la capacité syndicale, sans conditions.

Le citoyen Gaston Brau. — Je suis mal qualifié pour venir ici soutenir les conclusions et les motions qui vous sont proposées par la commission des réformes sociales ; je n'ai point, en effet, pris part à ses délibérations car j'étais appelé dans une autre commission. Mais cependant je crois pouvoir et devoir appeler toute votre attention sur l'importance du débat et sur sa gravité. Je ne crois pas que le Congrès doive donner satisfaction à M. Desvaux. Voici pourquoi : Il est exact, en effet, que la question de l'extension du droit de propriété au syndicat est intimement liée au contrat collectif du travail. On a fait observer maintes fois que traiter du contrat collectif du travail avant de donner aux syndicats le droit de propriété plus étendu, c'est en quelque sorte, mettre la charrue devant les bœufs Il y a beaucoup de vrai dans cette observation, mais il y a des nécessités pratiques auxquelles tout homme de gouvernement, auxquelles tout homme intelligent doit faire attention. Il y a une question qui est mûre, il y a une autre question qui ne l'est pas. La question du contrat collectif du travail est aujourd'hui complètement mûre ; le contrat collectif du travail a devancé l'œuvre du législateur, c'est un fait aujourd'hui et il suffit de se reporter, comme chacun peut le faire, à l'annuaire publié par le Ministère du Travail, à l'annuaire statistique des grèves et de le feuilleter quelques instants, pour voir combien, depuis un assez grand nombre d'années, tous les ans, des contrats collectifs de travail existent, interviennent entre patrons et ouvriers ; ils sont signés par des délégués ouvriers et par des délégués patronaux. Ainsi le contrat de travail, dans nos coutumes, dans nos usages commerciaux, vient adhérer à l'idée pratique avant même que le législateur l'ait régularisé (*applaudissements*). Il s'agit uniquement de renfermer dans un texte de loi et de sanctionner ce qui existe aujourd'hui. Il serait intéressant, citoyens, d'aborder cette discussion au fond ; je ne le ferai pas

Un délégué. — Mais il y a un rapport spécial. Et vous êtes d'accord avec la commission !

Le citoyen Gaston Brau. — Je ne veux pas fatiguer le Congrès par la lecture de documents, mais je lui demande de m'accorder confiance pour les conclusions que j'en ai tirées. Depuis une dizaine d'années le nombre des difficultés intéressant le contrat de travail augmente considérablement ; les question de règlement d'atelier, d'amende, les questions d'interprétation de contrats individuels de travail viennent au premier rang des préoccupations ouvrières. Et alors on a conscience de l'impossibilité qu'il y a de faire représenter les intérêts collectifs par un individu qui va traiter avec le patron. Le contrat collectif existe depuis que la grande industrie a surgi ; dès ce moment-là, il n'y a plus eu de place pour des contrats individuels et ce n'est qu'en torturant les textes juridiques avec l'intérêt que chacun comprend qu'on a pu ainsi les perpétuer illégitimement Eh bien, aujourd'hui, les patrons intelligents de leurs propres intérêts comprennent que les ouvriers ont conscience de leur état, qu'ils ont conscience de leurs intérêts, et alors ils acceptent de discuter avec des délégués. Et de même que lorsqu'ils passent un contrat avec un autre homme d'affaires ils se font assister d'un homme de l'art ou d'un homme de loi, pour les délégués ouvriers, le secrétaire ou le président d'un syndicat important, c'est le conseil des ouvriers! c'est l'avocat qui assiste l'homme d'affaire et c'et ainsi que les transactions augmentent de jour en jour.

Voix. — Concluez ! Concluez !

... Je ne veux point fatiguer le Congrès, mais je lui demanderai en manière de conclusion, de voter les propositions soumises par la commission, étant bien entendu que la question du contrat collectif du travail est mûre et doit être écrite dans la loi. La question de l'extension du droit de propriété aux syndicats est une question vitale, c'est entendu, mais moins mûre ; elle soulève bien des objections, elle n'a pas trouvé dans la pratique même des réalisations Il ne s'agit que d'écrire dans une loi ce qui est. C'est dans ces conditions que je voterai les motions de la commission en invitant le Parlement à faire passer d'abord, parce que cela ira plus vite, la question du contrat collectif de travail et, ensuite, le plus tôt possible, la question de l'extension du droit de propriété aux syndicats. (*Vifs applaudissements*).

Le citoyen Georges Boussenot. — Je regrette que M. Desvaux ait voulu voir dans les conclusions de la commission une manifestation socialiste ; ce que nous avons décidé de vous soumettre en commission n'est point une motion d'essence collectiviste; ce qu'on vous demande de voter est, au contraire, admis par tous les groupements réactionnaires. Je ne prendrai, comme exemple, que ce qu'a formulé la Fédération républicaine — qui passe pour ne pas être un groupe essentiellement républicain. — Elle a déclaré que l'extension de la capacité des syndicats était une question qui devait être au plus tôt résolue. On se rend compte exactement des conséquences de la motion que voudrait vous faire adopter M. Desvaux, en prenant par exemple : Si vous donniez aux syndicats la faculté de posséder sans limite, qu'arrivera-t-il ? Un ouvrier pourra être remercié par son patron pour des causes non professionnelles ; il se plaindra au syndicat lequel sera propriétaire et détenteur de biens ; Que fera le syndicat ? Il commencera par faire des représentations au patron. Le patron pourra les écarter. Le syndicat, dans un esprit de solidarité fera alors cause commune avec l'ouvrier congédié et déclarera la grève. Dans ces conditions, en admettant même que le renvoi de l'ouvrier fut moralement injuste, la loi permettra cependant aux patrons de poursuivre les syndicats devant les tribunaux et de leur demander des dommages-intérêts lesquels pourront être obtenus pour entrave portée à la liberté du travail.

Un délégué. — Mais où serait le mal ! (*Bruit*).

Un délégué. — C'est ce que nous voulons !

Un autre délégué. — C'est la justice même ! (*Bruit, protestations*).

Le citoyen Georges Boussenot. — La question est de savoir alors si nous voulons défendre les intérêts des syndicats. Je crois que je me reproche plus que vous pour pouvoir présenter actuellement les revendications des travailleurs aux patrons...

Un délégué. — Mais si !

Le citoyen Georges Boussenot. — Mais le jour où vous aurez inscrit le contrat collectif dans la loi vous aurez rendu les ouvriers solidaires les uns des autres, et, dans ces conditions, vous pourrez éten-

dre les capacités syndicales et donner aux syndicats
ce que réclament pour eux tous les réactionnaires :
la faculté de posséder. Nous sommes partisans convaincus de l'extension de la capacité syndicale, mais
nous en faisons une question d'opportunité. Avant
d'inscrire dans la loi la faculté de posséder pour les
syndicats, nous devons solutionner le contrat collectif.

Un délégué. — C'est le contraire de ce qu'il faut
faire ! (*Bruit*)

Le citoyen Boussenot. — C'est dans ces conditions
que j'appuie de toutes mes forces les conclusions de
la commission. Nous estimons que les deux questions
sont intimement liées l'une à l'autre ; il suffit de voir
avec quelle activité inlassable la Fédération républicaine, dans ses derniers congrès, a insisté particulièrement sur l'octroi aux syndicats des capacités syndicales et de la faculté de posséder. Elle a été très
précise à cet égard, puisqu'elle a dit que les biens
de ces syndicats devraient être composés de valeurs
nominatives et immobilières, de façon à ce qu'ils ne
puissent point être facilement dissimulés.

Plusieurs délégués. — Concluez !

Le citoyen Boussenot — Tant que vous n'aurez pas
rendu les ouvriers solidaires les uns des autres par
le contrat collectif, l'extension des capacités syndicales sera, pour les salariés une véritable duperie !
(*Bruit*).

Un délégué. — Mais ils le sont actuellement !

Le citoyen Georges Boussenot. — J'en appelle aux
connaissances juridiques de M. Chauvin lequel pourra vous dire que la jurisprudence actuelle refuse aux
syndicats le droit de se substituer aux syndiqués dans
les actions que ceux-ci peuvent avoir à intenter contre autrui.

LA PROPRIETE ET LA LUTTE DE CLASSES

Le citoyen Emile Chauvin. — Citoyens, je pense
qu'il serait préférable de réserver encore quelques
instants votre décision sur la question de savoir si
le contrat collectif doit précéder la personnalité commerciale ou s'il doit être concomitant. Je vous rappelle, en effet, qu'une autre de vos commissions a
préparé sur la question du contrat collectif un rap-

port extrêmement important, que le président de
cette commission, notre ami Cahen, désire intervenir dans le débat, et je pense que nous aurions intérêt à ouvrir la discussion du rapport sur le contrat
de travail avant de prendre parti sur la question
spéciale qui vous est soumise.

Citoyens,

Je vous demande la permission de vous présenter,
dès maintenant, en suivant l'ordre des travaux de
votre commission des réformes sociales, les deux
rapports qui sont, à mon sens, l'œuvre capitale de
cette commission et qui visent la *propriété* et la *lutte
de classes*

Je dis, Citoyens, que je crois que c'est là l'œuvre
capitale de cette commission, et si je ne craignais
de pécher par un défaut singulier de modestie, je
vous dirais que je crois que cette discussion doit être
l'œuvre capitale de ce Congrès lui-même. (*Très bien*).

Ce qui me permet, sinon de le dire, du moins de
le penser, c'est que Pelletan, tout à l'heure, a prononcé à propos du conflit international que vous
savez, des paroles profondes et vraies ; il a dit que
la France doit rester le modèle du monde pour tout
ce qui concerne les réformes sociales. (*Applaudissements*).

Eh bien ! Citoyens, le moment est venu de montrer que notre parti n'entend se laisser dépasser sur
ce point par personne et que, s'il a le devoir de ne
pas se jeter à gauche tête baissée, il a en même
temps la volonté bien arrêtée d'aller à gauche, d'un
pas ferme et la tête levée. (*Vifs applaudissements*).

C'est pour cela que les deux questions de la lutte
de classes et de la propriété ont paru à vos commissions du Comité Exécutif et du Congrès avoir le
pas sur toutes les autres.

C'est qu'en effet, Messieurs, depuis huit années,
nous apportons à chacun de nos Congrès, un programme de réformes, nous le renouvelons, nous le
précisons, mais il est une question à laquelle nous
ne pouvons pas, au moment où je parle, demeurer
étrangers, c'est la question préjudicielle de savoir si
nous ne faisons pas fausse route en général, lorsque nous nous efforcons de réaliser des réformes.

Citoyens, il y a de par le monde — et nous le
savons bien, nous qui sommes obligés de tâter le

pouls de l'opinion publique dans nos circonscriptions — des gens qui s'en vont répétant sur un ton inspiré de prédicateurs :

« Vos réformes ne servent à rien, elles ne servent « qu'à éblouir le peuple, qu'à le tromper, qu'à lui « faire prendre patience ; ce qu'il faut, au contraire, « c'est la révolution sociale, c'est la dictature de la « classe prolétarienne et le bouleversement géné- « ral ! »

Les gens qui prêchent ainsi, se présentent avec une double qualité ; ce sont d'abord des manières d'apôtres d'une religion nouvelle ; ce sont, en outre, de terribles savants. Ils disent : « C'est nous qui « sommes les tenants du marxisme, nous sommes des « scientifiques, tous les autres ne sont que des rê- « veurs, des utopistes, épris peut-être de justice, « mais incapables de mettre debout un véritable pro- « gramme ; c'est nous, socialistes, qui sommes les « *seuls* scientifiques, car nous avons pour nous la « théorie de la lutte de classes, théorie qu'on n'a pas « à apprécier, mais qu'on est obligé de constater cha- « que jour. » Et ils ajoutent pour nous, Radicaux- Socialistes : « Vous n'êtes que des enfants en matière « sociale, car vous ne connaissez pas le dogme de « la lutte de classes ! » (*Rires*).

Or, Citoyens, de telles prédications ne sont pas sans effet ; cela est si vrai que, parce que, dans un journal d'avant-garde de notre parti, j'avais écrit, il y a quelque temps, que la théorie de la lutte de classes est une grosse erreur de Karl Marx, j'ai vu d'excellents républicains de mon département se réu- nir à Paris, en un petit congrès qui ressemblait à un concile, et me voter un blâme en affirmant que j'étais devenu réactionnaire ! (*Rires et applaudisse- ments*).

C'est pourquoi aujourd'hui, à l'heure où, au Con- grès de Marseille, on va décider que les réformes ne servent à rien, et où la Fédération socialiste de la Seine vient d'affirmer que le moyen d'action salu- taire entre tous est l'action directe, à la veille du jour où d'autres socialistes vont se réunir à Tou- louse, à ce moment précis, il faut que nous, radicaux- socialistes, nous disions à Dijon ce que nous pen- sons du dogme de la lutte de classes. Si ce sont des bâtons flottant sur l'eau, il faut nous en approcher hardiment et faire justice d'un article de foi avec lequel on nous combat d'autant plus aisément que les auditeurs comprennent moins bien ce qu'on leur dit (*Vifs applaudissements*). Et rien ne nous interdit d'espérer, qu'en marchant droit sur le fantôme cher aux gens de Marseille, nous aurons rendu peut-être à notre pays, et au progrès, ce grand service de l'exorciser aussi pour ceux de Toulouse qui nous attendent et nous répondront..

Disons donc franchement, clairement, loyalement, à la Française, notre pensée sur le dogme germanique, et si, comme je le pense, comme j'en suis sûr, vous estimez avec moi que la lutte de classes n'est que le fruit de l'imagination marxiste, qu'un désir qu'on prend pour une réalité, qu'une mauvaise formule poussant l'humanité dans une mauvaise voie (*applaudissements répétés*), alors, nous aurons du même coup déblayé le terrain, donné à nos propagandistes les moyens de répondre à l'orthodoxie collectiviste et ouvert la voie à ceux qui veulent des réformes et à qui on ne pourra plus jeter, avec mépris, l'épithète de fabricants de réformettes.

Nous marquerons, d'ailleurs, nos frontières, non seulement en face des socialistes exclus de nos alliances, des antipatriotes, des partisans de la propagande par le fait, mais encore en face de tous les partis de gauche qui se distinguent de nous, en face de ceux mêmes avec lesquels nous sommes disposés à contracter des alliances, mais desquels nous entendons cependant nous différencier doctrinalement, car la deuxième partie de notre tâche sera l'examen de la notion de propriété. Nous dirons ce qu'elle est, ce qu'elle enferme en elle, et si, dans cette arche sainte, il y a la propriété à la Victor Cousin qui permet tous les abus des monopoleurs, ou s'il n'y a, au contraire, que la propriété justifiée et limitée par le travail humain. (*Vifs applaudissements*)

LA LUTTE DE CLASSES

Citoyens,

J'aborderai d'abord, et très rapidement, le développement de la pensée de votre commission sur la lutte de classes.

Le Congrès entend bien que je n'ai pas ici la prétention de lui dire ou même de lui résumer les travaux que nous avons dû établir. Nous avons, en effet, rédigé un rapport de forme un peu dogmatique et hérissée, et vous en apercevez sans peine la raison : c'est que nous sommes en présence d'adversaires qui ont la prétention d'être les seuls scientifiques, et, si nous n'avions pas traîné derrière nous un appareil doctrinal un peu imposant, notre rapport aurait été dénoncé tout de suite par les gens du Congrès de Marseille ou de Saint-Denis, comme l'œuvre de braves républicains épris d'utopies, mais ne sachant pas ce qu'est une étude dogmatique ; c'est pourquoi votre commission avait le devoir de construire sérieusement l'armature un peu rébarbative que vous connaissez.

Je ne veux retenir ici que les idées générales qui président, d'un côté, à la conception collectiviste du marxisme, et, de l'autre, à notre conception radicale-socialiste.

Or, voici quelle est, en deux mots, la doctrine orthodoxe de la lutte de classes.

Elle consiste à affirmer qu'il y a dans la nation pour ainsi dire deux peuples : l'un gras et l'autre maigre, le peuple de ceux qui travaillent, et le peuple de ceux qui jouissent, les bourgeois et les prolétaires, les producteurs et les oisifs ; ces deux peuples sont deux classes nettement et diamétralement opposées, comme deux antithèses hégéliennes ; chacune d'elles constitue une unité organique analogue à une nation ; l'existence de ces deux classes a comme résultat les pires injustices, puisque les bourgeois ont tout en naissant, et que les prolétaires, eux, n'ont que le droit de mourir de faim ou de s'en aller mendier sur les chemins. Pour que cela cesse, il faut, disent les marxistes, que la guerre qui existe naturellement entre ces classes soit entretenue et aggravée : il faut que *les propagandistes soufflent la haine au cœur de chacun...)* suivant l'expression de Jobert l'auteur de la motion révolutionnaire du Congrès de Saint-Denis.

« *Il faut que les yeux des prolétaires s'allument d'éclairs de haine, il faut que leurs poings se serrent quand ils passent devant des repus.* » (*Mouvements*). Car, en fomentant ainsi la haine, en portant la guerre des classes à son paroxysme on finira par faire éclater cette chaudière d'injustice qu'est la société actuelle et ce sera la catastrophe, l'écrasement violent d'une classe par l'autre, la suppression révolutionnaire de la classe non prolétarienne et le triomphe du prolétariat sous forme d'une dictature de classes.

Vous le voyez, citoyens, cette doctrine est très nette : elle consiste à dire : Il y a, en fait, des germes de lutte et de haine entre les classes sociales ; au lieu de les apaiser, il faut les attiser, il faut souffler sur le feu, il faut répandre la haine, parce que c'est de l'excès du mal que le bien naîtra.

Et c'est d'ailleurs encore une conception hégélienne, puisqu'après avoir posé deux antithèses irréductibles, bourgeoisie et prolétariat, on annonce une synthèse par la disparition d'un des contraires qui est la suppression radicale de l'ordre capitaliste.

Citoyens, en face de cette doctrine, nous nous plaçons et nous disons : Oui, il y a dans la société des inégalités, de même qu'il y a des hommes qui sont petits et d'autres grands, des forts et des faibles ; oui, il y a des riches et des pauvres, un peuple gras et un peuple maigre ; oui, des injustices odieuses et des souffrances imméritées naissent des inégalités absurdes du hasard des naissances et de la fortune. Oui, nous savons cela et de toute notre énergie nous voulons y remédier, mais, de ce qu'il y ait ainsi des état sociaux inégaux s'ensuit-il qu'il y ait, à proprement parler, des classes et est-ce qu'on peut appeler *classes*, c'est-à-dire unités organiques analogues à des nations et ayant une existence particulière, des catégories fondées sur de telles distinctions ? Est-ce que j'aurais le droit de dire sans commettre une absurdité que l'humanité est divisée en deux classes, celle des bruns et celle des blonds ? Evidemment non, Citoyens, et c'est là le sophisme initial de Marx : c'est que, ayant envisagé des distictions de fait basées sur des caractères ou des différences communes, il a élevé à la hauteur d'une unité organique *analogue aux nations*, ce qui n'est, à proprement parler, qu'une différenciation verbale...

J'entends, bien entendu, par différenciation verbale, non pas qu'il n'y a aucune différence *réelle* entre les hommes, qu'il n'y a pas d'inégalités — nous les proclamons réelles et mauvaises — mais je dis que cette différence est d'une autre nature que celle que Marx indique ; je dis qu'elle n'est pas une différence faisant de chaque catégorie une unité organique.

Et, en effet, que faudrait-il pour que la différence soit *réelle* et pour qu'il y ait vraiment des classes ? Il faudrait qu'il y ait entre les individus qui composent chaque classe un état juridique commun, il faudrait que l'homme qui est de la classe prolétarienne ne puisse pas en droit en sortir jamais ! (*Très bien! Très bien! Bravos!*) Or, citoyens, c'est l'essence et la définition même de l'œuvre républicaine et révolutionnaire que tout prolétaire a la possibilité, s'il le veut, de conquérir tous les grades et de s'élever à toutes les hauteurs. (*Nombreux applaudissements*). Je ne dis pas qu'en fait il le peut. (*Exclamations, ah! ah!*), de même que je ne dis pas qu'en fait je puisse soulever le poids que soulèvera l'hercule professionnel. Mais ceci est une question de pur fait, parce que rien dans notre législation ne parque dans une classe, dans une caste, comme un paria, un homme quelconque ! (*Vifs applaudissements*).

Et alors, dire il y a des *classes de droit*, c'est nier tout le programme révolutionnaire, c'est méconnaître tout ce que nous avons fait pour la liberté, pour le développement de la personne humaine. (*Vifs applaudissements*).

Au surplus, citoyens, laissons cela, admettons, si vous le voulez, qu'il y ait des classes, qu'il y ait des classes de droit, admettons, par exemple, que la partie gauche et la partie droite de cette assemblée constituent deux classes, étant chacune une unité organique... Eh bien, il y a encore autre chose, il faut franchir encore d'autres degrés pour aller jusqu'à la doctrine de Marx : il faut, en effet, poser maintenant ce postulat que ces deux classes sont entre elles en état de *guerre nécessaire*... De sorte que, pour aller jusqu'au bout, il nous faut accepter bien des choses..., car, voyons, en admettant ainsi qu'il y ait de telles classes, voulez-vous me dire pourquoi ces classes ne seraient composées que de fous criminels, préférant l'action directe, la guerre, la lutte, l'incendie, la violence, la tromperie, au système infiniment plus simple et plus humain qui consisterait à s'entendre, à faire des traités d'arbitrage, de conciliation? Pourquoi donc se jeter avec l'ardeur et l'âpreté des partisans de la lutte de classes dans cette affirmation que la guerre est nécessaire entre les classes ? Il faudrait, au moins, avoir quelque part une raison ; il y en aurait bien une en vertu de cette vieille maxime : *Homo homini lupus*, « l'homme est un loup pour l'homme ». Mais il me semble que la civilisation a suffisamment marché pour qu'on ait le droit de constituer la société sur une autre base.

En tout cas, une doctrine qui a comme principe la haine, qui a comme but l'excitation d'une classe à combattre l'autre, jusqu'à extermination, une doctrine comme celle-là n'est pas la nôtre, car nous ne sommes pas un parti de haines, nous sommes un parti de concorde, de conciliation et d'arbitrage ! (*Applaudissements prolongés*).

Telles sont les raisons pour lesquelles votre commission a trouvé que la théorie de la lutte de classes avait un premier défaut, c'est que les classes sociales entendues au sens marxiste comme des sociétés d'individus producteurs ou capitalistes ayant acquis les idées convenant à leur état et comme constituant des unités organiques analogues à des nations, n'existent pas dans la société actuelle.

Le second, c'est qu'en admettant même que ces classes existent, l'idée qu'elles sont en guerre nécessaire est un postulat arbitraire.

C'est pourquoi nous avons conclu que le dogme de Marx ne pouvait pas nous arrêter et que le chemin demeurait ouvert pour aller vers les réformes, sans crainte des anathèmes ni des railleries qui nous viennent en abondance du côté gauche de notre frontière.

Nous nous sommes souvenus aussi que si l'on admet le dogme de la lutte de classes, il faut admettre en même temps et nécessairement que, pour faire cette guerre à mort, les belligérants ont le droit de se servir de tous les moyens possibles ; or, parmi eux, est l'*action directe*, qui devient ainsi légitime : à côté de l'action parlementaire et des coups de fusil chargés de bulletins de vote, il y aura donc l'action dans la rue et les coups de fusil chargés de balles ; il y aura la grève générale, l'action révolutionnaire et toutes les *actions directes*, y compris celles des anarchistes, c'est-à-dire le vol, le pillage et l'incendie. Je reconnais que cela paraît excessif à beaucoup de marxistes, et il est certain, par exemple, que les guesdistes n'acceptent pas cela et ont débarqué Ravachol, mais vous trouverez dans notre rapport des citations de socialistes orthodoxes des plus autorisés qui disent : « C'est vrai, l'action directe est une

forme de la lutte de classes. » Et vous n'avez d'ailleurs plus besoin aujourd'hui de chercher les cita-
tios dans le rapport, vous n'avez qu'à ouvrir les journaux qui rendent compte du Congrès socialiste de
Saint-Denis ; lisez l'ordre du jour de la Fédération
socialiste de la Seine, ordre du jour modéré et transactionnel — on ne nous communique pas le premier
ordre du jour déposé (rires) — vous y voyez que le
moyen d'arriver au triomphe de la classe prolétarienne par la lutte de classes, c'est l'action parlementaire, bien entendu, mais c'est en même temps
l'action directe avec tout ce qui s'ensuit.

Eh bien, je dis qu'une doctrine — fût-elle juste —
qui conduirait par une déduction nécessaire à justifier l'action directe, est une doctrine qu'aucun républicain ne peut tolérer, parce que l'idée de l'action
directe, c'est-à-dire l'idée du coup de poing, du coup
de pied, l'action de la brute, l'acte de violence, c'est
la négation même de l'idée essentielle qui est à la
base de la Révolution française, car l'idée de justice est foulée aux pieds et annihilée par tout ce qui
est l'idée de violence. (Applaudissements prolongés).

Et tout ce qui se dit de la violence et de l'injustice
césariennes et réactionnaires peut et doit se dire aussi
de la violence et de l'injustice prolétarienne et nul
de nous ne peut apercevoir, dans des maux et des
crimes égaux, des raisons de distinguer. (Applaudissements).

Nous sommes le parti qui s'oppose à la haine, à
la violence, nous sommes le parti de ceux qui disent :
D'aucune réforme nous n'avons peur, aussi avancée
qu'elle soit. Aussi utopiques, aussi larges, aussi beaux
et aussi séduisants que soient les idées et les rêves
des collectivistes les plus audacieux, de ces idées et
de ces rêves nous n'avons pas peur ; il n'y a pas
d'ennemis à gauche.. (vifs applaudissements), mais
il y a quelque chose contre quoi, de tout notre cœur,
de toute notre conscience, nous nous élevons, c'est
la haine, c'est la violence, c'est la brutalité, parce
que, ce que nous voulons, c'est le règne de la loi
et le règne de la paix. (Applaudissements répétés et
prolongés ; vives acclamations).

A cause de cela, nous vous demanderons dans un
instant de voter les trois conclusions suivantes :

1° Que les classes sociales, entendues au sens
marxiste comme des sociétés d'individus producteurs

ou capitalistes, ayant acquis les idées convenant à leur état et comme constituant des unités organiques analogues à des nations, n'existent pas dans la société actuelle ;

2° Qu'en tous cas rien n'autorise à supposer qu'un état de guerre soit nécessaire entre les classes sociales ;

3° Que la théorie de la lutte de classes, qui est une erreur théorique, constitue en outre un danger pratique, parce que, si elle était vraie, elle conduirait à l'anarchie et à la propagande par le fait, tandis que sa négation achemine simplement à une doctrine de justice et de paix sociale.

Et puis, Citoyens, ce travail étant fait, lorsque à la Commission du Congrès notre ami Ferdinand Buisson est venu et avec infiniment de raison et de justesse nous a dit : Prenez garde, vous ferez une imprudence et vous ne développerez pas par un paragraphe supplémentaire l'idée contenue dans la troisième conclusion que la négation de la lutte de la classes conduit à une idée de justice et de paix, parce qu'on vous dira que vous avez une politique négative et que vous n'êtes, après tout, qu'un parti de satisfaits ; tout de suite votre commission qui déjà avait exprimé cette idée dans son rapport a appuyé l'addition Buisson.

Nous nous sommes rendu compte qu'en effet, il y avait là un danger, et qu'autant nous sommes partisans des conclusions que je viens de vous lire, autant nous sommes les premiers à constater l'existence d'inégalités et nous cherchons les moyens pacifiques d'y remédier. Nous allons donc vous demander d'approuver la déclaration suivante :

« D'autre part, le Congrès estime que les inégalités et les injustices sociales provenant, soit des hasards de la naissance ou de l'éducation, soit de l'évolution économique elle-même, doivent être progressivement diminuées et supprimées par la constante amélioration matérielle et morale du sort du travailleur, par le développement intégral d'une éducation scientifique et technique généralisée, par l'accession facilitée de tous à la propriété, par la suppression du salariat, et son remplacement par des formes d'association du capital et du travail telles que coopération, participation aux bénéfices, etc., transformant le salarié en associé. » (Vifs applaudissements.)

Citoyens, il y a encore un paragraphe 5 à ajouter d'après le désir de la commission, aux quatre que je viens de vous lire sur la lutte de classes ; ce serait le suivant : « *Le Congrès invite le Comité Exécutif à préparer une brochure de propagande, opposant succinctement et clairement la doctrine de paix et de conciliation du Parti Radical-Socialiste à la théorie de guerre et de catastrophe des marxistes révolutionnaires.* » (Applaudissements prolongés et unanimes.)

LA PROPRIETE

Citoyens, ayant ainsi tracé, si j'ose dire, nos limites de gauche d'une façon aussi claire que nous l'avons pu, j'aborde la deuxième question qui est à mon sens nécessaire pour bien poser notre parti et son programme sur leur véritable terrain.

C'est, qu'en effet, il n'y a pas seulement en face de nous des partisans de l'action directe qui disent : « Il ne faut pas de réformes, il faut la bataille quotidienne et la catastrophe finale » ; il y a aussi des gens beaucoup plus modérés d'allure et beaucoup plus patients de formes qui nous disent : « Mais vous, Radicaux-Socialistes, vous n'êtes que des collectivistes honteux; c'est, qu'en effet, vous êtes partisans de la nationalisation des monopoles, de limitations à apporter au droit de propriété ; or, quand on est engagé sur cette pente glissante que vous avez savonnée vous-mêmes, on peut descendre jusqu'au bout, et il n'y a pas de raisons logiques pour que vos concessions vis-à-vis des collectivistes ne vous conduisent pas jusqu'à l'abandon total de la propriété elle-même. »

Ceux qui tiennent ce langage suivent la doctrine de M. Leroy-Beaulieu et estiment que la propriété individuelle est une arche précieuse et sainte qui doit rester intangible et n'être jamais entamée par aucune législation.

D'autre part, et en face de ceux-là, il y a des collectivistes non révolutionnaires qui nous disent : « Vous aurez beau faire, vous, Radicaux-Socialistes, vous avez beau dire que vous voulez les réformes, vos réformes ne sont pas sérieuses et elles ne valent rien parce que tant que vous aurez gardé par devers vous la vieille idée du respect de la propriété individuelle vous ne ferez rien ; car la propriété individuelle est une source d'injustices, une racine de guerre, et tant

que vous ne l'aurez pas extirpée, nous vous défions
de mener à bien des réformes sérieuses.

De sorte que nous voilà pris entre deux feux, traités
de révolutionnaires par les uns, de réactionnaires par
les autres.

Cela peut signifier peut-être que nous sommes dans
un juste milieu (*Très bien !*) encore faudrait-il cependant prendre la peine de justifier notre attitude et établir par des arguments notre doctrine de la propriété.

C'est ce travail, citoyens, que votre commission
a entrepris de faire; elle ne s'est pas dissimulée que
cette recherche sortait un peu du cadre habituel de
nos études et que nous allions être obligés de vous
apporter quelques considérations qui seraient plus à
leur place dans un Congrès philosophique que dans
un Congrès politique. Mais je fais appel à votre
indulgence et vous demande de réfléchir, on ne fait
pas de bonne politique sans idées générales (*Approbations unanimes*) et si vous ne vous astreignez pas
à une peu de métaphysique doctrinale, vous con-
tinuerez à encourir le reproche d'être des gens qui
n'avez pas de doctrines, tandis que ceux qui chemi-
nent dans les chemins obscurs de l'hégélianisme marxiste s'en vont parcourant le pays, envoyant dans
toute la France les *missi dominici* de la Confédération
Générale du Travail prêcher au paysan et à l'ouvrier
la religion nouvelle d'autant plus belle qu'elle est plus
enveloppée et plus voilée.

Faisons donc, citoyens, si vous le voulez, trois
minutes de métaphysique doctrinale.

Vous avez tous réfléchi à cette idée de propriété
Vous vous souvenez de cette notion de la propriété
absolue des temps romains, celle contre laquelle rien
ne prévaut que la seule volonté du propriétaire et
vous vous êtes demandé maintes fois comment elle
se justifiait. Ce sont les philosophes de l'école de Victor Cousin, les métaphysiciens spiritualistes qui ont
le mieux justifié cette propriété absolue... Ils ont fait
le raisonnement suivant : « Supposons que je sois
sculpteur, que je prenne l'argile sans valeur et que
par mon effort, par mon talent, par mon génie, j'arrive à informer dans cette masse la pensée, le rêve de
beauté qui a hanté mon imagination. J'ai fait une
statue merveilleuse avec un morceau de boue, or,
qu'est-ce que cette statue? C'est l'empreinte de mon
travail, de mon effort, de ma volonté. Mais, qu'est-ce

que ma volonté sinon ma personne même et ce qu'il
y a de plus sacré dans le monde, puisque nous avons
l'habitude de considérer la personne humaine comme
une fin en soi? C'est pourquoi Victor Cousin dit : « La
statue est la propriété du sculpteur puisque l'on
prouve que cette statue c'est le sculpteur lui-même,
manifesté, extériorisé par son travail ; cette statue est
véritablement l'empreinte de la personne humaine. »

Ainsi se justifie la propriété mobilière. Cette explication est satisfaisante pour les objets manuten-
tionnés.

En ce qui concerne l'occupation du sol, on la déve-
loppe un peu ; on dit : « Il n'y a point de terrain
qui ait une valeur s'il n'y a pas eu un travail d'occupation ; le laboureur qui rend le champ fertile le fer-
tilise avec son effort; l'ingénieur qui capte une chute
d'eau la rend utile en la canalisant ».

Il y a donc toujours un effort d'appropriation qui
justifie la propriété immobilière au même titre que la
propriété mobilière. On a donc le droit de dire que la
maxime qui dit que la propriété est identique au pro
priétaire s'applique aussi bien à la propriété immobilière qu'à la propriété mobilière.

Telle est la théorie. Or, citoyens, il suffit de la
considérer un instant pour apercevoir que les économistes de l'école de Leroy-Beaulieu ont tiré des pré-
misses du raisonnement des conséquences qui n'y
étaient nullement incluses.

En effet, moi, dernier venu dans une société où tout
est occupé, où je n'ai plus droit à rien, je me tourne
maintenant vers le sculpteur de tout à l'heure, et je
lui dis : « Sculpteur, garde ta fortune, mais rends-moi
un peu de l'argile ou du marbre dont tu as fait ta
statue afin qu'à mon tour j'informe cette argile que
tu n'as pas créée. »

Or, le sculpteur ne peut rien me répondre, en vertu
de la théorie de Victor Cousin;mais s'il me rend l'argile ou le marbre, il ne lui restera que son rêve.

J'ai aussi le droit de dire aux partisans de la propriété absolue : « Prenez garde parce que si je vais
au fond de votre raisonnement, il n'y aura, comme
propriété pour l'artiste, pour le travailleur, que son
rêve, et il n'y aura comme propriété, pour la société,
que la poussière informe dont on n'aura rien fait,
dont on ne fera rien. (Vifs applaudissements.)

Alors, Citoyens, c'est l'histoire de l'aveugle et du

paralytique ; séparés, ils ne peuvent rien, il faut qu'ils s'associent, pour que l'un porte l'autre. C'est ainsi à une véritable convention ou contrat social que l'idée de propriété collective aboutit nécessairement, parce que les autres hommes reconnaissent par convention tacite à celui qui s'est emparé d'une portion de matière et qui l'a informée en y mettant de sa volonté et son effort, une propriété privative. On dit à celui-là : « Tu garderas ton ouvrage et la matière, mais, en échange, tu nous permettras d'en jouir d'une certaine façon, tu accepteras certaines limitations. » Et, ainsi cette même théorie qui justifie la propriété individuelle, j'ai le droit de dire qu'elle la limite, et on ne peut pas concevoir la propriété individuelle sans en concevoir en même temps les limites et les bornes. *(Applaudissements répétés).*

Citoyens, votre commission a réfléchi à ces choses, et il nous est apparu que la propriété pouvait revêtir trois formes : la première, c'est la propriété véritablement issue du travail ; le champ du laboureur, l'étau de l'artisan, l'instrument de travail ou le produit du travail. Celle-là est entièrement, absolument justifiée ; c'est la propriété individuelle à laquelle nous estimons qu'on ne peut pas toucher. Nous ne sommes pas comme les Socialistes qui s'en vont dans les campagnes en mettant à leur programme quelques rallonges ou en le modifiant suivant l'auditoire, promettant de respecter la propriété individuelle paysanne, mais n'acceptant pas le maintien de la propriété individuelle en général. Nous disons, nous : « Philosophiquement, toute propriété issue du travail est respectable comme la personne humaine dont elle est le prolongement. *(Applaudissements nourris.)*

A côté de cette propriété nous en trouvons un autre ordre dans lequel l'effort individuel apparaît moins évident ; c'est par exemple, la propriété de celui qui a un vaste domaine, et au travers duquel, un jour, il faudra faire passer un chemin de fer. Nous disons alors à celui-là : « Ta propriété est bien justifiée jusqu'à un certain point par ton effort, mais ton effort ne l'a pas créée ; tu n'es pas le Dieu catholique, tu n'as pas fait quelque chose *ex nihilo*, en soufflant dessus. Nous t'imposons donc la loi de 1884 sur l'expropriation avec une juste indemnité, noûs t'imposons la loi sur les chemins vicinaux, tu n'auras pas le droit non plus de couper ta récolte en vert ni d'incendier toi-même ta

maison, et nous t'imposons les innombrables limita-
tations au droit de propriété qui sont insérées dans
nos lois. »

Et nous nous apercevons, d'ailleurs, que toutes les
limitations utiles ne sont pas dans nos lois, car l'idée
révolutionnaire de l'extension de la propriété individuelle a amené certains abus que nous n'oublions pas;
nous voyons aussi, dans certains départements, les
latifundia prendre des proportions exagérées ; certains grands seigneurs acheter de grandes terres, y
détruisant toute culture pour en faire des terrains de
chasse. Eh bien ! à ceux-là, nous dirons peut-être
bientôt : « Pardon, la société ne vous permet pas cela
et autant nous respectons la propriété issue du travail
autant nous ne voulons pas laisser indéfiniment s'accroître celle qui n'est pas dans cette condition. »

En faisant cela nous aurons, d'ailleurs, un précédent inattendu à leur citer:nous leur rappellerons que
la nation chinoise interdit de laisser des terrains
incultes, et il y aura peut-être là un procédé dont
notre pays de France aura   intérêt à se souvenir.
(Rires et applaudissements).

Citoyens, il y a au-dessus de cette propriété, une
autre nature encore de dominium :   celle-là, vous
l'avez déjà jugée, condamnée dans vos Congrès précédents, mais jusqu'ici je n'ai pas entendu qu'on ait
encore justifié philosophiquement cette condamnation,
et c'est cependant bien important, parce que c'est cette
justification qui nous permettrait   d'éviter les deux
reproches antagonistes dont je vous parlais tout à
l'heure, et de marquer nettement et scientifiquement
nos positions.

Cette propriété, que certains économistes appellent
propriété à forme capitaliste, est celle qui est entièrement séparée du travail personnel et par son origine
et par son entretien, c'est la propriété qui naît du travail des autres, qui est entretenue et accrue par le
travail des autres, c'est la propriété, par exemple de
celui où de ceux qui détiennent un monopole de raffi
nerie ou de pétrole.

Cette propriété là, justement parcequ'elle est entiè-
ment détachée de sa racine de vie, il n'y a plus
aucune raison pour que la collectivité ne reprenne
pas tous ses droits sur elle et pour qu'on ne la socia-
lise pas. *(Vifs applaudissements).*

Voici donc, en une même formule, comme trois

branches formant une même gerbe, les trois parties essentielles de notre programme. Nous vous demandons de voter en toute connaissance de cause ces trois affirmations, savoir :

1° *La propriété individuelle proprement dite, issue du travail, entretenue par le travail, doit être maintenue comme une chose sacrée pour nous.* (Vifs applaudissements.)

2° *Mais la propriété individuelle doit céder le pas à l'intérêt général lorsque l'intérêt du propriétaire se trouve en contradiction manifeste avec l'intérêt de la société ;*

3° *Enfin, « si pour la constitution ou pour la conservation d'une propriété industrielle, tout travail et tout effort du propriétaire ont cessé d'exister, si cette propriété est le monopole accaparé par un seul, de richesses entièrement créées par la société ou par des tiers, cette propriété dite capitalistique, peut et doit être reprise par la collectivité. »* (Applaudissements nombreux.)

Cet ensemble de conclusions nous séparant d'une façon très nette des anarchistes et des partisans de l'action directe, nous sépare d'une façon non moins absolue des partisans de la propriété illimitée. Nous plaçant sur notre véritable terrain de parti de justice et de réformes, nous sommes partisans de la propriété individuelle, nous la défendons, mais en même temps nous nous élevons avec une énergie constante contre les abus de cette propriété.

Si vous voulez bien donner aux conclusions que je viens de relire l'appui et la consécration solennelle de votre vote, vous ferez une œuvre utile pour la propagande de notre Parti ; il ne sera plus permis, en effet, à personne, de dire que nous n'avons pas de doctrine proprement dite (*Très bien*) ; nous aurons montré que, nous aussi, nous savons suspendre les formules pratiques des réalisations auxquelles nous tenons à ces racines mystérieuses de la métaphysique et de la raison qui plongent parfois dans l'inconnu, mais qui sont en même temps si élevées, si hautes au-dessus de l'humanité, qu'elles seules sont capables de donner à un parti, à une nation, de véritables directions.

(*Salves répétées d'applaudissements*).

(*L'orateur est vivement et longuement acclamé par*

toute l'assistance. On crie : L'affichage ! l'affichage ! l'impression !)

(M. Chauvin est entouré et chaudement félicité.)

Le président met l'impression du discours de M. Chauvin aux voix.

(Cette proposition est adoptée à l'unanimité et par acclamations.)

Le Président met aux voix les conclusions de la Commission.

(Adoptées à l'unanimité.)

NOMINATION DE LA COMMISSION DE LA DECLARATION DU PARTI

Le citoyen Camille Pelletan propose de constituer la commission de la déclaration du parti.

Sont nommés membres de cette commission :

Les citoyens Camille Pelletan, Delpech, Ranson, Herriot, général Godart, Dalimier, Corneau, Ferdinand Buisson, J. L. Bonnet, Henri Michel, Debierre, Maurice Sarraut, Bouffandeau, J.-B. Morin, Lafferre, Lagasse, Strauss, Bourceret, Schmidt, Burot, Puech, Chazot, Ch. Dumont, Emile Chauvin Henri, Bérenger Péchadre, Virot, Richard, Desvaux, Estier, Bernardin Georges Robert, René Renoult, Couyba, Général André, Aimé, Jossot, Chérioux, Delpech (d'Agen).

L'assemblée décide une suspension de séance d'une demi-heure.)

La séance suspendue à 5 heures 10 est reprise à 5 heures 40.

LES REFORMES SOCIALES

(Suite de la discussion)

Rapport de M. Pic

Le citoyen Pic, rapporteur. — Je voudrais vous laisser sous l'impression du discours que vous venez d'entendre, mais il est de mon devoir de vous faire connaître la suite des décisions prises par votre commission des réformes sociales. La Chambre est actuellement saisie d'un projet de loi relatif au travail des adultes. La question a été rapportée par M. Justin Godart, député du Rhône ; la discussion générale a même été ouverte. Il serait très désirable que cette discussion fût reprise et solutionnée. Le principe essentiel est la consécration de la journée de 10 heures réclamée par l'ensemble des organisations ouvrières et admise par un grand nombre d'organisations patronales. Le temps nous a manqué pour étudier la réglementation dans le commerce, qui fait cependant l'objet d'un certain nombre de dispositions inscrites dans le projet, ainsi que la question du travail à domicile, question qui, du reste, vient d'être étudiée à fond à l'Association internationale pour la protection légale des travailleurs dans son Congrès de Lucerne. Nous avons dû limiter notre examen à la réglementation du travail dans l'industrie.

A l'unanimité, moins une voix, la commission s'est prononcée en faveur de la réglementation et de la limitation de la durée du travail des hommes adultes dans l'industrie. Elle s'est arrêtée, en conséquence, à la rédaction suivante, dont elle vous propose l'adoption :

Le Congrès émet le vœu que la Chambre reprenne à bref délai la discussion du projet de loi sur la réglementation du travail, dont il approuve le principe, notamment en ce qui concerne la réduction à dix heures, sous réserve des dérogations nécessaires, de la journée de travail des adultes dans l'industrie.

Telle est, citoyens, la formule que nous vous proposons ; il s'agit de consacrer l'œuvre de la commission du travail de la Chambre et de faire voter une loi attendue par la classe ouvrière. (*Applaudissements*).

(*Ce vœu est adopté à l'unanimité*).

Le citoyen Pic. — La commission des réformes sociales a terminé son œuvre par l'étude de l'un des plus graves problèmes actuellement soumis au Parlement, je veux parler des Retraites ouvrières. Le Parti Républicain estime que c'est par l'assuranc obligatoire seule que cette question des retraites peut être solutionnée. Il faut activer les travaux du Sénat, saisi depuis plus de deux ans du texte voté par la Chambre, pour nous donner enfin une réforme depuis longtemps attendue et réalisée déjà dans d'autres pays. Voici le vœu que nous vous proposons :

Le Congrès émet le vœu que le Sénat, saisi de la question des retraites ouvrières, admette le principe de l'assurance obligatoire, principe adopté par la grande majorité de la Chambre et en dehors duquel la masse des salariés ne saurait bénéficier de la réforme ;

Que le Gouvernement use de toute son influence pour activer les travaux de la commission sénatoriale, et obtenir le vote de la loi avant la fin de la législature ;

Invite les sénateurs adhérents au Parti à faire le nécessaire pour que la majorité républicaine du Sénat comprenne enfin son devoir et leur rappelle que l'échec de la loi des retraites serait une véritable faillite morale pour le Parti républicain. (*Ce vœu est adopté à l'unanimité.*)

Le citoyen Pic. — Nous avons eu à examiner aussi quelques vœux soumis par un certain nombre d'organisations. Beaucoup d'entre eux ont été purement et simplement renvoyés à l'examen du Comité Exécutif. Je ne suppose pas que vous désiriez que je vous en donne la lecture. (*Non! non !*). Je ne vais donc vous indiquer que ceux qui ont été admis. Le premier concernant les habitations à bon marché a été présenté par une des organisations du premier arrondissement de Lyon. Nous en avons quelque peu modifié la formule primitive, et voici, après discussion, la formule à laquelle nous nous sommes arrêtés :

Le Congrès émet le vœu que la loi de 1906 sur les habitations à bon marché soit amendée en vue d'autoriser *formellement* les municipalités à construire en régie des logements ouvriers, faculté légale aujourd'hui reconnue expressément aux villes anglaises, allemandes ou italiennes, et de faciliter la constitution et le fonctionnement des sociétés coopératives de construction ou de crédit.

Je tiens à vous faire remarquer que la loi de 1906 sur les habitations à bon marché ne reconnaît pas formellement aux municipalités le droit d'édifier des constructions en régie. Il nous semble qu'il y aurait lieu de combler cette lacune regrettable de la loi de 1906 et d'inviter le législateur à concéder *expressément* aux villes françaises un droit reconnu d'ores et déjà aux villes étrangères, notamment aux villes anglaises, italiennes, allemandes. Tel est l'esprit du vœu que nous vous proposons.

Le citoyen Marceau. — La question qui vient d'être soulevée a été ce matin envisagée à la commission des réformes judiciaires. Demain nous entendrons à ce sujet le rapport de M. Herriot, maire de Lyon. Je demande que cette question soit réservée jusqu'à demain.

Le citoyen Pic. — J'ignorais ce fait. Mais sur le fond, nous sommes, M. Herriot et moi, absolument d'accord.

Le président. — Le rapporteur ne s'oppose pas au renvoi ? La question est renvoyée à demain.

Le citoyen Pic lit ensuite les trois vœux suivants présentés par M. Jacquin au nom du Comité de l'Union des Comité Radicaux et Radicaux-Socialistes du troisième arrondissement de Lyon : :

1º Vœu en faveur du droit, pour les employés de chemin de fer, de cumuler, en cas d'accident du travail, la pension d'invalidité avec la retraite proportionnelle d'ancienneté de services.

2º Vœu en faveur de l'adoption à bref délai du projet de loi Berteaux.

3º Vœu en faveur de l'application de la loi du repos hebdomadaire aux employés de chemin de fer, sous réserve des dérogations nécessaires.

(Ces vœux, ainsi que les conclusions du rapport de M. Pic sont adoptés à l'unanimité.)

Le président. — L'ordre du jour appelle la discussion des questions d'enseignement. Le président et le rapporteur de cette commission sont occupés à la déclaration du Parti. Nous discuterons donc cette question à la séance de demain matin. *(Approbations).*

La séance est levée à 6 heures.

TROISIEME SEANCE

Samedi matin, 10 octobre

La séance est ouverte à 9 heures par M. Jossot qui invite l'assemblée à nommer son Bureau.

Le Bureau est ainsi constitué :

Président : M. Jean Bourrat, député des Pyrénées-Orientales.

Vice-Présidents : MM. G. Poulle, sénateur de la Vienne ; Rigal, député du Cantal ; Bouffandeau, député de l'Oise ; Féron, député de la Seine ; Trouin, député d'Oran ; J.-L. Bonnet, président de la Fédération radicale et radicale-socialiste de la Seine ; Grué (Var) ; Lucien Le Foyer (Seine) ; Bourceret (Landes) ; Mousson (Côte-d'Or) ; Romani (Pyrénées-Orientales) ; Fabiani (Corse).

Secrétaires : MM. Dollat (Aube) ; Rocca (Bouches-du-Rhône) ; Berrehar (Finistère) ; Quéroy (Ille-et-Vilaine) ; Hayem (Nord) ; G. Coulon (Nièvre) ; Lemoine-Rivière (Seine-et-Oise) ; Strauss (Alpes-Maritimes) ; Castel (Aude) ; Hagen (Var).

Le citoyen J. Bourrat, prenant la présidence, prononce le discours suivant :

Citoyens,

Au nom du bureau tout entier, je vous remercie de l'honneur que vous nous avez fait en nous appelant à diriger vos débats au cours de cette séance.

Lors des élections générales de 1906, le Parti Républicain a été unanime à se réjouir des succès qu'il avait remportés.

Ce succès était dû à une politique de non-compromission avec les adversaires de la République et d'union avec ceux qui luttaient pour le triomphe de la Démocratie.

Mais depuis lors nous assistons à un spectacle sur lequel il convient d'attirer l'attention des vrais et des sincères républicains.

Notre vénéré président Delpech nous disait hier : Avec Jossot nous protestons contre tous ceux qui oseraient aujourd'hui s'emparer de la République, ela diriger, s'imposer à nous sous un masque républicain, dissimulant mal leur tempérament imbus des idées réactionnaires, tandis que nous qui tenons au Parti Radical et Radical-Socialiste, nous avons toujours manifesté notre horreur des équivoques,

des faux semblants, des hypocrisies. Il est exact
et la chose a été constatée non seulement dans ce
département, mais dans d'autres départements de
la France, que c'est là la tactique nouvelle des Partis Réactionnaires employée par eux aujourd'hui
pour essayer de rentrer en vainqueur dans les
assemblées publiques d'où ils ont été chassés par le
suffrage universel. » (Applaudissements).

Il faut y prendre garde !

Ne considérons pas seulement dans les candidats
les épithètes qu'ils arborent. Examinons leur attitude
passée et surtout l'attitude qu'ont envers eux les
ennemis du régime républicain. (Applaudissements).

Toutes les fois que les conservateurs, les partisans
de l'action libérale, les faux républicains portent leurs
efforts pour faire élire tel ou tel candidat soi-disant
républicain, notre devoir, citoyens, est tout tracé,
prenons garde !

Nous n'avons rompu qu'avec les anarchistes d'extrême gauche qui préconisent la grève générale et
renient l'idée de Patrie.

Ceux-là sont les pires réactionnaires ; et, en votant
avec la droite, ils ont laissé absolument intacte notre
devise : « Pas d'ennemis à gauche, pas de compromission avec la droite ». (Applaudissements).

Les socialistes réellement soucieux des intérêts de
la Démocratie savent que seule la République peut
réaliser les réformes qui donneront aux humbles plus
de bien-être et de justice sociale.

Mais le Parti Radical et Radical-Socialiste a aussi à
distinguer ses amis sincères de ceux qui veulent le
trahir.

Hier vous avez exclu deux délégués qui avaient pactisé avec la réaction.

Cet exemple était nécessaire .

Il faut que notre discipline soit sévère. Il convient
d'autant plus qu'elle le soit que bientôt nos ennemis,
sous des masques hypocrites, auraient envahi la forteresse républicaine et qu'ils nous diraient « la maison est à nous, c'est à vous d'en sortir ».

Il faut aussi que le Parti Radical et Radical-Socialiste défende les fonctionnaires républicains contre
les attaques dont ils sont l'objet à cause de leur
dévouement à la République. (Vifs applaudissements).

C'est en restant fidèles à cette doctrine que nous
rendrons la République plus forte, plus prospère et

que le Parti Radical et Radical-Socialiste restera
l'expression la plus exacte de la Démocratie. (*Applaudissements prolongés*).

Le Président donne la parole à M. *Fabiani* qui
propose au Congrès de voter le vœu suivant :

Le Congrès, ému par la situation administrative, judiciaire et économique du département de la Corse, espère
que la réorganisation de ce pays sera menée rapidement
et avec le plus grand esprit de justice ;
Au point de vue judiciaire, il invite les pouvoirs publics
à ne nommer aux sièges suprêmes de la Cour d'Appel que
des magistrats absolument indépendants et entièrement
étrangers aux querelles intestines du pays.
(*Ce vœu est adopté à l'unanimité.*)

RAPPORTS DE LA COMMISSION
D'ENSEIGNEMENT ET DEFENSE LAIQUE

*Le citoyen Gérard-Varet, délégué de la Côte-d'Or,
président de la Commission.* — Citoyens, c'est au
nom de la Commission de l'Enseignement que je viens
très brièvement, avant de laisser la parole aux différents rapporteurs, vous indiquer les différents vœux
que nous aurons à vous proposer.

Ces vœux peuvent se ramener à trois types. Il y
en a qui affectent un caractère politique ; d'autres,
un caractère économique ; d'autres, enfin, un caractère d'une portée plus générale et sociale, et ainsi
ils réalisent l'idéal et le programme du Parti Républicain.

Les vœux de la première catégorie sont des vœux,
non pas de création, mais de défense et de protection autour de l'école laïque menacée. On a cru pouvoir dire qu'il n'y avait plus de réaction, qu'il n'y
avait plus de péril de ce côté-là et, cependant, il
faut croire qu'il y a encore quelque chose puisque le
gouvernement présente un projet de loi en vue de
défendre l'école laïque. Ces mesures, dont notre collègue et ami Gustave Hubbard donnera le détail,
visent la croisade entreprise depuis quelques mois
sous la forme d'associations de pères de familles et
les mandements des évêques qui ont eu le retentissement que vous savez.

D'autres vœux ont un caractère économique, par
là même d'organisation ou de réorganisation, c'est-à-
dire de création. La République de 1880 a institué l'é-

cole primaire, l'école de l'enfant ; il s'agit maintenant
de créer l'école de l'adolescence prolétarienne. Tout
le monde sait qu'entre la sortie de l'école primaire,
beaucoup trop hâtive à notre gré, et l'entrée au ré-
giment, sous l'empire de certaines circonstances, la
classe prolétarienne se trouve exposée à tous les
périls, à toutes les tentations de la rue ; en même
temps, la crise de l'apprentissage met en question
notre prospérité économique. C'est par un même ensemble de mesures, liées les unes aux autres, que le
Parti Radical se propose d'organiser un vaste système d'enseignement principalement d'enseignement
professionnel, qui aurait pour objet de protéger l'adolescence contre le vice, contre la misère, et d'augmenter en elle la puissance future de production économique. (*Vifs applaudissements*).

Une autre catégorie de vœux vise un but plus général d'organisation ou de réorganisation sociale. Vous
savez qu'il y a entre l'enseignement primaire et l'enseignement secondaire des différences essentielles
dans le mode de recrutement. Au Congrès de Lille un
de nos amis, M. Herriot, avait fait adopter un vœu
tendant à instituer un autre recrutement à la place
d'un enseignement de classe, celui que nous
avons actuellement. C'est en vue de cette coordina-
tion, jusqu'à présent ébauchée, que votre Commission
d'Enseignement a été saisie de divers vœux dont
vous aurez tout à l'heure la formule.

S'il y a, dans certains milieux, dans la grande
industrie, par exemple, des phénomènes indiscuta-
bles de luttes de classe, au lieu d'aggraver le mal
par une méthode de renforcement, de le cultiver, de
le nourrir bien loin de l'apaiser et de le résoudre au
lieu de semer dans la sérénité de son cabinet
la colère et la haine, au lieu de cette méthode, dis-je,
nous conseillons de pratiquer une méthode de paix
et d'union : il serait par trop étrange que la paix,
jugée seule féconde entre les peuples, fût à l'intérieur de chaque peuple frappée de stérilité. (*Vifs applaudissements*).

Rapport de M. G. Hubbard

Le citoyen Gustave Hubbard, rapporteur de la Commission. — Au nom de l'unanimité de votre Commission de l'Enseignement je viens, citoyens, vous

apporter les vœux et résolutions qui avaient été
également adoptés à l'unanimité par le Comité Exécutif, et ces vœux, nous l'espérons bien, ne rencôn-
treront pas un seul adversaire. Il ne peut pas y avoir
de divisions sur la question de l'enseignement, non
seulement dans le Parti Radical, mais même, nous
pouvons le dire et cela est utile en ce moment, dans
l'ensemble du Parti républicain, aussi bien sur notre
gauche que sur notre droite ; il importe sur ces sujets de s'unir de la façon la plus étroite ; cette union
nous a procuré de telles victoires dans le passé qu'il
est indispensable de reformer autour de l'enseignement laïque ce véritable bloc réunissant toutes les
forces loyalement républicaines du pays. Les décisions que nous vous demandons de prendre se réfè-
rent à la campagne nouvelle des cléricaux en face
de laquelle nous nous trouvons ; cette offensive de
l'Eglise donne un cruel démenti à ceux de nos amis
imprudents qui ont pensé que le vote de la loi de
séparation des Eglises et de l'Etat mettait fin à ce
qu'on appelle la politique anticléricale. Ne se trou-
vait-il pas, en effet, des républicains qui disaient
Le moment est venu de ne plus s'occuper de cette
question anticléricale. Mais nos adversaires se char-
gent de montrer l'erreur dans laquelle nous tombe-
rions si nous suivions ce conseil de défaillance et
de désintéressement. Vous savez quelle est la situation de l'enseignement laïque à l'heure actuelle.
L'Eglise catholique romaine a commis, sous l'impul-
sion du Pape, une faute heureuse pour nous, cruelle
pour elle, en repoussant les associations cultuelles
que la loi de Séparation lui avait accordées. Elle
aurait pu organiser un réseau redoutable au profit
de son influence sur le pays.   -

L'Eglise romaine, en France, a compris la faute
commise ; elle essaie de la réparer, elle tente de
remplacer les associations cultuelles de la loi Briand
par de véritables « cultuelles scolaires ». Dans chaque commune, les évêques vont constituer, en face
de l'école, un groupe de pères de famille, un groupe
de marguilliers laïcs, sous la direction directe du
curé et sous la haute direction épiscopale. C'est en
face de cette manœuvre que là, autour des écoles,
dans les communes, il y a un premier champ de
bataille sur lequel nos amis doivent lutter dès demain.
Il y en aura d'autres ; ils sont déjà choisis par

l'Eglise ; elle se servira des cultuelles scolaires pour aller d'abord à l'assaut de l'école, puis aux élections municipales et aux élections législatives, enlever les mandats politiques. Heureusement que ce premier champ de bataille, l'école, est cher à tous les cœurs des pères et des mères de famille républicains, et que nous n'aurons pas de peine pour les intéresser à la lutte.

Ainsi, cette immense armée de l'Eglise romaine, avec tous ses cadres ecclésiastiques, avec les cultuelles scolaires qu'elle va former, va soulever toute une série de difficultés d'autant plus grave que ce seront des problèmes moraux en matière spirituelle, de véritables conflits d'influence de doctrines qui demanderont à être examinés avec attention si l'on veut sauvegarder la laïcité de l'enseignement.

Nous ne pouvions pas rester inertes et inattentifs en face d'une pareille campagne ; le gouvernement l'a compris et il a déposé deux projets de loi pour la défense de la laïcité et la défense des instituteurs.

Il s'agit d'abord du personnel des instituteurs. Vous savez que l'on essaie d'exciter les instituteurs contre le Parti Radical en prétendant que ce dernier ne saura pas les défendre. Parfois les socialistes révolutionnaires prétendent qu'ils peuvent seuls intervenir, armés de l'esprit syndicaliste, pour la défense des maîtres. Il faut protéger les maîtres contre les traquenards des cléricaux. Nous avons assisté dans ce département même de la Côte-d'Or, aux environs de Paris, à Issy-les-Moulineaux, à ces manœuvres, nous avons vu naître des campagnes mensongères contre de malheureux instituteurs pour quelques paroles tenues à l'école et même hors de la classe.

Le gouvernement a senti qu'il était alors nécessaire de définir et de préciser la procédure grâce à laquelle les pères de famille pourraient, d'une part, surveiller l'enseignement, et, d'autre part, qu'il est indispensable de mettre les instituteurs à l'abri de poursuites purement vexatoires. Il faut également assurer aux livres de classe le caractère républicain et scientifique qu'ils doivent avoir. Tels sont les objectifs des deux projets soumis à la Chambre ; ces projets sont indispensables dans l'état de choses actuel, et il faut en assurer le vote dans le plus bref délai possible.

En ce qui concerne l'intervention des pères de

5

famille pour surveiller l'école, il est inexact de prétendre que le Parti Républicain ne veut pas de la collaboration des pères de famille avec l'école ; les pères de famille républicains ont tout autant d'intérêt que les réactionnaires à surveiller l'école. Il y a des écoles où de vieux instituteurs particulièrement reprennent le catéchisme pour l'introduire, avec l'autorité qu'ils ont comme maîtres d'école de la République, dans le cœur des enfants. (*Vifs applaudissements*). L'énergie des groupes de pères de famille, que nous souhaitons de voir se former, pourra s'exercer afin d'encourager les républicains à maintenir les cléricaux dans le respect de la laïcité.

Voici le vœu que nous vous proposons :

Le Congrès résolu à assurer la défense de la laïcité de l'enseignement et la protection des membres de l'Enseignement contre les menaces formulées dans la déclaration des évêques du 20 septembre 1908, invite instamment les pouvoirs publics à adopter dans le plus bref délai possible les projets de loi déposés par le Gouvernement et rapportés par le député Dessoye au nom de la Commission de l'Enseignement

Il y a là, citoyens, une indication que nous avons à donner et qui ne peut soulever de grandes discussions. Nous verrons se reformer ainsi la majorité républicaine qui a vaincu la réaction et le nationalisme ; le Parti Républicain doit retrouver l'admirable élan qu'il a eu dans les crises passées et aborder, dans un esprit d'union, la solution des questions de l'enseignement. Nous devons donner l'exemple de l'armée républicaine serrée autour de l'idée laïque qui nous anime tous, autour des principes de la libre pensée se dressant face à face des soi-disant mystères révélés. Dans nos écoles, en dehors de toute démonstration religieuse, nous pouvons donner une base solide aux conceptions morales nécessaires qui doivent guider la conduite privée et publique des hommes, cette idée rallie tous les républicains, depuis les révolutionnaires jusqu'à certains conservateurs sociaux, parfois attardés dans la défense de leurs intérêts matériels ; car si les intérêts économiques peuvent diviser certains républicains, ils se retrouvent d'accord pour sauvegarder la pensée libre, l'indépendance des consciences et empêcher le retour de ces gouvernements qui se livrent à l'influence de l'Eglise.

La Commission d'Enseignement a été saisie sur ces projets par des vœux des Fédérations Républicaines, Radicales et Radicale-Socialistes de Versailles, de Lyon, de l'Amicale des Instituteurs de la Sarthe et n'a pas eu de doute non seulement sur le sentiment de nos amis, mais même sur celui des partis démocratiques qui luttent à côté de nous.

Un de nos amis de la Creuse a demandé d'ajouter au texte du Comité Exécutif un second texte que nous vous apportons aussi; il a pour but de faire appel, à côté de l'initiative de l'Etat et des Chambres mises en mouvement par les projets de loi déposés, aux véritables défenseurs de la République, c'est-à-dire à l'énergie individuelle des militants républicains. Il serait bon de perdre cette habitude fâcheuse de toujours compter sur le concours exclusif du gouvernement, sur les foudres judiciaires ou l'intervention de l'autorité administrative pour défendre la laïcité de l'enseignement et de la conscience, l'indépendance de la pensée de nos enfants. Il faut que nos amis, dans toutes les communes, en face des cultuelles embusquées contre la République fassent une contre cultuelle ; il faut qu'ils se groupent en sociétés de pères de famille. Ainsi, à côté des groupements organisés, à côté des loges, des sociétés de libre pensée, des ligues de l'enseignement, les citoyens libres assureront à leurs enfants et à leurs maîtres le droit qu'ils ont de ne pas être soumis à l'intoxication théologique. (*Applaudissements répétés*).

Voici le texte déposé par nos amis de la Creuse :

A côté de l'initiative gouvernementale et législative, le Congrès radical et radical-socialiste estime que l'initiative individuelle doit agir en faisant surgir des associations de pères de famille et d'amis de l'enseignement pour la défense de l'enseignement laïque.

C'est une invitation qui ne restera pas platonique, nous l'espérons bien ; « la foi qui n'agit pas n'est pas une foi sincère ». Nous avons la foi républicaine, positive, scientifique, nous devons la défendre contre la foi qui s'appuie sur la superstition romaine ; c'est un conseil que nous devons donner à tous les militants ; ils ne manqueront pas de le suivre. Cette culture intellectuelle et morale, les républicains ont le droit de la donner dans les écoles, ce n'est pas violer la neutralité de l'enseignement que d'enseigner toutes les sciences, dans leurs méthodes et dans leurs résultats actuels. Nous avons abordé ces divers points dans le rapport qui a été imprimé, et, à ce propos, je ferai remarquer que ce serait une petite réforme utile que de perfectionner la remise des rapports entre les mains des congressistes. Nous y avons apprécié le mandement lu par les évêques dans toutes les chaires des églises ; ce mandement est une véritable déclaration de guerre à « l'école laïque ». Quelques-uns de nos amis se sont demandé si on pouvait poursuivre ces textes épiscopaux. La commission s'est demandé s'il y avait lieu de pousser le gouvernement à ouvrir une instruction judiciaire, nous ne l'avons pas pensé. La provocation que les évêques ont lue dans les églises — propriétés des communes dont la jouissance a été laissée bénévolement au parti catholique — repose sur un sophisme à savoir que sous prétexte de neutralité scolaire on doit ne rien enseigner aux enfants à l'encontre des superstitions religieuses. C'est un sophisme, et nous sommes sur un terrain inexpugnable lorsque nous demandons que l'instituteur laïque enseigne la science, toute la science. Peu importe que l'enseignement de la science, que l'étude des critiques historiques continue implicitement le procès intellectuel le plus redoutable qu'on puisse dresser dans l'esprit des élèves contre l'enseignement confessionnel des religions dites révélées. La science, nécessairement, ne connaît qu'à titre d'hypothèses les doctrines métaphysiques. Elles ne sont même pas indispensables pour déterminer la formation de la conscience morale. La conception expérimentale de la vie sociale suffit à fonder la morale nécessaire et l'enseignement purement scientifique des sciences positives doit rester la base inébranlable de l'école publique. Les efforts de l'Eglise catholique romaine n'arriveront pas à lui rendre la haute main sur la culture des consciences enfantines. Mais nous devons veiller à ce que des menaces sournoises ne viennent pas fausser l'esprit des instituteurs. C'est ce qui a incité M. Dessoye à faire introduire dans la loi un texte qui empêcherait les tiers de se livrer à ce que nous pouvons appeler la grève et le sabotage sco-

laire : destruction de livres. Car nous assistons à
ce spectacle savoureux de voir les ministres catholiques recommander du haut de leurs chaires, à l'encontre de nos écoles, la grève générale des écoliers,
la persécution du personnel scolaire et le sabotage
des livres classiques. (*Applaudissements*).

Citoyens, la Commission de l'Enseignement compte
bien qu'il n'y aura qu'une voix dans ce Congrès pour
s'associer aux décisions qu'elle a prises elle-même à
l'unanimité. Ces décisions vous sont présentées par
des hommes convaincus comme vous que la République doit faire pénétrer dans le cœur des citoyens
une connaissance exacte des conditions de l'évolution humaine. L'enfant doit apprendre quelle a été,
d'après l'ensemble des découvertes scientifiques, la
marche de l'humanité, pénible et lente, vers la justice. En face d'une nature qui nous montre partout
l'abus de la force brutale, c'est l'honneur de l'homme
d'instituer peu à peu le règne des idées de justice
et de droit tels qu'elles s'élaborent actuellement.
L'enfant doit comprendre que non seulement dans la
vie publique et privée, mais entre les nations elles-
mêmes, se dessine l'organisation de la justice en
dehors de toute croyance surnaturelle indémontrable.
(*Applaudissements répétés et prolongés*).

Le citoyen Eydoux. — Vous savez, citoyens, comment toutes les forces de réaction se liguent à l'heure
actuelle contre les instituteurs, il est de notre devoir
de venir à leur aide et de leur fournir les armes
nécessaires pour se défendre.

Toutes les fois qu'un accident se produit dans une
école, les adversaires des instituteurs se liguent
autour des parents des enfants. Toutes les fois qu'un
mot quelconque, qu'une phrase échappe aux instituteurs, ce sont encore toutes les forces de la réaction qui se liguent contre l'instituteur. C'est à cause
de cela que le gouvernement a déposé les deux propositions de loi qu'on vous demande de faire voter
aussitôt que possible par les Chambres.

Mais je me demande si ces propositions de loi
sont suffisantes. Que se passe-t-il actuellement ? En
ce qui concerne la responsabilité en cas d'accidents,
il est facile de déclarer l'instituteur responsable pour
peu qu'une faute légère lui soit reprochée. Il faudrait
que ce soit l'Etat qui fût responsable et que la loi
sur les accidents du travail soit étendue aux institu-

teurs considérés alors comme des contremaîtres de
l'Etat. En ce qui concerne la responsabilité au point
de vue de l'enseignement, j'attire l'attention sur le
projet signalé par le rapport et qui ne change rien
à la situation actuelle.

On y lit : « *Article 2.* — L'Etat est responsable
de tous les dommages imputables à la faute personnelle des membres de l'enseignement public et résultant de propos ou d'écrits émanant d'eux pendant
l'exercice de leurs fonctions, sauf dans le cas où ces
propos ou écrits constituent des crimes ou délits ».

Cela est très bien, mais immédiatement on ajoute :
« Toute action en réparation des dommages ci-dessus
spécifiés, doit être dirigée contre le préfet du département, représentant l'Etat, et portée devant le tribunal civil ou le juge de paix du lieu où le dommage
aura été causé. Toutefois l'Etat pourra toujours mettre en cause les membres de l'enseignement public,
auteurs des dommages, à l'effet de se faire garantir
par eux des condamnations encourues, sans préjudice de l'action disciplinaire qu'il pourra exercer de
ce chef à leur égard ».

Donc on peut mettre l'instituteur personnellement
en cause ; nous serons personnellement responsables. Avec cette proposition de loi l'Etat sera mis en
cause et l'instituteur aussi car ce sera le devoir de
l'Etat de mettre en cause l'instituteur pour savoir
s'il y a faute suffisamment grave pour que lui, Etat,
soit relevé de la condamnation prononcée contre l'instituteur. Quelle sera la différence, pour l'instituteur,
qu'il soit mis en cause seul ou avec l'Etat ? L'effet
pour lui sera le même et à raison de fautes personnelles, il sera responsable comme par le passé, et il
n'y aura rien de changé à la situation de l'instituteur. Je demanderais que l'on fasse, au point de vue
de la responsabilité en matière d'enseignement, la
même chose qu'au point de vue des accidents, et
qu'il soit déclaré que l'Etat sera seul responsable en
dehors de crimes ou délits commis par l'instituteur
et que celui-ci ne soit responsable que disciplinairement. Dans le cas où une condamnation sera prononcée contre l'Etat, dans le cas où il serait déclaré que
l'instituteur a commis une faute personnelle, il est
bien certain que l'Etat se trouvera dans l'obligation
de sévir disciplinairement contre l'instituteur qui
aura été cause du dommage par lui causé. Dans ces

conditions, les pères de famille ont alors une garantie : c'est l'action disciplinaire qui suivra l'action exercée contre l'Etat et la condamnation prononcée contre l'Etat. L'instituteur ne risquera pas d'engager d'énormes dépenses pour se défendre, même contre une action injustifiée, ou d'avoir à supporter, lui, simple instituteur, des dépenses considérables pour payer l'indemnité à laquelle il peut être condamné.

Je demande qu'il soit ajouté à la résolution déposée tout à l'heure au nom de la Commission d'Enseignement cette précision : Que l'instituteur, en ce qui concerne son enseignement comme en ce qui concerne les accidents arrivant dans l'école, en dehors des crimes ou délits, ne sera responsable que disciplinairement. (*Applaudissements*).

Le citoyen Dessoye. — Je vais apporter des explications à celui de nos collègues qui vient de parler. A la Commission d'Enseignement de la Chambre des députés, nous nous sommes fait exactement les mêmes réflexions que celles qui viennent d'être faites ; nous avons considéré que lorsque l'action disciplinaire se serait exercée contre des membre de l'enseignement, comme cette action disciplinaire peut entraîner une peine plus grave qu'une condamnation pécuniaire, telle que la révocation, nous frapperions deux fois l'instituteur coupable dans ses fonctions. Il nous a paru, qu'en vertu d'un principe de droit élémentaire, il n'était pas possible qu'aucun citoyen puisse être frappé deux fois à raison de la même faute, du même délit, et nous avons a l'unanimité des membres de la Commission, décidé de supprimer dans le projet de loi qui nous était présenté, un paragraphe en vertu duquel l'Etat qui aurait été condamné à des dommages-intérêts envers un père de famille, n'aurait pas le droit de se retourner vers l'instituteur, vers le professeur — parce que la loi s'applique tout aussi bien à l'enseignement secondaire — et lui demander le remboursement des dommages-intérêts. Quand il n'y a qu'une faute elle ne peut comporter qu'une mesure. Nous laissons aux tribunaux le soin de décider s'il y a lieu d'accorder des dommages-intérêts au père de famille, mais à coup sûr les membres de l'enseignement ne seraient passibles que de peines disciplinaires. Je crois que notre collègue aura ainsi satisfaction.

Le citoyen Eydoux. — Parfaitement.

Le citoyen Dessoye. — Je demande donc au Congrès de voter avec une unanimité qui aura un grand effet les vœux qui lui ont été présentés. *(Applaudissements).*

(Les vœux sont adoptés à l'unanimité).

Le citoyen Hubbard. — La Commission d'Enseignement m'a confié le devoir de vous soumettre un vœu du Comité Républicain Socialiste du quartier de la Maison-Blanche relatif à la question de l'enseignement de classe. La commission ne propose pas l'adoption immédiate de ce vœu parce qu'elle estime qu'il est tellement important qu'il doit faire l'objet au prochain Congrès d'un débat approfondi. La Commission vous demande de décider qu'il sera renvoyé à la Commission d'Enseignement du Comité Exécutif pour que, dans le courant de l'année, nous puissions vous apporter un rapport très détaillé sur cette question très importante.

La Commission de l'Enseignement ajoute à ce vœu celui de nos amis lyonnais sur la suppression des classes primaires dans les lycées. Nous pensons qu'au Congrès de l'année prochaine il y aura un rapport documenté sur cette question ; nous pensons qu'elle sera préparée dans le cours de l'année et qu'elle sera sanctionnée par l'assemblée générale des radicaux socialistes français. *(Applaudissements).*

(Les vœux sont renvoyés au Comité Exécutif).

Le Président lit la motion suivante présentée par les citoyens Steeg, Messimy, Buisson, Régnier, députés, Henri Rousselle, Paul Virot et Emile Desvaux :

Le Congrès du Parti Radical et Radical-Socialiste émet le vœu que le projet de loi tendant à interdire l'emploi de la céruse, mortelle pour les ouvriers qui l'emploient, soit voté avant la fin de l'année dans l'intérêt de la santé des ouvriers peintres.

(Adopté).

Le Président. — Vous avez été saisis d'une proposition tendant à nommer le citoyen Delpech, comme président d'honneur du Comité Exécutif. Je vous propose d'adopter cette proposition à l'unanimité.

(Cette proposition est adoptée par acclamations et à l'unanimité.)

Le président. — Le bureau a reçu une lettre du

Comité général de Nantes proposant de tenir le prochain Congrès dans cette ville.

Nous renverrons cette proposition au bureau qui
l'examinera dans une prochaine séance. (*Assentiments unanimes*).

Rapport de la Commission de Propagande et d'Organisation du Parti.

Texte de la discussion

Rapport de M. F. Buisson

Le citoyen Ferdinand Buisson. — Citoyens, je ne
veux pas vous lire mon rapport ; seulement je suis
obligé de vous demander un effort pour passer des
questions politiques très intéressantes, qui vous pas-
sionnent, à un tout autre objet. Celui que j'ai à traiter devant vous est, par certains côtés, aussi pénible
à dire qu'à entendre. Mais, comme il y va de l'intérêt national, je vous demande quelques moments
d'attention avant de voter.

S'il y a quelqu'un ici qui ne puisse être suspect
de faire peu de cas de l'enseignement primaire et
qui serait plutôt porté à avoir des illusions sur sa
puissance, c'est évidemment celui qui a l'honneur
de vous parler en ce moment. Votre rapporteur n'en
est que plus autorisé à vous dire tout haut « Citoyens
ne nous payons pas de mots ; il y a dans notre
progrès scolaire, à l'heure, à la minute présente, un
fléchissement inquiétant. Et tandis que nous nous
ralentissons, d'autres, car nous ne sommes pas seuls
au monde, continuent de faire d'immenses progrès. »

Voilà ce qu'il faut que le pays sache, non pour
déprécier une des œuvres indestructibles de la troisième République, mais au contraire pour la continuer et l'achever.

Il y a deux points que je voudrais bien graver
dans votre esprit.

Le premier, c'est que l'enseignement primaire
légalement obligatoire chez nous, ne l'est que sur le
papier, tant l'application est loin de ce qu'elle devrait
être. (*Vifs applaudissements*).

Longtemps nous nous sommes dit : Patience, tout
s'arrangera petit à petit. Mais au bout de vingt-cinq
ans, que découvrons-nous. Les effets de la non fré-

quentation n'inquiètent plus seulement les hommes d'école. C'est une publication officielle du Ministère de la Guerre, qui existe depuis 1827 et qui, après avoir marqué tous les ans un progrès plus ou moins rapide dans la diminution des illettrés, marque depuis deux ou trois ans, entendez-le bien, non pas un arrêt général dans cette diminution, mais un arrêt et même un recul dans un tiers peut-être de nos départements. Phénomène étrange et douloureux que chacun peut vérifier ; dans un certain nombre de départements il y a plus d'illettrés en 1908 qu'en 1905 ; dans d'autres, plus en 1907 qu'en 1906 et en 1905. Que seraient les années suivantes si ce mouvement régressif allait continuer ?

Quoi qu'il en soit, le Ministre de la Guerre nous avertit cette année, et M. le président du Conseil a cru nécessaire d'y faire allusion dans son discours de Bandol, que nous avons encore 11.000 conscrits totalement illettrés, plus 4.000 conscrits qui « savent lire seulement ». Vous devinez ce que c'est qu'un homme dont on dit qu'il sait lire mais pas écrire. De plus le Ministre de la Guerre déclare qu'il y a 16.000 jeunes gens « dont on n'a pas pu vérifier l'instruction ». J'ai des appréhensions et vous les partagez, n'est-ce pas, sur ces 16.000 cas douteux. Il faut donc bien admettre qu'après vingt-cinq ans d'instruction obligatoire, c'est quelque chose comme 20.000 conscrits qui arrivent chaque année dépourvus de l'instruction primaire la plus rudimentaire.

Si nous étions seuls au monde, nous pourrions nous affliger et dire : On tâchera de faire mieux demain. Mais nos voisins n'attendent pas à demain pour profiter de notre défaillance. Nos voisins de l'autre côté des Vosges et de l'autre côté du Jura — je ne prendrai que ces deux-là, parce que l'un est le plus puissant Etat monarchique, et l'autre la plus démocratique des confédérations — la petite Suisse et la grande Allemagne nous donnent une leçon saisissante. Il y a une trentaine d'années, ces deux pays avaient déjà beaucoup moins d'illettrés que nous ; mais ils ne s'en sont pas tenus là, cette supériorité ne leur a pas suffi. Ils ont continué à extirper l'ignorance. Et, aujourd'hui, ils sont arrivés à n'avoir plus de soldats illettrés. C'est une espèce disparue. Car c'est désormais par unités qu'on les compte. Pour toute l'armée suisse ils étaient, pour la dernière année, 17 ; pour toute l'armée allemande, ce n'est plus un pour cent, ce n'est plus un pour mille, c'est un peu moins de quatre hommes sur dix mille (0,038 pour cent). Sur cent mille soldats allemands on ne trouverait pas tout à fait *quarante* illettrés, sur cent mille soldats français, il y en aurait plus de *quatre mille*.

Est-il besoin d'insister? Ce n'est plus une question pédagogique, c'est une question nationale ; il faut que le Parti Radical la prenne en mains et qu'il somme en quelque sorte l'opinion publique de se réveiller et de réparer le temps perdu. (*Vifs applaudissements*). Je dis : l'opinion publique ; c'est qu'il ne faut pas croire que cette réforme puisse être faite par la loi toute seule. Si ces deux pays nous ont dépassé, c'est que l'opinion publique s'est émue il y a quelques années. C'est elle qui a forcé en Allemagne le gouvernement, en Suisse les pouvoirs locaux, car les communes sont à peu près souveraines, à faire les sacrifices nécessaires et à imposer les sanctions nécessaires. Si l'Allemagne et la Suisse ont réussi, c'est qu'elles y ont mis le prix. Voyez les états publiés tous les ans par les grandes villes ; vous y verrez la liste des amendes que l'on inflige pour absences scolaires non pas seulement pour des absences d'un mois ou de deux mois dans l'année, mais pour des absences de quelques jours. La ville de Berlin — j'y suis allé il y a quelques semaines et j'ai pu le constater — a fait payer cette année près de 30.000 francs d'amendes pour classes manquées. Vous allez me dire : Berlin ! c'est le caporalisme prussien. Mais que direz-vous de la Suisse où, non seulement l'instituteur et le pasteur sont élus par le peuple, mais même les magistrats. Eh bien dans ce pays là les amendes sont tout aussi considérables. Le seul canton de Berne, qui représente un arrondissement de chez nous, a, cette année, pour plus de 10.000 francs d'amende. Y a-t-il dans toute la France pour 10.000 francs d'amende ? Toute la grande différence la voilà : la loi ne s'applique pas chez nous, elle s'applique ailleurs. (*Applaudissements nombreux*).

On pouvait croire que les pays qui ont une législation si rigoureuse pour l'observation de la fréquentation scolaire s'en tiendrait là. Mais non. Et c'est le second grand fait sur lequel je demandais tout à l'heure à appeler votre attention.

Ce second fait, c'est que les mêmes pays qui tiennent la main à ce que l'école soit suivie régulièrement — non pas jusqu'à douze ou treize ans, comme chez nous, mais jusqu'à l'âge de quatorze ans — ces mêmes pays prolongent l'obligation bien au delà de cette école primaire élémentaire. Ils instituent une seconde instruction obligatoire, celle des adolescents, aussi rigoureuse que celle des enfants. L'école se continue jusque dans l'apprentissage. Pourquoi ce complément d'enseignement pour les adolescents ? Parce que, pensent les Allemands, les Suisses, les Danois, quand l'enfant s'en va à l'âge de douze ans, il n'a que douze ans quoi qu'on fasse ce n'est pas un homme, ce n'est pas un adulte. C'est être dupe des mots que s'imaginer qu'à cet âge-là il peut être instruit, armé et formé définitivement pour la vie. Ne disons pas qu'il lui reste les cours d'adultes, cette expression ne trahit-elle pas un vieux reste d'hypocrisie sociale ? Adulte, l'enfant de douze ou treize ans ? Nous l'appelons adulte pour ne pas nous avouer à nous-mêmes que c'est encore un enfant, et que nous l'abandonnons à l'heure la plus critique, celle de l'adolescence. Mon ami Steeg a osé le dire : « Chez nous l'adolescence est moralement abandonnée. » Oui, l'adolescence ouvrière et paysanne Il n'en est pas de même dans le reste de l'Europe centrale. Partout, ou presque partout aujourd'hui, l'enfant de quatorze à dix-huit ans est obligé, pendant trois années au moins, non pas de fréquenter une école du matin au soir, mais d'aller recevoir régulièrement, deux ou trois fois par semaine, une heure chaque fois, un enseignement complémentaire qui entretient, affermit et complète celui du premier âge. C'est la seconde instruction obligatoire.

Voilà le fait. Comment s'explique-t-il ? Comment ce miracle est-il devenu possible ?

C'est que dans tous ces pays on a reconnu que personne ne gagnait rien à cet envoi prématuré d'enfants si jeunes en apprentissage. Ils désapprennent la petite science de l'écolier, sans apprendre celle de l'ouvrier. En prétendant leur faire gagner du temps, on leur en fait perdre, et perdre surtout le fruit de leurs rapides années d'école.

Les pays qui ont acquis cette conviction se sont

donc ingéniés à mieux employer cet âge intermédiaire, d'abord en commençant un peu plus tard l'apprentissage, ensuite en faisant pénétrer dans l'apprentissage, dans le travail même de l'atelier, un peu d'instruction, une continuation, si petite soit-elle de culture intellectuelle et d'enseignement théorique. Ce sera la théorie prise uniquement dans ce qui intéresse le métier de chacun de ces apprentis. Il ne s'agit que de notions très sommaires sans doute. Mais le seul fait de ne pas abandonner définitivement le commerce du livre et du cahier, l'habitude de l'étude, le maniement de la plume, du crayon, c'est déjà une préservation contre le danger de l'oubli total et de la rouille fatale des intelligences.

Ainsi s'est organisée méthodiquement cette seconde instruction obligatoire, essentiellement professionnelle, à l'usage des jeunes travailleurs. Serons-nous le seul grand peuple de l'Europe à n'en pas sentir le prix ? Ce ne sont pourtant pas les avertissements qui nous manquent. Combien de fois déjà et avec quelles instances ce vœu ne nous a-t-il pas été adressé tantôt par la Ligue de l'Enseignement, tantôt par les Chambres de Commerce, tantôt par les Syndicats patronaux et ouvriers, tantôt par les Ministères compétents ? Je demande que nous nous réunissions tous pour insister auprès de l'opinion publique et auprès du Parlement, afin que la France fasse son devoir.

Elle ne le remplit pas complètement, malgré les efforts si généreux de tant d'instituteurs, de tant de sociétés, de tant d'amis dévoués de l'école et du peuple. Tous nos cœurs sont placés le soir, après la journée de travail. Lisez les programmes des cours complémentaires obligatoires dont je parle. Presque partout vous y lisez : « Il est interdit de faire aucune classe après sept heures du soir ». L'heure obligatoire d'enseignement professionnel est prise sur la journée de travail. Les patrons ont d'abord trouvé cette exigence gênante, mais l'expérience les a tellement instruits qu'aujourd'hui ils en sont, d'un bout à l'autre de l'Allemagne ou de la Suisse, les plus chauds partisans : ils souscrivent eux-mêmes pour multiplier ces cours complémentaires. Est-ce par générosité philanthropique de leur part ? C'est surtout qu'ils ont vu ce que leurs jeunes ouvriers gagnaient à ce modeste enseignement. C'est que le pays a entrevu l'immense plus-value économique qui peut résulter pour l'industrie nationale de cette nouvelle éducation donnée à des centaines de mille jeunes ouvriers. Ils étaient condamnés à être et à rester des manœuvres. Grâce à cet enseignement, ils peuvent devenir des ouvriers qualifiés. Ils sont les premiers à y gagner sans doute, mais le pays y gagne aussi : il se constitue ainsi toute une armée de travailleurs d'élite, supérieurs non seulement aux illettrés mais aux ouvriers qui n'ont que leurs bras et qui sont incapables de raisonner leur métier.

En somme, les Allemands et les Suisses travaillent pour la prospérité de leur industrie et de leur commerce, en réduisant le plus possible le nombre des non-valeurs sociales et en formant en grand nombre des artisans complètement formés, des employés de commerce instruits, habiles, entreprenants, qui iront au loin servir, avec leurs propres intérêts, les intérêts de leur pays. C'est pour cette raison que les Chambres de commerce françaises ont, à maintes reprises, exprimé le désir que nous développions, nous aussi, cet enseignement complémentaire dans les masses populaires afin de donner à l'armée industrielle, outre des états-majors et des cadres, une masse de soldats de première valeur et de première force. C'est un des points sur lesquels sont unanimes tous ceux qui se sont occupés de la question, et, l'autre jour encore, nos amis Dubief, Astier, Baudin et plusieurs autres signaient cette déclaration : « La question la plus importante en ce moment pour l'intérêt national de la France, c'est l'organisation de l'enseignement professionnel populaire à titre obligatoire ». (Vifs applaudissements).

C'est en raison de ces circonstances, citoyens, que votre Commission de l'Enseignement a appuyé les rapports qui lui ont été présentés au nom du Comité Exécutif, ainsi que la proposition très intéressante présentée par le Comité Républicain Radical du 6⁰ arrondissement de Lyon, lequel concluait par ces mots : « Il est nécessaire de secouer la torpeur, la paresse et l'indifférence de l'esprit public.»(Applaudissements répétés).

En procédant ainsi, loin d'abandonner nos traditions nationales et républicaines, nous ne ferons que les suivre. Ce que font les pays voisins, n'est pas autre chose que la mise en pratique d'une grande idée de la Révolution française. (Applaudissements).

Je me suis permis de reproduire dans mon rapport un article de la Constitution de l'an III : « Article 16. — Les jeunes gens ne pourront être inscrits sur les registres civiques s'ils ne prouvent qu'ils savent lire et écrire et exercer une profession mécanique ou agricole »

Voilà le certificat d'apprentissage institué à côté du certificat d'études dont il est le complément nécessaire. C'est en suivant cette indication que le seul royaume de Prusse compte aujourd'hui plus de trois cent mille jeunes gens apprentis ouvriers ou employés de commerce. La plupart serait restés de pauvres ouvriers manuels sans avenir ; grâce à ces quelques heures bien employées pendant l'apprentissage, ils acquièrent en trois ou quatre ans un complément d'instruction qui transforme non seulement la valeur de leur apprentissage, mais leur valeur économique pour tout l'avenir.

En regard de pareils chiffres, nous contenterons-nous toujours des nôtres ? Et trouverons-nous que c'est assez, sur environ 600.000 adolescents qui auraient besoin de cet enseignement, de le donner, d'après les statistiques les plus favorables, à 20.000, peut-être 30.000 ? Ah ! si nous devions en rester là, il ne faudrait pas nous étonner de voir les Allemands et les Suisses prétendre à tout prix nous supplanter, prendre les places que nous ne saurions plus défendre et remplacer enfin l'influence française par des influences qu'ils se sont efforcés de rendre supérieures. (Vifs applaudissements).

La Commission vous propose donc la résolution suivante :

Le Congrès,

Considérant d'une part que la loi sur l'obligation de l'instruction primaire élémentaire est très insuffisamment appliquée et que par suite le nombre des illettrés se maintient en France très supérieur à ce qu'il est en d'autres pays ;

Considérant d'autre part que l'instruction primaire, même régulièrement reçue jusqu'à 13 ans, ne peut donner de résultats décisifs que si elle est entretenue et renforcée pendant l'adolescence ;

Considérant en outre qu'il est du devoir d'une démocratie d'assurer à tous les enfants, sans exception, non seulement un minimum d'instruction élémentaire, indispensable aux relations de la vie, mais un minimum d'instruction professionnelle qui leur permette de se suffire par un travail régulier comme ouvriers qualifiés au lieu de rester comme manœuvres à la merci des hommes et des choses ;

Emet le vœu :

1º Que la loi sur l'instruction obligatoire soit modifiée de manière à en assurer enfin l'application effective ;

2º Que la durée de la scolarité obligatoire ne soit dans aucun cas abaissée au-dessous de l'âge de treize ans, chiffre encore inférieur à celui de la plupart des pays civilisés ;

3º Qu'un examen individuel fasse connaître chaque année l'état réel de l'instruction des conscrits, que les résultats en soient publiés et que tout soldat reconnu illettré reçoive à l'école régimentaire les rudiments de l'instruction ;

4º Que la loi rende *obligatoire* pour les adolescents employés dans l'agriculture, l'industrie ou le commerce la fréquentation, pendant un petit nombre d'heures par semaine, des cours complémentaires professionnels destinés à leur faire conserver les connaissances acquises à l'école primaire et à leur faire acquérir celles qui sont le plus nécessaires à l'apprentissage méthodique et complet de leurs métiers respectifs.

En conséquence :

Le Congrès invite les membres du Parlement adhérents au Parti à ne pas laisser clore la présente législature sans avoir voté :

1º Le projet de loi présenté par le Gouvernement et rapporté par M. Pozzi, pour rendre effective l'application de la loi sur l'enseignemlnt obligatoire ;

2º La proposition de la loi déposée par M. Buisson et signée par deux cents députés républicains tendant à instituer un examen annuel de l'instruction des conscrits ;

3º Le projet déposé par M. Dubief, au nom du précédent Gouvernement et rapporté par M. Astier, sur l'organisation de l'enseignement technique, ou tout au moins le titre V de ce projet instituant les cours complémentaires professionnels obligatoires.

Le Congrès invite en outre le Comité Exécutif à faire publier des brochures de propagande appelant l'attention publique sur la nécessité d'organiser comme complément obligatoire de l'école primaire un enseignement élémentaire pour les apprentis et jeunes ouvriers de l'industrie, du commerce et de l'agriculture.

Le citoyen Pic (de la Seine). — M. Buisson vient de nous dire avec sa grande autorité que l'obligation scolaire n'était qu'un leurre. Eh bien je voudrais soumettre une question à votre appréciation qui, à l'heure actuelle, est chargée de s'assurer de l'obligation scolaire. Ce sont les commissions scolaires

Eh bien ces commissions, lorsqu'elles ont reçu les
rapports des directeurs d'écoles leur faisant connaître les noms des enfants ne fréquentant pas régulièrement l'école, se réunissent-elles ? (*Bruit, cris :
Aux voix !*) Il y a ici des conseillers municipaux qui
ne veulent pas s'entendre dire leurs vérités. (*Applaudissements sur quelques bancs, bruit*). Je me plains
de ce que les commissions scolaires ne se servent
pas de ce que la loi leur permet d'employer ; les
parents ne sont pas appelés pour justifier les absences de leurs enfants ; l'avertissement, l'affichage, le
juge de paix, cela existe dans la loi, mais jamais
cela n'est appliqué. (*Applaudissements*). Ce n'est pas
appliqué, savez-vous pourquoi ? C'est parce que c'est
le maire qui est chargé de faire appliquer cette loi
et c'est parce que, derrière le maire, il y a le conseil
municipal, il y a les commerçants, il y a les industriels, il y a les électeurs surtout (*Très bien ; applaudissements sur de nombreux bancs*) qui feraient
grief individuellement au maire d'avoir appliqué les
pénalités des obligations scolaires. (*Applaudissements*).

C'est pour cela que je demande à M. Buisson et au
Congrès d'examiner s'il serait possible en mettant
en d'autres mains le soin de ce contrôle, en le con-
fiant à des hommes qui ne relèvent pas du suffrage
universel, d'appliquer la loi telle que nous l'avons
faite. (*Vifs applaudissements*). Je vais descendre de
cette tribune avec l'espoir que cette vérité qui a été
dure à entendre, pour quelques-uns d'entre vous, servira à quelque chose. (*Applaudissements*).

Le président met aux voix les conclusions du rapport de M. F. Buisson. .

(Ces conclusions sont adoptées à l'unanimité).

LA TACTIQUE DU PARTI

RAPPORT DE LA COMMISSION DE PROPAGANDE ET D'ORGANISATION DU PARTI

Rapport de M. Maurice Sarraut

*Le citoyen Maurice Sarraut, rapporteur de la Com-
mission de Propagande et d'Organisation du Parti.—*
Citoyens, la Commission d'Organisation et de Propagande a été saisie, avant-hier, par deux motions dé-

posées, l'une, au nom de la Fédération radicale et radicale-socialiste de la Seine, par le citoyen Bonnet,
l'autre, en leur nom personnel, par les citoyens Dalimier et Steeg, de la fort importante question des
rapports du Parti radical et radical-socialiste avec le
Parti socialiste unifié. D'autre part, dans les observations verbales qu'il a présentées au cours de la réunion de cette Commission, le citoyen Tissier a soulevé la question parallèle des rapports de notre Parti
et des Groupements d'opinions moins avancées, mais
qui furent en diverses circonstances, nos compagnons
de lutte électorale.

La discussion qui s'est produite au sujet de ces
motions et observations a occupé la majeure partie
de la réunion de la Commission. Il n'entre pas dans
le cadre de cet exposé, que je voudrais aussi succinct que possible, encore que je sois condamné à
certains développements, d'en rendre compte dans le
détail. Mais il serait cependant injuste que je ne dise
pas tout d'abord au Congrès l'impression profonde
produite par certains discours qui furent prononcés
à cette occasion, et notamment par ceux de nos amis
Camille Pelletan, Dalimier, Dominique, Charles Dumont et Tissier. Cet impressionnant et beau débat
s'est terminé par l'adoption à l'unanimité moins deux
voix, de la motion que j'aurai tout à l'heure l'honneur de soumettre à votre sanction.

Ce n'est pas la première fois que la question qui
nous occupe a fait l'objet des délibérations de notre
Parti. Elle fut, dans des conditions dont aucun de
vous n'a perdu le souvenir, tranchée au Congrès de
Nancy par un ordre du jour présenté et éloquemment
soutenu par Charles Dumont. Dans un élan unanime
et superbe, le Congrès de Nancy proclama que ceux-
là s'excluaient eux-mêmes du bloc, que ceux-là ne
sauraient à aucun degré compter, ni au premier, ni
au second tour de scrutin, sur notre appui moral ou
matériel, ou pour mieux dire sur notre complicité, —
qui se déclaraient ou se déclareraient acquis aux doctrines mortelles pour le pays et pour la République,
de la désorganisation des armées de la République,
soit par la désertion en temps de paix, soit par l'insurrection et la grève générale devant l'ennemi. (Applaudissements.)

Cette protestation de notre Parti, cette répudiation
nette et catégorique d'une propagande qui, si on lui

eût laissé le champ libre, eût fini par affaiblir jusque
dans leur fondement les forces vives de notre pays,
étaient indispensables et venaient à leur heure. Elles
ont eu dans tout le pays un vibrant écho qui s'est ré-
percuté dans la conscience prolétarienne et socialiste. Nous avons aujourd'hui le devoir de compléter
notre œuvre, non pas de division, mais de salut républicain en nous exprimant avec la même netteté
sur les théories qu'une fraction du Parti socialiste,
qui, nous l'espérons, ne sera pas la majorité, croit
devoir opposer à notre tactique et à notre idéal.

Citoyens, dans le discours que prononçait, à l'ouverture de nos travaux, notre président, le citoyen
Delpech, il rappelait la toute récente déclaration de
la Fédération socialiste de la Seine, où celle-ci déclare que pour réussir, le Parti socialiste doit employer tous les moyens, même et y compris la grève
générale et l'insurrection. Delpech ajoutait, aux applaudissements répétés de l'Assemblée : « Lorsque
des citoyens ont à leur disposition, pour assurer le
succès de leur doctrine et de leurs idées, des moyens
comme la liberté complète de discussion, par la parole, par la plume, par les livres, par les assemblées,
il est criminel de dire que si pour faire triompher une
doctrine, le régime parlementaire ne suffit pas, on
doit employer la guerre civile, l'insurrection. C'est
là, s'écriait Delpech, c'est là un crime contre lequel
il faut protester avec la dernière énergie. »

Ce n'est pas qu'un crime : c'est une sottise. Et notre
devoir, à nous, militants du Parti radical et radical-
socialiste est de le dire, de déclarer tout net que, si
l'insurrection reste le plus sacré des devoirs sous un
gouvernement de despotisme et de tyrannie, où la
parole est baillonnée, où le caprice d'un seul écrase
et meurtrit la conscience de tous, elle est un attentat
sans nom et sans excuse, quand elle prétend s'exercer contre la souveraineté nationale, contre le suffrage universel, contre la République. (Vifs applaudissements). Avant d'être radicaux et radicaux-socialistes, nous sommes républicains ; nous avons
l'amour de la République dans le sang ; nous
n'oublions ni ceux qui sont tombés sous les
balles de l'homme du Deux-Décembre, ni ceux
qu'il a envoyés pourrir dans les bagnes ; et
la République ! » Vieux et jeunes qui sommes ici, no-
ser sur nos corps ! » (Applaudissements répétés).

Mais, justement parce que nous avons cette volonté résolue, tenace et calme, de défendre la République, toujours et quand même, nous devons avoir aussi la force de maîtriser nos passions et sans parti pris, sans indignation outrancière, de peser les fautes commises, de voir à qui la responsabilité en incombe et de regarder vers l'avenir.

Nous ne saurions confondre un état-major avec l'armée des prolétaires. (*Applaudissements*). Or, nous dénions à l'état-major qui proclamerait comme article de foi l'insurrection contre la République le droit de parole, au nom du prolétariat.

C'est avec le sang prolétarien que la République a scellé ses fondements. Essayer de rejeter la République de l'idéal prolétarien, c'est renier, déchirer l'histoire. (*Vifs applaudissements*). Que cette besogne tente les jésuites, soit, mais que des hommes qui prétendent avoir l'intelligence libérée s'y emploient, c'est ce que nous ne saurions concevoir.

Mon ami Charles Dumont, au cours du brillant discours qu'il prononçait devant la Commission, a dit une chose fort juste et que je reprends à mon tour : « Parce que les socialistes ont commis des fautes, allez-vous les imiter ? » La commission a répondu : « Non. » et vous répondrez à votre tour : « Non. » Et c'est pourquoi la motion que je lirai tout à l'heure maintient nettement, catégoriquement, l'orientation traditionnelle de notre Parti qui, aujourd'hui, comme il l'était hier, reste fidèle à la politique du bloc de gauche. (*Applaudissements*).

Oui, nous entendons demeurer, sinon les alliés, — car l'alliance suppose une communauté presque absolue de sentiments — mais du moins les amis sincères, j'oserai presque dire les amis confiants du prolétariat socialiste. Certains états-majors pourront essayer, dans un but trop facile à comprendre, de l'entraîner vers les ruptures irrémédiables ; nous sommes persuadés qu'ils n'y réussiront pas. A ceux qui nous accuseront de stérilité, d'impuissance, de faillite, à ceux qui nous représenteront comme les ennemis du prolétariat, nous répondrons non pas à coups d'excommunication, ni de paroles de haine, nous répondrons à coups de réformes réalisées pour le mieux-être de ce prolétariat, qui constitue, quoi qu'on en dise, le gros contingent de notre propre armée.

Donc, maintien du bloc de gauche contre toutes

les réactions ; telle est la première affirmation de notre motion. (*Applaudissements répétés*).

Ici, j'ouvre une parenthèse. De récents exemples, et notamment celui des élections municipales, sont venus nous montrer que nos voisins de gauche et de droite n'ont pas hésité parfois à marcher la main dans la main avec la réaction contre le parti radical. Les exclusions prononcées par le Congrès ont montré avec éclat votre sentiment sur ces faits ; le socialiste, comme le membre de l'alliance démocratique, qui pactise avec la réaction, tombe pour nous au niveau du réactionnaire lui-même. Il devient un ennemi, que nous traiterons comme tel. (*Applaudissements*). Il ne saurait y avoir de notre part application de la discipline républicaine vis-à-vis des complices et des agents de la réaction ; pour nous, l'ennemi reste toujours à droite, (*Nouveaux applaudissements*) et ceux-là non plus ne sauraient faire appel au bénéfice de cette discipline, qui se refuseraient, quand ils seront mis en demeure, à déclarer sans ambages qu'ils acceptent toutes les lois laïques et sociales réalisées par la République, qu'ils acceptent notamment la loi ῾ὸ Séparation avec toutes ses conséquences. (*Assen'iments*).

Quand notre motion affirme notre fidélité à la politique du bloc de gauche contre toutes les réaction, c'est donc — il ne doit pas y avoir de méprise, ni d'erreur sur ce point — à l'exclusion des faux républicains qui renieraient le patrimoine des lois républicaines, ou des faux socialistes qui s'allieraient avec la réaction, que nous entendons maintenir le bloc.

Telles sont les affirmations que notre motion vous apporte dans sa première partie.

Dans sa seconde partie, elle formule des réserves, dictées par la tactique même de certains états-majors auxquels j'ai fait allusion tout à l'heure. Expliquons-nous sur ces réserves, avec la loyauté et la franchise qui sont la règle de notre grand Parti. (*Très bien !*)

Il n'est aucune société qui puisse tolérer dans son sein une action permanente de trouble et de violence dont l'effet est d'apporter les plus néfastes perturbations dans tous les grands intérêts nationaux. Moins que toute autre, la société moderne, en effort persévérant de justice, en action quotidienne de réforme, peut permettre que d'incessantes agitations paralysent ou énervent l'évolution pacifique et légale vers une meilleure organisation sociale et retardent ainsi pour le prolétariat lui-même l'heure où il sera libéré des grandes servitudes économiques. (*Vifs applaudissements*).

Et quant à nous, qui prétendons travailler de tout notre cœur à cette libération progressive, qui ne craignons ni ne repoussons aucune des expressions réelles et légitimes de la justice sociale, qui n'avons peur, en un mot, d'aucune des formes du progrès, nous ne saurions admettre ou encourager soit par notre approbation, soit par notre silence, des propagandes qui, par le trouble profond qu'elles apportent dans la vie économique et sociale de notre pays, encouragent les espérances et les retours agressifs de la réaction et absorbent un temps beaucoup plus utile à l'action réformatrice qu'à une besogne de répression qui répugne à nos instincts à nos traditions à nos aspirations de Parti. (*Vifs applaudissements*).

Nous opposons donc avec force et avec fermeté la doctrine de l'évolution pacifique et légale, du progrès de chaque jour, de l'action réformatrice continue telle que l'a magistralement définie Chauvin hier, à la conception catastrophique de la révolution préparée et réalisée par la grève générale, l'action directe, l'émeute et le sabotage.

Dans notre conception, l'intérêt de la classe ouvrière ne se sépare pas de l'intérêt supérieur de la grandeur et de la prospérité nationales. La propagande *catastrophique*, en effet, a été profondément néfaste à la classe ouvrière, dans laquelle elle paralyse l'effort d'organisation syndicale et qu'elle expose aux pires aventures. Partant de cette idée que la révolution libératrice peut être déterminée par l'action énergique de minorités audacieuses entraînant de force les masses ouvrières, cette propagande d'action directe déconseille ou décourage la constitution de syndicats puissants et vastes, englobant peu à peu tous les ouvriers de la corporation et capables ainsi d'exercer une pression légitime sur le capital pour amener la transformation nécessaire du régime du salariat.

Cette propagande substitue le système, cher aux dirigeants de la C. G. T., des syndicats-squelettes au système anglais ou allemand des vastes formations syndicales constituant, par le nombre de leurs adhérents, une puissance ouvrière capable de se faire entendre et, par l'importance de leurs cotisations, une caisse de résistance qui permet à la classe ouvrière d'affronter, sans courir à une défaite certaine, accompagnée d'une affreuse misère, les conflits avec le capital.

Cette propagande d'action directe entraîne d'autre part la classe ouvrière aux déplorables aventures qui se terminent par des drames tels que ceux de Draveil et de Villeneuve-Saint-Georges. Notre conscience se révolte au spectacle de ces conflits sanglants et jamais le respect nécessaire de la loi ne nous paraît demander à notre cœur un sacrifice aussi cruel et aussi douloureux qu'en de telles circonstances. (*Longs applaudissements*). Mais que serait un pays tel que le nôtre, sans le respect de la loi, expression souveraine de la volonté nationale, et de quelle autorité, avec quelle force morale puisée dans quel droit pourrons-nous nous retourner vers ceux qui prêchent l'insurrection contre la loi des inventaires si nous tolérons par ailleurs l'insurrection contre les lois essentielles et fondamentales de notre démocratie républicaine ?

C'est donc au nom même du progrès social et des grands intérêts de la classe ouvrière que nous nous dressons devant la propagande et les propagandistes de la grève générale et de l'action directe pour les combattre avec la dernière énergie. Et nous puisons la conviction qui détermine cette énergie non seulement dans notre volonté résolue de créer chaque jour la justice sociale, mais dans l'attitude même de la classe ouvrière qui se détourne de plus en plus de la politique de violence stérile et d'agitation néfaste que certains cependant persistent à lui conseiller. (*Vifs applaudissements*).

Les échecs retentissants, en ces derniers temps, de toutes les tentatives de grève générale, le mouvement de plus en plus accentué qui se dessine vers l'organisation de formations syndicales sérieuses et puissantes et jusqu'à l'évolution qui se manifeste en ce moment dans les rangs du Parti socialiste lui-même que la plupart de ses chefs autorisés s'efforcent de ramener vers la conception de l'action réformatrice légale sont la justification la plus éclatante de notre attitude et de notre politique de progrès dans l'ordre et dans la paix. Nous avons la ferme espérance qu'après la décisive expérience que le Parti socialiste a faite depuis deux ans de la néfaste politique de catastrophisme social, il ne saurait persévérer dans sa déplorable erreur.

Les chemins lui sont ouverts. C'est à lui de décider s'il les prendra. Notre devoir, c'est, quoiqu'il arrive, de lui déclarer que la propagande insurrectionnelle ne trouvera jamais en nous des complaisants ni des complices. (*Applaudissements*).

C'est sous le bénéfice de ces observations qu'au nom de la Commission de Propagande et d'Organisation j'ai l'honneur de demander au Congrès l'adoption de la motion suivante :

Le Congrès de Dijon confirme les résolutions du Congrès de Nancy imposant à tous les adhérents au Parti le devoir de refuser leurs suffrages à tout candidat qui préconiserait la désorganisation des armées de la République, soit par la désertion en temps de paix, soit par l'insurrection et la grève générale devant l'ennemi.

Il affirme en outre la volonté du Parti radical et radical-socialiste, tout en restant fidèle à la politique du bloc de gauche contre toutes les réactions, de lutter par toutes les forces de sa propagande active contre la propagnde et les propagandistes de la grève générale, de l'action directe et de l'insurrection

Il affirme la nécessité de la souveraineté de la loi égale pour tous sous l'égide de la République, qu'il veut de plus en plus orientée vers la justice sociale. (Longs applaudissements).

Le président — Je crois être votre interprète en félicitant Maurice Sarraut de la très belle déclaration qu'il vient de faire au nom de la commission de tactique. (*Très vifs applaudissements*).

Le citoyen J.-L. Bonnet. — J'approuve les termes de la déclaration de Sarraut et la voterai avec vous. Mais je lui demande s'il ne doit pas être entendu, par tactique électorale, qu'en aucun cas, un adhérent au Parti ne pourra accorder son suffrage à un candidat préconisant l'action directe, la grève générale et l'insurrection, ces trois termes exprimant la violence, l'illégalité et la révolte.

Le citoyen Charles Dumont, député. — Citoyens, en entendant les belles pages que Maurice Sarraut vient de prononcer, je ne voulais demander la parole que pour vous proposer d'en décider, par un vote spécial, l'impression et l'envoi à tous les syndicats ouvriers de France. (*Vifs applaudissements*).

A cette proposition, je n'aurais pas voulu ajouter un mot. N'était-ce pas assez en effet, pour faire connaître à la classe ouvrière organisée toute notre pensée, loyale et franche, toute l'affection vigilante que nous avons pour elle? Dans cette classe ouvrière, dans les syndicats, beaucoup attaquent le Parti Radical-Socialiste. J'aurais voulu que nos détracteurs assistassent l'autre jour à cette Commission de la tactique électorale dont les échos et les souvenirs ont animé tant de discussions, depuis deux jours Il y avait trois cents délégués à cette réunion; tous étaient unanimes à ne pas consentir à séparer, pour n'importe quelle raison, notre parti de la foule des ouvriers agricoles, si mal payés, si mal logés, des ouvriers de l'usine, des petits fonctionnaires, des artisans de nos villages, de toutes les classes de ce prolétariat qui peine et qui souffre. Délégués, vous appartenez personnellement presque tous à une classe presque aisée. Vous pouvez faire les frais d'un voyage. Vos collègues des comités appartiennent quelquefois aussi presque tous à des catégories sociales où on peut sans lourds sacrifices, payer une cotisation. Mais vous voyez que vous n'êtes les délégués du Parti Radical-Socialiste, que vous et vos comités n'avez de popularité et de force, que vous n'êtes un grand parti digne de gouverner la démocratie que si, derrière vous, vous sentez sans cesse comme la palpitation du cœur de la foule laborieuse (*Vifs applaudissements*).

Oui, délégués du Parti Radical-Socialiste, vous ne seriez rien si vous n'étiez pas ici l'âme consciente, l'esprit, la parole du prolétariat et si c'était pour d'autres intérêts que pour les siens que vous deviez penser et voter.

Voilà tout ce que j'avais à dire après le rapport qu'a lu Sarraut, — rapport rédigé, vous avez vu, avec quel talent et quel cœur ! Mais, l'intervention de Bonnet, les articles qui paraissent ce matin même dans la presse de Paris et qui dénomment, comme une manœuvre d'équivoque, la motion même que vous venez tous d'applaudir, nous forcent d'apporter quelques précisions.

L'effort qu'on tente depuis les dernières élections, est très net, très simple.

On veut détacher le Parti Radical-Socialiste du prolétariat et, avec toutes ses organisations, toute sa force populaire le lier aux partis de conservation sociale (*Vifs applaudissements*). Le prétexte, la raison c'est qu'il y a dans le prolétariat, à l'extrême-gauche, des partis politiques et, hors des partis politiques un groupe de Socialistes anarchisants dont les doctrines, la propagande, les gestes politiques ne sont pas les nôtres et nous paraissent condamnables ou dangereux.

C'est là-dessus qu'il faut une bonne fois nous expliquer.

L'année dernière, à Nancy, nous avons dit, très haut, ce que nous considérions comme un devoir impérieux, vital, moral plus encore que politique. Notre formule fut une sorte d'excommunication nationale. Nous avons déclaré qu'ils étaient hors du bloc, parce qu'ils étaient hors de la Patrie, ceux qui cherchaient à tuer la France en détruisant le patriotisme dans le cœur du prolétariat. Cette propagande mortelle de l'hervéisme, nous avions vu, avec quelle joie furieuse, elle était accueillie de l'autre côté Rhin où l'on y voyait l'assurance que la race française conquérante et protectrice des libertés démocratiques pour tous les peuples, se corrompait, perdait de sa vigueur dans la lâcheté et le renoncement. Les aristocraties militaires et despotiques saluaient dans l'hervéisme la promesse que l'épée de la France, manquerait bientôt à la cause de la liberté dans le monde. (*Applaudissements*).

Les paroles que le Parti Radical-Socialiste prononça, eurent un profond retentissement. Elles ont rappelé à la pudeur du courage civique et patriotique des volontés qui défaillaient. Dans notre action, certains ont trouvé — enfin — la force des désaveux nécessaires. Parce quelle fut hautement patriotique, que nul intérêt de classe et de privilège ne s'y mêla, la formule de notre Parti à Nancy, ne put être suspecte à aucune organisation ouvrière. Notre rappel a la religion de la patrie et au sacrifice fut entendu parce qu'il fut hautement désintéressé.

Allons-nous aujourd'hui à la formule d'excommunication de Nancy, ajouter des excomunications complémentaires et additionnelles ? Allons-nous décréter sacro-sainte telle ou telle forme de la société Allons-nous devenir les curés de la propriété et de la conservation sociale ? (*Bravos répétés. Applaudissements prolongés.*)

Non, nous n'acceptons pas de poser le problème de de notre tactique electorale et de nos aluances comme le citoyen Bonnet l'a posé.

Il est entendu que la Fédération socialiste de la Seine a déclaré qu'à côté de l'action parlementaire et réformatrice, elle admettait la grève générale, l'action directe, même l'insurrection. Il est certain qu'aux élections législatives prochaines un candidat, affilié à cette Fédération, peut, au premier tour de scrutin être favorisé par le suffrage universel contre i° radical, et quelques électeurs radicaux peuvent ainsi choisir, au second tour, entre un socialiste de la Fédération de la Seine et un réactionnaire.

Quel sera dans ce cas notre devoir ?

Avant le premier tour, le devoir est certain. La motion de Sarraut l'indique clairement. Avec une énergie redoublée, il faudra chercher à convaincre le prolétariat du péril que font courir à la cause du progrès social ceux qui prêchent et l° grève générale et l'insurrection et l'action directe. La grève générale ! Comme si une grève généralisée, l'arrêt du mouvement producteur pouvait faire autre chose qu'amasser des ruines ! Comme si, de l'arrêt du travail, pouvait, par un coup de miracle, sortir une société de bien-être, de dignité et de justice! — L'insurrection ! Comme si un coup de force, l'émeute victorieuse quelques heures en un faubourg de grande ville, à moins d'une conspiration de toute la démocratie contre un odieux attentat contre le droit, pouvait attirer autre chose au prolétariat qu'une répression violente et meurtrière ! — L'action directe que sera-t-elle ? La grève licite est hélas! encore quelquefois indispensable. Nous le savons. Nous le disons. Il ne s'agit pas d'elle. Veut-on parler du sabotage ! Comment l'ouvrier ne comprend-il pas que celui qui lui prêche le sabotage lui demande de se déshonorer. Saboter, c'est voler sur le salaire, les matières premières, les outils, c'est pour l'ouvrier avilir sa conscience professionnelle. Par une telle propagande on prépare la réaction en rabaissant la moralité et la mentalité ouvrière. Contre de telles doctrines, nous avons la nôtre, dont, hier, à cette place, Chauvin traçait les lignes essentielles. Nous voulons que tous les ouvriers, tous les paysans puissent acquérir la propriété fondement de l'indépendance personnelle, par les lois sociales qui organisent le travail. Nous voulons aussi que par nos lois fiscales tous les oisifs la perdent. (*Applaudissements répétés*). Nous avons une double doctrine sociale et fiscale.

Nos lois sur les syndicats propriétaires, le contrat collectif, l'impôt progressif sur le revenu, les taxes progressives sur les successions, les lois contre l'accaparement et la spéculation en découlent. Elles veulent faire du travail l'unique dispensateur de la richesse, du bien-être et de la dignité. (*Nombreux applaudissements*).

Cette œuvre de progrès par les réformes fait un appel incessant à l'énergie laborieuse de l'homme. Elle éveille, elle provoque, elle encourage et récompense tout effort laborieux. Elle ne sépare pas l'homme de ses fils et de sa famille. Elle tient compte des instincts de la nature humaine, de la force de la famille, de toutes les conditions nécessaires au progrès social

Par une telle doctrine, par une telle action politique et réformatrice nous avons le droit de le déclarer : Nous ne sommes à l'arrière-garde d'aucun parti nous ne sommes les réactionnaires de personne. Au contraire, nous sommes à l'avant-garde de la démocratie, parce que, tenant compte de toutes les conditions expérimentales du progrès social, nous sommes dans la voie sûre et indéfiniment droite de la vérité. Nous ne croyons à aucun miracle des lois ou des coups de force. Nous croyons à la force du travail et de l'intelligence, au labeur, à la moralité et à la science. (*Applaudissements vifs et prolongés*). Dans toutes les campagnes électorales, voilà ce que nous devons dire.

Nous devons le dire, avec une énergie redoublée, lorsque nous courons le risque, dans certaines circonscriptions d'avoir moins de voix au premier tout de scrutin qu'un réactionnaire ou un socialiste, adepte des doctrines dangereuses et décevantes de la Fédération de la Seine. Mais si, malgré tous nos efforts, le candidat radical est, au premier tour, moins favorisé que le socialiste unifié : que faire ? Le prolétariat de cette

région parce qu'il est trop malheureux pour entendre la voix de la sagesse qui est toujours une voix
de patience, — parce qu'il est trop ignorant, trop peu
instruit, peut-être par la faute de nos lois insuffisantes ou mal appliquées, ce prolétariat a crié, par son
vote, qu'il voulait à tout prix améliorer son sort,
changer la société, fût-ce par les moyens violents.

Voilà le vote du premier tour. Nous avons fait
notre devoir de propagande radicale en cherchant à
éclairer le prolétariat. Nous n'avons pas été entendu. Parce que le prolétariat de cette ville se
trompe, faut-il l'abandonner et voter pour le réactionnaire, le conservateur, l'ennemi des réformes
déguisé sous n'importe quelle étiquette ? Non, mille
fois non, notre devoir est de ne pas abandonner
la cause du prolétariat. Notre devoir est de voter
au second tour pour le socialiste unifié. (*Applaudissements prolongés*).

Nous serions sans excuses d'agir d'une autre
manière. Si nous votions d'une autre manière, nous
ne serions plus qu'un parti de juste milieu, de demi-
satisfaits qui n'aurait pas la large et profonde indulgence que nous devons avoir pour toutes les misères
d'esprit, toutes les révoltes de cœur de la classe
ouvrière. Nous devons nous mêler par notre action
politique aux paysans, aux ouvriers, leur faire entendre les leçons de la sagesse, leur faire comprendre
les lois du progrès ; mais si nous avons échoué,
ici ou là, si l'état économique de certaines cités,
de certains faubourgs fait que la lutte de classes
y prend un aspect plus âpre encore nous ne devons
pas trahir la classe ouvrière, l'abandonner, perdre
la confiance qu'elle a en notre loyauté — et comment
ne la perdrait-elle pas si elle nous voyait lui préférer
un candidat des privilèges de la bourgeoisie, un
tenant de la conservation sociale. (*Vifs applaudissements*). Oh, je le sais, le geste serait plus agréable.
Sur la gauche, du côté socialiste on nous injurie, on
nous raille, on crie à notre faillitte. Sur notre droite,
au contraire, on multiplie les avances et les préve-
nances. Ce sont les gens de notre droite qui sont
polis, aimables, bien éduqués. Ils nous font honte, ils
rougissent pour nous des compagnons qui sont à
notre extrême gauche. On nous plaint. Nous sommes vraiment des gens trop bien élevés, de trop
bons citoyens pour avoir de si mauvaises fréquenta-

tions. Et on évoque le sabotage, l'anarchie, l'insurrection. Les conservateurs progressistes arrivent à parler sabotage, anarchie, insurrection plus souvent que les plus violents. On dirait que les conservateurs sont heureux qu'il y ait dans le prolétariat des adeptes de la violence. N'espèrent-ils pas que la peur de l'anarchie jettera les radicaux dans le parti de la réaction ? Il n'en faut pas douter. Les violents du socialisme font la joie et sont l'espérance des conservateurs. Ce qu'ils redoutent c'est la sagesse méthodique et l'ardeur disciplinaire des réformateurs.

De quelle allure irait la politique réformatrice si les socialistes légalitaires reprennaient la direction du prolétariat socialiste et, unis à nous, dans l'action politique quotidienne constituaient le bloc des réformes sociales de la même manière qu'était constitué il y a quelques années : le bloc de l'action anticléricale. Voilà ce que redoutent avant tout les conservateurs. L'anarchiste n'est pas dangereux... pour les autres. Il cassera quelques vitres, ruinera quelques patrons, gâchera quelques travaux. Tout cela n'a qu'un temps. Tout cela ne touche pas sérieusement aux privilèges de l'orgueil et de l'oisiveté capitalistes. Ce qu'on craint, c'est l'action concertée pour les réformes des radicaux et des socialistes légalitaires. C'est la réconciliation et la collaboration des deux grands partis démocratiques que l'on veut empêcher. Pour y arriver, on cherche à nous tirer à droite, à creuser un fossé infranchissable entre nous et les socialistes et, pendant le même temps, on irrite, dans les organisations prolétariennes, la haine des réformes, le mépris de l'action politique. Par de telles divisions prolongées, de telles colères soulevées, on espère bien rendre pour de longues années irréalisables les réformes démocratiques qui coûteraient des sacrifices d'argent et d'orgueil. (Vifs applaudissements).

Voilà ce qu'on veut faire. De là les colères et les insultes contre ceux d'entre nous qui, voyant clair dans ce jeu, le dénoncent sans relâche. Voilà pourquoi aussi, quelles qu'aient été, durant ces deux années passées, les fautes commises par les socialistes, fautes contre la discipline, fautes contre la loi républicaine, nous ne devons pas cesser de chercher à aplanir les routes de la réconciliation et de l'union. Ce n'est pas parce que les socialistes ont commis des fautes, qu'à notre tour, nous en devons commettre. (*Applaudissements*).

Les socialistes furent nos alliés avant-hier. Je veux qu'ils le redeviennent demain ou après-demain, pour le bien de la classe ouvrière, pour les réformes, pour la République, pour la Patrie. C'est pourquoi je réponds à Bonnet que, si un candidat socialiste unifié est le plus favorisé au premier tour, même s'il appartient à une fédération où les violents ont la majorité comme dans la Seine, et, s'il a un concurrent réactionnaire, je ne m'abstiendrai plus, je voterai pour lui et je ferai tous mes efforts pour que tous les radicaux votent pour lui. Cela faisant, nous ferons et nous ne ferons que notre devoir de démocrates. (*Applaudissements répétés sur un très grand nombre de bancs. Bruit*). J'en entends qui disent : « C'est un jeu de dupes » et qui réclament l'assurance de la réciprocité. Je réponds : On ne fait jamais un jeu de dupes en remplissant un devoir. (*Bravos répétés*).

Et j'ajoute. Si, même une fois, dans une circonscription voisine de celle où vous, radicaux, faisant votre devoir, vous aurez assuré la victoire du socialiste sur le réactionnaire, on ne vous a pas rendu la pareille, si la défection ou la trahison des socialistes ont fait élire un réactionnaire, ne désespérez pas, ne lâchez pas votre devoir, vous ne tarderez pas à avoir votre récompense...

Quelques voix. — Jamais, jamais.

... Mais si, toujours, demain, partout. Vainement les états-majors décideraient-ils que radicaux, démocrates ou conservateurs se valent et que les électeurs socialistes n'ont pas de devoir de discipline envers vous. Si vous savez, en toutes circonstances, même les plus difficiles, ne pas déserter la cause des travailleurs, le parti des réformes, toujours l'éclatant exemple de votre fidélité, de votre loyauté démocratique portera ses fruits. Malgré vous les pontifes, les foules laborieuses sentiront en vous des amis sincères, des avocats convaincus. Elles vous donneront votre revanche, la revanche du bon sens et de la loyauté démocratique. Voulez-vous un exemple qui me revient à l'esprit. Il y a quelques années, dans le Jura, dans l'arrondissement de Saint-Claude, les socialistes intransigeants, ils s'appelaient, je crois, allemanistes, à cette époque, décidèrent de mainte-

nir leur candidat, contre Emile Cère, au second tour.
Ils risquaient de faire élire le candidat réactionnaire. C'était en pleine bataille contre le Mélinisme.
La faute était capitale. Elle ne fut pas oubliée. La
moitié des électeurs socialistes abandonnèrent au
second tour le candidat allemaniste, assurèrent l'élection d'Emile Cère et, depuis ce temps-là, depuis dix
ans, un très grand nombre de ces socialistes de
premier tour ont toujours voté pour le candidat
radical.

Voilà une réponse à Bonnet : Ne pratiquons donc
pas, sous aucun prétexte, une tactique électorale qui
puisse rendre suspecte notre loyauté démocratique
à la classe ouvrière. Restons les amis du prolétariat
toujours. Combattons ses erreurs de toutes les ressources de notre esprit. N'abandonnons jamais sa
cause. Sous prétexte qu'il se laisse aller à des
emportements, à des violences, à des colères, à des
révoltes successives, ne le trahirrons pas en faisant élire, par notre obstention ou notre défection.
un adversaire des réformes, un de ces hommes qui
hier, était contre la Séparation, aujourd'hui lutte contre l'impôt sur le Revenu, demain combattra n'importe quelle réforme sociale. Me sentir d'accord avec
l'immense majorité de cette assemblée est pour moi
en ce moment une grande joie. Notre politique d'union
à gauche ? elle est la tradition de notre Parti, elle est
la volonté de tous ceux dont vous devez défendre
ici les intérêts. Si on peut refaire demain le bloc de
gauche, j'en serai heureux. S'il faut attendre après-
demain, nous attendrons, mais, en aucun cas, il ne
faut abandonner les principes et les revendications
du parti démocratique et rompre avec le prolétariat.
Sinon, nous ne sommes plus que des opportunistes,
nous n'avons plus le droit de parler au nom du peuple et de nous réclamer des travailleurs. Dans ce
cas, allons-nous en. Nous n'avons rien à faire ici.
Si nous restons, c'est pour édifier la République du
travail et de la justice et nous ne pouvons le faire.
qu'avec la collaboration des partis populaires. (*Vifs
applaudissements*).

Le citoyen Maurice Sarraut. — Il est une question à
suite. Bonnet m'a posé la question suivante : Quelle
serait notre attitude électorale en face de candidats
qui mettraient l'insurrection dans leurs programmes ?
Je réponds ceci : Notre attitude sera celle qui est

dictée par l'ordre du jour de Nancy. Les candidats qui sont partisans de l'action directe insurrectionnelle en temps de paix le sont assurément de l'insurrection et de la grève générale en temps de guerre, s'ils se réclament tou tau moins de ce que j'appellerai le programme castastrophique intégral du parti socialiste. L'ordre du jour de Nancy est clair. Il déclare que ces candidats n'ont pas à compter sur les voix radicales et radicales-socialistes. C'est cet ordre du jour que nous appliquerons. » (*Vifs applaudisements*).

Le citoyen J. L. Bonnet. — Je suis heureux d'avoir provoqué cette réponse de mon ami Sarraut.(*Applaudissements*).

Le citoyen Dumont a parlé en son nom personnel et le citoyen Sarraut au nom de la Commission. Nous n'avons qu'à approuver ou à désapprouver l'interprétation que le rapporteur a faite de son texte avec l'autorité de sa fonction et pour ma part, je l'approuve entièrement. (*Très bien*).

Je ne suivrai pas le citoyen Ch. Dumont sur le terrain où il s'est placé et ne puis m'associer à certaines de ses déclarations qui me paraissent aller à l'encontre des principes et des intérêts de notre Parti.

En ce qui concerne la discipline, je me bornerai à faire observer à Dumont que le Parti Radical et Radical-Socialiste l'a toujours strictement observée, alors qu'on ne l'observe pas régulièrement à son égard. Nous continuerons à remplir notre devoir à l'avenir comme par le passé. Nous avons été, nous resterons les adversaires résolus des partis de conservation sociale ; nous demeurerons inébranlablement fidèles au bloc de gauche contre le bloc de droite. (*Applaudissements*).

La question que j'avais posée à Sarraut avait une grande importance. Sa réponse nous permet de nous prononcer avec unanimité pour sa motion et son interprétation. (*Très bien.*) Les propagandistes par le fait, les partisans de l'insurrection contre la République ne sont pas des républicains. Nous les comprenons dans la catégorie de ceux qui s'excluent eux-mêmes du bloc de gauche. Sarraut nous a dit qu'à ceux-là nous ne pouvions jamais accorder nos suffrages : c'est ce que je désirerais voir affirmer ici par le Congrès. (*Vifs applaudissements*).

(*La clôture est réclamée. Au milieu du bruit qui*

peu à peu s'apaise, le citoyen Perraud, de Montmo-
rency, vient lire la déclaration suivante) :

Le citoyen Perraud. — Citoyens, Je ne retiendrai
pas longtemps votre attention. Mais, délégué par un
comité presque entièrement composé d'ouvriers,
ouvrier moi-même, je suis chargé par mes camarades de vous faire la déclaration suivante :

Nous ne sommes ni des révolutionnaires, ni des
antimilataristes, ni des anarchistes.

Nous sommes attachés autant que qui que ce soit
à la grandeur et à l'indépendance de notre pays. Ce
que nous aimons, ce que nous défendons en lui, ce
ne sont ni les biens, ni les richesses que nous ne
possédons pas. C'est le sol qu'ont travaillé et où ont
peiné dur nos aînés, où ils ont fait pousser la révolution française et d'où sortira le progrès social
que nous voulons obtenir. Nous ne voulons pas qu'un
Roi ou qu'un Empereur de proie puisse venir un jour
interrompre brutalement notre marche vers un avenir social meilleur. Nous ne sommes pour le dé-
sarmement qu'à la condition que les monarchies qui
nous entourent commencent par désarmer, et elles
n'ont pas l'air de commencer. Construisant chaque
jours des maisons de nos mains, nous savons qu'un
édifice ne s'élève que moellon par moellon, étage
par étage et nous croyons que la cité future elle
aussi, ne s'édifiera pas d'un seul coup, mais successivement par un long effort persistant. de réformes
superposées.

Jules Guesde lui-même nous a appris que le progrès perd chaque jour du terrain grâce au chahut
anarcho-syndicaliste, et si nous entendons réclamer
des libertés sans cesse plus grandes, nous nous refu-
sons à les dénaturer de crainte d'apeurer l'opinion,
de la retourner contre nous, et de provoquer une
réaction toujours à craindre.

Nous nous demandons souvent si les meneurs qui
entraînent nos camarades vers la propagande par
le fait, sont tous des hommes de bonne foi à quelles
instructions ils obéissent et si c'est bien les intérêts
de la classe ouvrière qu'ils cherchent à servir par
leurs excès. Mais d'autre part nous sommes obligés
de déclarer ici, qu'il règne dans l'esprit d'un grand
nombre d'ouvriers, une surexcitation, une méfiance
bien excusables qui les disposent mal à écouter toujours les avis de la patience et du bon sens.

Et si l'esprit de révolte s'empare parfois de nos camarades, êtes-vous bien sûrs qu'ils méritent seuls des reproches.

Croyez-vous que les déclamations violentes contre la société les émouvraient autant, si ceux qui la gouvernent faisaient de loyaux efforts visibles pour améliorer le sort des travailleurs et leur tendre la main ouverte u lieu du poing fermé ? (*Très bien !*)

Qu'est-ce que nous demandons, nous autres ouvriers qui respectons la loi républicaine Des conditions de travail équitables, un peu plus de bien-être, un peu plus de justice dans l'impôt, et des retraites pour nos vieux jours ; en un mot, de la solidarité sociale. (*Très bien !*)

Jamais le Parti Radical-Socialiste n'est sorti si fort des élections qu'en 1906.

Nous avons combattu pour lui.

Nous avons triomphé avec lui.

Or, jamais législature ne fut plus décevante ni plus stérile en résultats que celle qui va se clore dans quelque mois. Abandonnant l'action féconde de la politique du bloc de gauche, la majorité radicale-socialiste ne peut — quoi qu'on en dise — nous donner la certitude que ni l'extension de la loi contre les accidents aux ouvriers agricoles, ni l'assurance contre la maladie et le chômage, ni l'impôt sur le revenu, ni les retraites ouvrières, seront votées par le Sénat avant le mois de mai 1910. (*Mouvement prolongé*).

Et pendant que la majorité radicale hésite, le gouvernement dans lequel nous avions mis tant d'espoirs nous stupéfie et nous révolte par des procédés que ses membres eux-mêmes nous excitaient à condamner lorsqu'ils étaient pratiqués par des Méline ou des Dupuy.

Vous vous étonnez de l'influence que certains révolutionnaires exercent parmi nos camarades.

Ne croyez-vous pas que cette propagande révolutionnaire serait vaine si nos amis n'étaient pas autant désillusionnés et démoralisés par le spectacle d'hommes pratiquant au pouvoir exactement le contraire de ce qu'ils ont enseigné toute leur vie dans l'opposition et s'ils n'assistaient quotidiennement au spectacle que donne l'entourage de certains ministres se ruant à la curée des sinécures et des faveurs!

Après l'effort des ministères Waldeck-Rousseau et Combes, nous attendions avec sympathie l'œuvre qu'allait accomplir le radicalisme socialiste incarné dans l'un de ses représentants les plus éminents.

La désillusion rageuse que nous avons ressentie a conduit et conduira beaucoup d'entre nous soit à la révolution soit à la réaction.

Il faut le dire carrément. A l'heure actuelle la question se pose à la plupart d'entre nous, de savoir si tous les gouvernements bourgeois ne se valent pas, si les ouvriers peuvent encore, sans trahison, se dire radicaux-socialistes. (*Sensation*).

Comprenez-moi bien. Il existe entre nous, ouvriers, une solidarité étroite et fraternelle plus forte que les nuances politiques.

Elle nous unit dans un commun amour de la classe ouvrière, et croyant la sentir décriée, menacée, traquée, nous sentons que c'est auprès de nos compagnons de lutte, de labeur, de souffrance qu'est notre place sous peine de désertion.

C'est à vous qu'il appartient, à vous tous représentants du Parti Radical, de nous permettre de croire encore — comme nous le désirons si sincèrement — à la possibilité, à la réalisation, à la proximité des réformes promises. (*Applaudissements*).

Nous ne voudrions pas être contraints d'aller au collectivisme révolutionnaire ; nous voudrions au contraire ramener à nous ceux de nos camarades qu'une politique de déception et de répression y a poussés ; et le seul moyen c'est de réaliser tout ce qu'il y a de sage et de pratique dans les réformes sociales en démontrant tout ce qu'il y a de chimérique dans le surplus. (*Applaudissements*).

Nous avons si longtemps, si souvent, si durement lutté côte à côte avec vous que nous voudrions conserver encore notre confiance dans la politique des réformes légales.

C'est vous qui pouvez nous la rendre, c'est vous qui pouvez faire la réconciliation totale, en reprenant hardiment l'action réformatrice interrompue, en apportant enfin au prolétariat, las d'attendre, les résultats palpables de votre foi démocratique. (*Très bien !*).

Nous vous avons aidé à vaincre le cléricalisme et la réaction ; aidez-nous maintenant à triompher de l'égoïsme des conservateurs. (*Vifs applaudissements*)

Le Président met aux voix la déclaration lue par M. Maurice Sarraut.

(Cette proposition a été adoptée à l'unanimité).

Le Président. — Il y a une deuxième proposition faite par le citoyen Charles Dumont, elle consiste à demander l'impression du rapport de M. Maurice Sarraut et l'envoi aux syndicats ouvriers.

(Adopté).

Le Président. — Une motion est déposée sur le bureau ; elle est ainsi conçue :

Le Congrès du Parti Radical et Radical-Socialiste, réuni à Dijon, répudie toute alliance ou toute compromission avec les partis progressistes et libéraux et se déclare prêt à reconstituer l'ancien bloc de gauche pour la réalisation des réformes économiques et sociales.

Le Président met cette motion aux voix.
(La motion est adoptée à l'unanimité).

La séance est levée à 11 h. 45.

QUATRIEME SEANCE

Samedi, 10 octobre, après-midi

La séance est ouverte à 2 h. par *le citoyen Jean Bourrat.*

Le citoyen Jean Bourrat invite l'assemblée à nommer son bureau.

Le bureau est ainsi constitué :

Président : M. le général André.

Vice-Présidents : MM. Albert Sarraut, député de l'Aude ; Tavé, député de la Corrèze ; René Besnard, député d'Indre-et-Loire ; Magnien, sénateur de Saône-et-Loire ; Louis Blanc, sénateur de la Drôme ; F. Cahen (Seine) ; Feuga (Haute-Garonne) ; F. Michaut (Côte-d'Or) ; Georges Bodereau (Seine-et-Oise ; Lefranc (Pas-de-Calais) ; Chérioux (Seine) ; Henri Rousselle (Seine) ; Bellanger (Seine).

Secrétaires : MM. Fabre (Aude) ; Myard (Saône-et-Loire) ; Bonnafous (Tarn-et-Garonne) ; Jules Mans (Hérault) ; Jules Cels (Lot-et-Garonne) ; Paul Virot (Seine) ; Lajus (Somme) ; Félicien Court (Haute-Garonne) ; Vignet (Rhône) ; Armand Charpentier (Seine) ; Emile Desvaux (Seine-Inférieure).

Le général André, président. — Je ne dirai pas de paroles inutiles car nous avons aujourd'hui des travaux importants à examiner : toutefois je vous adresse mes sincères remerciements pour m'avoir appelé à la présidence de cette séance ; je vous remercie d'autant plus que parmi vous il se trouve des représentants de municipalités, de groupements politiques qui, dans les époques difficiles de ma vie ministérielle, m'ont envoyé des adresses de sympathie et je tiens à leur adresser tous mes remerciements (*Applaudissements*) S'ils veulent bien encore me donner une marque de reconnaissance je les prierais de me la témoigner en observant dans toute la durée de cette séance le calme le plus complet, en laissant la parole à tous les orateurs, en évitant autant que possible les interruptions qui n'ont pour résultat que de prolonger inutilement les débats. (*Applaudissements prolongés*).

Nous allons procéder à la nomination du Comité exécutif.

Le docteur Hagen. — Je tiens à faire une remarque très courte. L'élection du bureau du Comité exécutif revêt, en raison de l'approche des élections sénatoriales, un caractère particulier d'importance. Il est bon, nous qui avons le poids et les responsabilités des luttes locales d'agir avec prudence quand il s'agit de donner à telle ou telle liste, à tel ou tel candidat, la véritable investiture radicale et radicale-socialiste.

A notre vif regret, il nous a été impossible, dans la ville de plus de cent mille habitants que j'habite, d'affirmer notre programme sur une liste vraiment radicale et radicale-socialiste. J'espère qu'à l'avenir le Comité Exécutif sera étroitement renseigné et que tous incidents fâcheux seront évités.

Le Président. — Avant de vous faire connaître les noms des membres qui lui sont proposés, je tiens à vous donner connaissance des dépêches suivantes que nous venons de recevoir :

Certaine d'être l'interprète de toute la Jeune-Turquie, la direction politique du journal la *Turquie Nouvelle* vous adresse ses remerciements émus pour la motion adoptée à l'unanimité par le Congrès.

Confiants dans la force morale invincible qui prépare la revanche du droit des gens, les Jeunes-Turcs de Paris remercient chaleureusement votre Congrès pour l'adoption de votre proposition les concernant et confient à la France leurs espoirs de justice.

Groupe Jeunes-Turcs. Paris.

Dans l'épreuve dure que notre patrie traverse maintenant, nous avons lu avec une profonde émotion et une reconnaissance infinie votre ordre du jour pour la Turquie. Nous nous faisons un devoir de vous remercier sincèrement.

Comité Union Progrès Ottoman Paris.

(Des applaudissements prolongés accueillent la lecture de ces télégrammes).

NOMINATION DU COMITE EXECUTIF

Le citoyen Ed. Strauss, rapporteur, lit la liste des délégués au Comité Exécutif proposés pour chaque département.

Les listes proposées sont successivement adoptées, sauf celles de l'Ariège, la Charente-Inférieure, le Gard, et la Haute-Loire, qui sont réservées.

Le Président invite les membres du Comité qui sont candidats aux fonctions de membres du bureau du Comité Exécutif, de déclarer par écrit, avant quatre heures, au bureau du Congrès, leurs candidatures.

L'ADHESION ET LA COTISATION
DES SENATEURS ET DEPUTES

Le citoyen Myard. — Nous venons de procéder à la nomination du Comité Exécutif. Je n'ai aucune objection à faire sur les noms que, dans sa souveraineté, le Congrès a acceptés.

J'ai remarqué que, parmi les membres du Comité Exécutif, il y a un très grand nombre de parlementaires. Je tiens à rappeler que, l'année dernière, à Nancy, à tort ou à raison, à tort à mon sens, on a imposé aux parlementaires une cotisation, et je tiens à demander *(Bruit)* si les parlementaires qu'on a nommés pour faire partie du Comité Exécutif ont acquitté leurs cotisations. *(Vifs applaudissements).*

Nous votons des motions ; si nous ne pouvons pas les exécuter, il serait préférable de ne pas les prendre. Mais quand elles sont votées par le Congrès, il faut les appliquer et ceux qui doivent s'y conformer, ce sont les parlementaires qui acceptent de faire partie du Comité Exécutif *(Applaudissements répétés sur de nombreux bancs).*

J'appelle l'attention du bureau que nous allons nommer, sur ce point. L'année dernière, j'ai proposé que la brochure du Congrès indique les noms des parlementaires qui acquittent leurs cotisations. Je demande que le compte rendu officiel du Congrès de Dijon fournisse les noms. *(Bruit et applaudissements).*

RAPPORT DE LA COMMISSION DES FINANCES

Le citoyen Balans, président de la commission des finances. — La commission des finances est prête à déposer son rapport, mais nous estimons que les noms des parlementaires cotisants ne doivent pas être publiés actuellement et que la brochure du Congrès en fournira la liste. *(Bruit prolongé).*

Le citoyen May, rapporteur de la commission des finances. — Pour toutes les questions qui pourraient nous êtres adressées et pour lesquelles nous ne serions pas autorisés à répondre, nous appellerons le président de la commission des finances du Comité Exécutif qui fournira les renseignements. *(Très bien).*

La commission s'est réunie hier matin. Nous avons contrôlé les comptes et nous avons remarqué avec satisfaction que le trésorier nous avait présenté un registre tellement bien tenu, qu'il nous a été très facile de vérifier tous les mouvements financiers de l'exercice. En face de chaque article, il y a un numéro qui correspond, pour les recettes, à un carnet à souches et, pour les dépenses à un bulletin signé par celui qui a encaissé. Nous n'avons pu vérifier chacun des articles, mais, au hasard, nous avons pris quelques comptes et nous les avons trouvés parfaitement corrects.

Comme la commission, nous vous demandons d'approuver les comptes très bien tenus dont nous félicitons le Comité Exécutif et sa commission des finances. (*Vifs applaudissements*).

J'ajoute que plusieurs chiffres ont frappé notre attention : le chiffre des appointements du personnel, les cotisations des délégués, les cotisations des parlementaires et les dépenses pour la propagande.

Nous avons estimé que les dépenses faites pour les appointements du personnel n'étaient pas du tout en rapport avec les services rendus par notre personnel. (*Très bien, vifs applaudissements*). Notre personnel nous donne des garanties particulières ; en lui adressant nos remerciements et nos félicitations, nous sommes heureux que le Comité Exécutif ait décidé de lui manifester nos sympathies d'une façon plus effective après le Congrès. (*Vifs applaudissements*).

Nous avons constaté qu'une trentaine de délégués au Comité Exécutif n'ont pas payé leur cotisation ni leur abonnement au *Bulletin du Parti*. La plupart, j'en suis persuadé, n'ont pas payé parce que les correspondances ne les ont pas touchés. A l'avenir, quand un délégué n'a pas payé, le Comité Exécutif devrait prévenir le président de la Fédération ou un délégué spécial qui ferait rentrer les sommes.

Des parlementaires n'ont pas encore acquitté leur cotisation ; vous délibérerez sur les mesures à prendre.

La proposition adoptée l'année dernière a fourni un fonds de caisse important. Le Comité Exécutif a pu ainsi faire une importante propagande aux élections municipales ; cet effort doit être poursuivi l'année prochaine avec plus de vigueur encore. (*Applaudissements*).

(Le rapport de la Commission des finances est adopté).

RAPPORT DE LA COMMISSION DE PROPAGANDE ET D'ORGANISATION DU PARTI

Au nom de la Commission de Propagande du Parti, **M. J.-L. Bonnet** présente le rapport suivant :

Citoyens,

Aux termes du *Règlement général du Parti* et des décisions de nos Congrès, les sénateurs et députés se réclamant du Parti radical et radical-socialiste « doivent adhérer par écrit au programme du parti et verser une cotisation annuelle de 200 francs ».

Le Congrès de Nancy de 1907 a prescrit, en outre, que « chaque année, le compte rendu du Congrès indiquera les noms des parlementaires adhérents au Parti. »

Circulaire aux Sénateurs et Députés

Le Président du Comité Exécutif a alors adressé à tous les sénateurs et députés inscrits aux groupes radicaux et radicaux-socialistes une lettre circulaire pour leur demander d'adhérer par écrit au programme du Parti et de verser la cotisation réglementaire de 200 francs. Quelques-uns s'y sont refusé. Certains n'ont pas répondu.

Cet argent alimente la Caisse de propagande. Un contrôle particulier en garantit l'affectation. Le rapport de votre Commission des finances vous a montré combien la gestion de ce fonds spécial a été prudente et a répondu aux intentions de ses fondateurs.

Votre « Commission de la Propagande du Parti » appelle votre attention sur la mise en exécution des résolutions de nos Congrès et des articles du « Règlement général du Parti. » Des parlementaires, élus comme radicaux et radicaux-socialistes, les dédaignent ou prétendent ne pas s'y conformer. Quelle règle de conduite le Parti radical et radical-socialiste suivra-t-il à leur égard ?

Parlementaires et non-parlementaires

Notre Parti a toujours témoigné à ses élus autant de déférence que d'attachement. Sa puissance a grandi par la collaboration fraternelle et le concours dévoué de ses deux éléments parlementaires et non-parlementaires. Nous désirons tous maintenir cette union étroite qui a été si favorable à l'essor de nos idées. Mais peut-on considérer comme un mandataire des électeurs radicaux et radicaux-socialistes le sénateur ou le député qui n'adhère pas au Parti radical et radical-socialiste ou qui se soustrait aux clauses et conditions stipulées pour son adhésion ? Evidemment non.

Des candidats se disaient radicaux et radicaux-socialistes sans en avoir les opinions. Elus, ils ne votaient pas avec le parti auquel ils affirmaient appartenir et ne participaient ni directement, ni indirectement, à la diffusion de ses doctrines. Vous avez voulu faire cesser cette confusion.

Le programme

Pour réaliser l'unité morale du Parti, vous avez voté au Congrès de Nancy un programme que tous les adhérents, Fédérations, Comités, élus et candidats du parti, doivent signer. Nul ne saurait désormais s'intituler radical et radical-socialiste s'il n'a pas accepté le programme élaboré par le Parti.

Collaboration et cotisation

Pour favoriser le développement et la cohésion du Parti, le Congrès de Nancy a ensuite déclaré qu'« une collaboration active et persévérante des élus à l'œuvre de propagande du Parti constitue l'indispensable contre-partie de la confiance que leur accorde la démocratie républicaine. » Et le Congrès a estimé que les sénateurs et députés adhérents étaient astreints « à apporter sous deux formes leur collaboration active et persévérante à l'œuvre de propagande ». 1° Par la participation aux manifestations démocratiques organisées dans le pays ; 2° Par le versement d'une cotisation annuelle de 200 francs.

Cette méthode est à l'abri de tout reproche. Nul n'est tenu d'appartenir à un parti, mais une fois qu'il s'en réclame ou s'y fait inscrire, il est obligé d'en accepter les avantages et les charges.

Les parlementaires adhérents

« Le compte rendu du congrès de Dijon indiquera les noms des parlementaires adhérents », c'est-à-dire des sénateurs et députés qui apportent leur adhésion réelle au parti radical et radical-socialiste en acceptant son programme et en contribuant à l'organisation de ses conférences et à ses frais de propagande. Les autres sont étrangers à notre parti, qui les traitera en étrangers.

Les non-adhérents

Vis-à-vis de ces derniers, votre Commission vous propose l'application stricte du « Règlement général du Parti » dans les conditions suivantes :

Le Comité exécutif doit, dès le premier tour de scrutin, aider par tous les moyens en son pouvoir les candidats reconnus par le Parti (art. 63).

Les parlementaires ne pourront obtenir l'investiture des candidats du Parti que s'ils ont adhéré formellement au programme du Parti (art. 59) et versé la cotisation réglementaire (art. 6).

Le défaut de paiement de la cotisation annuelle entraîne la perte de la qualité d'adhérent (art. 73).

Par conséquent, le Comité exécutif ne pourra accorder son investiture aux parlementaires qui n'auront pas adhéré au programme du Parti, ni versé la cotisation annuelle.

Au cas spécial où, pour une raison majeure, un sénateur ou un député adhérent n'aurait pas encore versé en totalité ou en partie cette cotisation, le comité exécutif serait chargé de régulariser cette situation.

La désignation des candidats

Rien n'est changé à la désignation des candidats du Parti qui se produit ainsi d'après le « Règlement général ».

L'initiative de la désignation des candidats est laissée aux groupes régulièrement adhérents au Parti.

L'investiture du Comité exécutif est donnée à la demande des Fédérations départementales intéressées (art. 58).

Le Comité exécutif ne donne son appui qu'aux candidats désignés par les Fédérations ou groupes de départements (art. 61).

Mais il est évident que les Fédérations et comités qui désignent les candidats du Parti doivent observer rigoureusement, de leur côté, le « Règlement général » et ne peuvent choisir comme candidats du Parti les parlementaires non-adhérents.

Les élus radicaux et radicaux-socialistes

Pour éviter toute erreur et établir l'unité d'action, votre Commission vous propose d'inviter le Comité exécutif à prendre à cet effet les mesures nécessaires.

Après le congrès de Dijon, le bureau du Comité exécutif ferait connaître aux fédérations et comités de chaque département les noms des parlementaires adhérents dans le département et rappellerait à nos groupements les prescriptions du règlement général qui ne permettent pas de désigner comme candidat du parti un parlementaire non-adhérent.

Cette sage méthode fera respecter les volontés de nos congrès et dissipera une fâcheuse équivoque.

Parmi les parlementaires, appartient seul au parti radical et radical-socialiste et a seul droit au titre de candidat du Parti, le sénateur ou député qui adhère au programme du Parti, paie de sa personne et consent un sacrifice pour ses idées.

N'est pas, quelque étiquette qu'il prenne, un élu du Parti radical et radical-socialiste et ne peut être désigné comme candidat du Parti le parlementaire qui, par indifférence ou calcul, n'accepte pas le programme du Parti et ne contribue pas à faciliter son organisation et à répandre ses doctrines.

Notre Parti s'honore de compter parmi ses membres un si grand nombre de sénateurs et députés qui se recommandent autant par le savoir et le talent que par le caractère et le dévouement. Nos fédérations et comités ne reconnaissent pas comme élus du Parti et ne choisiront pas pour candidats les parlementaires qui se tiennent à l'écart de nos groupements et s'abstiennent de coopérer à l'action collective. Les citoyens de la République militante ont le droit d'exiger de leurs représentants un effort et un exemple.

— Je ne veux ajouter que quelques mots à mon rapport.

Le Congrès de Nancy a demandé à tout sénateur et député se réclamant du Parti Radical et Radical-Socialiste : 1° de signer le programme du Parti ; 2° de participer aux manifestations politiques que le Parti organise dans le pays; 3° de contribuer à la propagande du Parti en versant une cotisation annuelle de 200 francs. Le compte rendu officiel du Congrès de Dijon indiquera les noms des Parlementaires qui ont acquiescé à cette demande ; les sénateurs et députés qui l'auront repoussée, se proclameront eux-mêmes non-adhérents et étrangers au Parti qui les traitera lui-même en étrangers. (*Vifs applaudissements.*)

Les Parlementaires adhérents au Parti sont avec nous, combattent avec nous, ont droit à notre estime et à notre concours et le Parti ne leur témoignera jamais que d'affectueux sentiments. (*Applaudissements.*)

Quant aux parlementaires qui n'acceptent pas le programme du Parti, ne participent pas à sa propagande et ne versent pas la cotisation réglementaire, vous considérerez qu'ils s'éloignent délibérément du Parti et vous appliquerez strictement à leur égard les prescriptions au règlement général. (*Vifs applaudissements*).

Mon rapport énumère ces prescriptions, le Comité exécutif est chargé de veiller à leur exécution. (*Très bien*).

Nous invitons le bureau du Comité exécutif à dresser aux sénateurs et députés qui n'ont pas encore répondu à son appel une nouvelle circulaire qui leur rappellera les décisions du Congrès de Nancy et les priera de s'y conformer La liste des parlementaires adhérents au Parti serait close le 30 novembre et insérée au *Bulletin Officiel du Parti.*

En outre, le bureau du Comité exécutif devra alors faire connaître aux Fédérations et comités adhérents de chaque département, les noms des parlementaires adhérents dans le département. Dans une circulaire spéciale, le bureau du Comité exécutif précisera, comme l'indique mon rapport, les prescriptions au règlement général qui ne permettent pas aux Fédérations et comités de désigner comme candidats du

Parti, les sénateurs et députés non adhérents au Parti. (*Applaudissements*).

En conséquence, au nom de votre Commission de propagande, je vous demande d'approuver les termes de mon rapport et les propositions que je viens de formuler. Votre vote affirmera votre volonté d'établir l'unité du Parti et de ne pas considérer comme appartenant au Parti les sénateurs et députés qui lui refusent une adhésion réelle et une collaboration efficace. (*Applaudissements prolongés*).

Le citoyen Dumesnil (Seine-et-Marne) déclare que tout radical et radical-socialiste doit apporter un concours dévoué au Parti.

Le citoyen Louis Tissier. — Il y a un côté de la question dont on n'a pas parlé et qui est beaucoup plus grave. Il y a dans le pays des Républicains qui, depuis l'origine de la République, combattent avec un dévouement admirable sans aucune ambition personnelle; quand ceux-là ont le malheur de commettre la plus légère erreur, il leur faut ensuite un temps excessivement long pour que les républicains qui les ont vus à l'œuvre consentent à les reprendre, comme simples soldats, dans les rangs du parti républicain. Il me semble alors que quand il s'agit des chefs, des élus, on doit exiger d'eux au moins les mêmes garanties. Il ne me paraît pas suffisant qu'on demande à un homme d'apporter 200 francs ; il lui sera indifférent de les verser, s'il est riche ; une baronnie du pape coûte plus cher que cela (*rires*) ; il n'est pas suffisant, également, de demander à des gens dont a le droit de se méfier des engagements, alors que l'on sait qu'ils ne les tiendront pas (*très bien*). Il est profondément regrettable que, dans des comités radicaux et radicaux-socialistes qui sont placés sous la présidence d'hommes comme le général André, comme Pelletan, comme Delpech, on puisse trouver des adhérents qui, en sourdine, ont passé toute leur vie à combattre les républicains. (*Applauaissements répétés*).

Plusieurs délégués. — Les noms ! Les noms ! On réclame la clôture.

Le citoyen Tissier. — Je ne veux pas vous donner des noms. (*Exclamations*). Je vais vous en donner un, et il aura une telle éloquence qu'il vaudra à lui seul toute une série. J'ai été profondément ému quand j'ai appris que M. Joseph Reinach était membre du parti républicain. (*Applaudissements, bruits*). C'est un de ces militants réactionnaires déguisés qui s'introduisent dans notre parti au moment des élections.

Il n'est pas suffisant qu'on signe un programme si on le trahit le lendemain en combattant, par exemple, l'impôt sur le revenu et en traitant de casseroles nos militants les plus sincères. Il est nécessaire que tous ceux qui veulent adhérer au parti radical comme élus d'abord, comme militants ensuite, signent une déclaration très nette d'acceptation du programme, versent leurs cotisations ; mais il est nécessaire aussi qu'en cas de forfaiture leurs noms soient livrés à la publicité afin que les citoyens puissent dire qu'ils sont indignes. Je n'admettrai pas que des républicains sincères restent quarante-huit heures de plus dans le parti avec des hommes comme M. Reinach. (*Bruits.*

Je demande qu'on donne les noms de ceux qui sont à jour avec le trésorier et qui ont, seuls, qualité pour pouvoir être élus au comité exécutif ; je demande aussi, et avec plus d'insistance peut-être, la liste des représentants qui, sans aucun contrôle possible, sont venus se faire inscrire à notre parti et le déshonorent à l'heure actuelle. (*Vifs applaudissements*).

Il y a encore un point qui pourra intéresser tous les militants. Il est relatif à une situation qui jette à l'heure actuelle un certain découragement dans nos rangs; au moment des élections, des adversaires de la veille deviennent des représentants de notre parti. Il n'est pas suffisant de se contenter de la déclaration d'un homme qui, à la veille du scrutin, viendra vous dire : « Je veux être votre candidat et je signerai tout ce que vous voudrez. » (*Bruit*). Nous demandons autre chose que cette adhésion. Nous avons déposé sur le bureau une proposition signée d'un certain nombre de congressistes et que je m'étonne de ne pas voir signalée ; elle déclare que nul, dans aucun cas, ne pourra être déclaré candidat du parti à n'importe quelle élection s'il n'appartient pas aux organisations adhérentes depuis une période d'au moins trois années. (*Applaudissements nombreux*). Voilà, citoyens, quelles sont les observations très simples, et, je crois, très légitimes, que j'avais à vous présenter. Je ne crois pas qu'il soit nécessaire d'aller chercher dans des faits plus récents la preuve de la nécessité de cette réforme. (*Applaudissements*).

Le citoyen Delarbre demande si tous les parlementaires désignés comme susceptibles de faire partie du Comité exécutif ont acquitté la cotisation réglementaire. (*Bruits prolongés*).

Le citoyen Delpech, président du Comité exécutif, fait appel à l'esprit de fraternité des membres du Congrès et déclare que le bureau du Comité exécutif fera une dernière démarche auprès des sénateurs et députés pour satisfaire la décision du Congrès de Nancy.

(*Un tumulte se produisant sur divers bancs, le général André, président, suspend la séance*).

A la reprise de la séance, *le citoyen Delpech,* président du Comité exécutif, adresse un nouveau et chaleureux appel à l'esprit de discipline des membres du Congrès et dit que le bureau du Comité exécutif voit, à l'heure actuelle, un certain inconvénient à lire la liste des parlementaires adhérents.

Le citoyen Delpech ajoute que le bureau du Comité exécutif délibérera après la séance et soumettra demain une proposition au Congrès. (*Appprouvé à l'unanimité*).

LA POLITIQUE EXTERIEURE ET COLONIALE

Rapport présenté par M. Lucien Le Foyer.

I

Le citoyen Lucien Le Foyer. — Le Parti radical et radical-socialiste ne semble prêter que peu d'attention à la politique extérieure ; et on dirait que ses Congrès témoignent assez exactement de cette insouciance, puisque les questions extérieures sont toujours celles qu'ils ne se pressent pas de discuter. Le Parti et ses Congrès ont tort. Osons le dire : La politique extérieure est la clef de la politique intérieure La question internationale est la préface de la question sociale.

Toutes les œuvres démocratiques dont notre Parti poursuit la réalisation et dont nos Congrès étudient chaque année l'évolution présentent, en effet, ce commun caractère d'exiger de l'argent ; et l'argent manque. Pourquoi ? Parce que l'argent s'en va sans cesse aux œuvres de la « polémocratie », s'il est permis de risquer ce mot. La guerre — ou la crainte de la guerre — domine notre politique. La souveraineté du peuple est inscrite dans nos lois ; mais la souveraineté de la guerre est ancrée dans nos habitudes. Je ne sais quelle superstition entoure encore la guerre, empêche de la flétrir hautement, retarde l'organisation juridique internationale, et, pendant des siècles de « paix armée », aussi bien qu'aux heures de bataille, prolonge le sacrifice des peuples !...

Il faut dégager une double et claire formule :

L'histoire passée est définie par le sacrifice de la politique intérieure à la politique extérieure, des réformes sociales à l'extension territoriale, du peuple à l'Etat, de la démocratie au militarisme.

Un magnifique reflux se prépare lentement. La politique extérieure va restituer à la politique intérieure les forces vitales qu'elle lui a trop longtemps dérobées. L'immense trésor de guerre où se sont accumulés les efforts, l'or, le temps, la vie même des précédentes générations, va se déverser enfin, pour les générations prochaines, dans le champ du travail. L'histoire future sera caractérisée par la subordination de la politique extérieure à la politique intérieure, de l'extension territoriale aux réformes sociales, de l'Etat au peuple, du militarisme à la démocratie.

Vous voulez de l'argent pour l'enseignement, la justice, l'assistance, les retraites, le crédit, les services d'Etat, les postes, l'agriculture, les travaux publics ? En voici.

Tournez-vous vers les quatre ministères de l'Extérieur : la Guerre, la Marine, les Affaires Etrangères, les Colonies. Substituez à l'anarchie internationale, à cette guerre financière qui s'appelle la paix armée, un régime d'entente internationale, d'organisation juridique ; — et toutes les forces de la nation, les millions d'or, d'heures, d'hommes, désormais consacrés à la production, rendus au travail, transfigureront la vieille patrie.

II

En attendant l'heure prochaine où l'opinion publique ouvrira les yeux, jetons nous-mêmes un coup d'œil sur ce que l'année révolue a fait de bon dans le domaine international, avec les vingt millions du budget des affaires étrangères, les cent millions des colonies, les trois cents et quelques millions de la marine, les huit cents millions de la guerre.

Il nous sera permis, en passant, de complimenter M. Pichon pour les réformes qu'il a entrepris d'introduire dans les services centraux de son ministère, ainsi que pour la création des attachés commerciaux.

Mais notre tâche est moins d'étudier les moyens et les organes dont se sert notre politique extérieure que de rechercher ses fins et d'apprécier ses résultats.

Le premier examen révèle que peu à peu les peuples entretiennent entre eux des rapports de voisinage plus normaux et plus divers. Organes et fonctions diplomatiques se multiplient. La « vie de relation» des peuples, comme celle des individus, se fait à la fois plus différenciée et plus intense, au cours de l'évolution.

Il y a peu d'années, la vie extérieure des peuples se bornait aux intrigues des hommes d'Etat et au choc des armées. Puis les Congrès diplomatiques jouèrent leur rôle ; et il ne fut bientôt plus nécessaire, pour les réunir, qu'une guerre eût ménagé un remaniement de l'Europe. A notre époque, l'intervention d'éléments nouveaux rend chaque jour de nouveaux services. Toute une vie internationale se constitue. Conférences diplomatiques et juridiques, traités d'arbitrage, expositions, visites ; l'interpénétration se fait de cent manières ; et les actes amicaux s'entrelacent comme les brindilles dont se font les nids.

A tout seigneur, tout honneur : Ceux des actes internationaux qu'il convient de rappeler d'abord sont les actes d'ordre juridique, parce que ce sont les premiers en dignité.

On sait que la Conférence de La Haye a donné la mesure de sa justice et de sa modestie en exprimant le vœu qu'une troisième Conférence accomplît la tâche qu'elle n'avait pu mener à bien. Toutes les espérances sont donc encore, non seulement permises, mais recommandées ; et que sont les regrets auprès des espérances ?...

Il n'en faut pas moins dire bien haut que la Conférence de 1907, si elle n'a pas fait tout son devoir, a pourtant rendu des services. L'Acte final du 18 octobre 1907, signé par les délégués de quarante-quatre Etats, a « reconnu le principe de l'arbitrage obligatoire »..., déclaré qu' « il est hautement désirable de voir les gouvernements reprendre l'étude de la question de la limitation des charges militaires », recommandé « aux puissances signataires l'adoption du projet de Convention pour l'établissement d'un code de justice arbitrale », manifesté le désir qu' « un Comité préparatoire à la IIIe Conférence de la Paix soit chargé par les gouvernements de réunir les propositions..., et de préparer un programme que les gouvernements arrêteront assez tôt pour qu'il puisse être sérieusement étudié dans chaque pays... » Il y a là les germes d'immenses progrès. Qu'on ne se lasse point de le redire ! Il ne conviendrait point que les peuples fissent porter à la Conférence de 1907 le poids de leur propre indifférence ou de leur paresse.

Les plénipotentiaires témoignaient aussi de leur sympathie à l'égard des traités d'arbitrage permanent ; déjà, leurs prédécesseurs, en 1899, avaient invité les peuples à se lier entre eux par de semblables traités, selon les affinités et l'occasion. Signalons, en ce qui concerne la France et l'année écoulée, le traité d'arbitrage intervenu entre la France et les Etats-Unis ; signé à Washington le 10 février 1908, il fut ratifié le 19 février par le Sénat américain. Cette convention, conclue pour cinq années, stipule que « les différends de nature légale qui peuvent s'élever entre les puissances contractantes seront déférés à la Cour d'arbitrage de La Haye à condition toutefois qu'ils n'affectent pas les intérêts vitaux, l'indépendance ou l'honneur des parties contractantes et ne concernent pas les intérêts des tierces puissances ». — On sait qu'à nos yeux de tels traités ont raison en ce qu'ils affirment, et tort en ce qu'ils nient. Plus les différends sont graves, plus ils affectent les intérêts vitaux, l'indépendance et l'honneur des peuples, plus il importe qu'ils soient solutionnés par l'intelligence d'un arbitre et non par la stupidité du canon.

Les progrès généraux de l'arbitrage obligatoire constituent d'ailleurs une leçon de moralité à méditer pour les grands politiques qui prennent pour jeu de manier les hommes. Le ministère des Affaires

étrangères a publié, à l'Exposition franco-britannique
de Londres, des tableaux graphiques résumant les
progrès de l'arbitrage obligatoire de 1903 à 1908. On
y voit que les traités d'arbitrage obligatoire, qui
étaient au nombre de 2 en 1903, ont atteint les chiffres de 27 en 1904, de 48 en 1905, de 49 en 1906, de
53 en 1907, et qu'on en comptait 60 en avril 1908.
Ces tableaux fournissent ainsi un curieux étiage de
la moralité (ou, si l'on préfère un terme plus bénin,
de la bonne volonté) des diverses nations, par la
comparaison du nombre des traités d'arbitrage qu'ils
ont conclus dans les cinq dernières années. On constate que la Grande-Bretagne a signé 12 conventions ;
le Portugal et la Suisse, 10 ; l'Espagne, la France,
l'Italie et la Norvège, 9 ; la Belgique, la Suède et le
Danemark, 8 ; les Etats-Unis, 7 ; les Pays-Bas et la
Russie, 4 ; l'Autriche-Hongrie, 3 ; la République Argentine et le Mexique, 2 ; l'Allemagne, le Brésil, le
Honduras, le Pérou et la Roumanie, 1 seulement.

On affecte volontiers de douter du pacifisme des
nations sous prétexte qu'elles ne peuvent apporter
comme témoignages de leurs sentiments que des déclarations et des paroles ; nous voyons qu'il est des
actes qui peuvent fournir la preuve cherchée.

A côté des actes ou des conférences qui présentent
un caractère officiel et qui sont d'ordre juridique, il
ne faut point omettre de mentionner l'œuvre de certains groupements dont l'importance est grande, et
qui remplissent un rôle de préparation et d'initiation.

Au premier rang de ces groupements figure
l' « Union Interparlementaire », dont la Conférence
eut lieu cette année à Berlin, et fit quelque bruit. Le
nom de la ville où siégea cette assemblée présente,
sans doute, à lui seul, quelque intérêt, — puisqu'on
n'eût pas manqué, si elle n'avait pu s'y réunir, de
marquer la signification d'un pareil échec. Le discours du chancelier de Bülow a dépassé l'attente. Et
si quelqu'un qualifie de bagatelle les paroles prononcées par un chancelier d'Empire devant cinq cents
parlementaires appartenant à des nations diverses,
nous lui demanderons pourquoi il y aurait lieu de
s'effrayer de telle harangue improvisée d'un souve-
rain inspectant sa garde. La vérité est qu'il est fort
bon que les grands de la terre prononcent certaines
paroles. Si ces paroles n'empêchent pas certains ac-

tes, elles les rendent du moins plus délicats et plus rares.

Les individualités sans mandat ont aussi tenu leurs Congrès. En 1907, le XVIᵉ Congrès Universel de la Paix avait eu lieu à Munich, en Allemagne déjà ; le XVIIᵉ s'est réuni, en juillet 1908, à Londres, et l'hospitalité anglaise fit merveille.

Nous n'aurons garde d'oublier les congrès des produits après les conférences des hommes. Ces congrès des produits, ce sont les expositions. L'Exposition franco-britannique a été l'un des triomphes de l' « entente cordiale ».

Le résumé — et souvent aussi la quintessence — de la conférence, c'est la visite. Les visites ont été fort à la mode cette année. Les nations, aujourd'hui, se visitent comme de grandes dames. Mais la philosophie de la visite semble se renouveler : il y entre moins de curiosité et plus de hauteur de vues ; le voyage prend un sens international ; le touriste est un peu diplomate ; certaines initiatives ont une portée qui les dépasse. Il ne faut que rappeler d'un mot les visites des souverains, où le roi Edouard VII semble donner le ton de la véritable élégance diplomatique. Le roi d'Angleterre a visité l'empereur de Russie à Revel, l'empereur d'Allemagne à Croneberg, l'empereur d'Autriche à Ischl. Le président Fallières a reçu à Londres un accueil mémorable. Les ministres ont imité les chefs d'Etat. Les parlementaires ont imité les ministres. Le voyage des parlementaires français à Londres est présent à l'esprit de tous.

Des groupements de commerçants, des groupements d'étudiants, — tels ceux qui accompagnèrent M. Andler à Berlin — des groupements maçonniques — une délégation de francs-maçons français répondit à l'invitation cordiale de maçons allemands — firent, chacun pour sa part, la bonne besogne d'entente de la diplomatie nouvelle. D'autre part, des délégations étrangères étaient reçues à Paris, notamment certains membres du Conseil municipal de Munich par la Délégation Permanente des Sociétés françaises de la Paix.

Et ce qu'il importe de noter, c'est que ces visites s'échangent aussi bien entre puissances dites rivales qu'entre nations proclamées amies. Les Etats d'Europe disent à ceux de leurs collègues qui appartiennent à la seconde catégorie : « Nous vous voulons beaucoup de bien » ; et, à ceux qui sont de la première : « Nous ne vous voulons aucun mal ». Rarement diplomates ont mieux parlé.

C'est ainsi que parmi ces conversations officielles, les plus intéressantes sans doute furent celles qui réunirent des Anglais et des Allemands, ou encore des Autrichiens et des Italiens. M. Tittoni rencontrait son collègue d'Autriche-Hongrie, le baron d'Ærenthal, à Salzbourg. Et les Anglais s'empressaient en Allemagne. Ce n'était pas seulement Edouard VII qui rencontrait l'empereur allemand : c'était le ministre anglais Lloyd George qui se rendait en Allemagne ; c'était une délégation de socialistes anglais qui venait affirmer aux ouvriers de Berlin leurs volontés pacifiques ; la guerre soi-disant inévitable entre l'Allemagne et l'Angleterre n'est à leurs yeux qu'une méchante fable, imaginée à plaisir par les chauvins des deux pays. Et le ministre anglais du commerce, M. Winston Churchill, ne disait-il pas, avec une admirable vigueur, dans un discours à Swansea : « Cela ne vaut jamais la peine de se battre pour l'intérêt du commerce ; un mois de guerre détruirait plus de richesse que cinq années de commerce prospère ne pourraient en produire... La démocratie est-elle si faible à la fin du vingtième siècle qu'elle ne puisse affirmer sa volonté ? Sommes-nous tous de simples marionnettes et des fantoches dont on pourra faire mouvoir les ficelles à l'encontre de leurs intérêts ?... »

Bref, nous nous trouvons aujourd'hui en présence d'une triple entente, — qui fut un moment symbolisée par le déjeuner du 26 août, à Marienbad, où Edouard VII réunit à sa table M. Clémenceau et le ministre des Affaires étrangères du Tsar, M. Isvolsky, — et qui fait face à la triple alliance. Il va sans dire que ce diptyque ne constitue pas un contraste, et que ces groupes de puissances ne se posent pas pour s'opposer, mais pour composer.

III

Cette distribution des peuples, cette répartition des alliances fournirait à l'observateur matière à réflexions. Qu'il nous soit permis d'attirer l'attention du Congrès sur deux idées seulement.

Une véritable « entente » entre deux peuples — à
fortiori une « alliance » — doit s'accompagner de bénéfices commerciaux pour les deux pays : les produits suivent le courant des inclinations. Déjà il est
aisé de voir, en examinant les chiffres du commerce
français en Angleterre, les effets bienfaisants de l'entente cordiale. Le rapport de M. Jean Périer, notre
attaché commercial à Londres, est sur ce point dé-
cisif. La courbe de notre exportation dans le Royau-
me-Uni est montée d'un façon très nette ; et certaines réformes dans nos habitudes commerciales, telles que la création d'une banque d'exportation es-
comptant le papier anglais qui est longue échéance,
permettraient d'atteindre un résultat meilleur encore,
dit cet observateur bien placé pour juger.

Ces bienfaits de l'entente rendent plus pénible la
constatation différente à laquelle on aboutit, si l'on
examine l'effet produit sur notre développement
commercial par une grande alliance. On a été dou-
loureusement impressionné en France quand il a fallu constater que la nation amie et alliée interprétait
à sa manière les corollaires de l'alliance. Ces corollaires semblent avoir été pour la Russie le droit à
l'emprunt et aussi celui de refuser à la France les
avantages commerciaux auxquels elle devait s'attendre. Au besoin, le tsar fait appel, pour la construction de certains vaisseaux, au concours de maisons
allemandes. C'est ainsi qu'il arrive aux riches, dans
le monde, de trouver des alliances, mais de perdre,
aussi, une partie de leurs illusions.

La vérité, c'est que la France ne connaît pas sa
force. A une époque où l'argent est indispensable à
toute chose et peut à peu près tout, un peuple riche
devrait trouver dans sa fortune un de ses moyens
d'action. Ne prêter qu'avec des garanties ; exiger des
compensations inscrites dans les traités de commerce ; diriger l'or au point choisi comme d'autres dirigent des armées ou des menaces, telle devrait être la
politique des peuples riches. La politique étrangère
se transforme : nous disions qu'elle devient juridique ; ajoutons qu'elle devient aussi financière. En
ouvrant ou fermant ses marchés des valeurs, en favorisant ou en empêchant tel ou tel emprunt, en grou-
pant officieusement les porteurs nationaux des valeurs étrangères notamment, la France devrait ai-

der sa politique, développer son influence, servir ses
intérêts, répandre ses idées.

Une autre évidence ira droit au cœur des républicains français — et notamment d'un Parti comme
le nôtre : Il vient d'être prouvé une fois de plus que
les principes de la Révolution Française, l'idéal cons-
titutionnel et parlementaire, s'ils paraissent parfois
s'affaiblir et sommeiller, soudain se réveillent. La
formule démocratique — pour ne pas dire la formule
républicaine — jaillit, à certaines heures inespérées,
d'autant plus haut dans les espérances des hommes,
qu'elle semblait avoir sombré dans plus d'oubli. Nous
disions : on ne fait plus de constitutions ; il ne naît
plus de Républiques ! Et la Russie obtenait une Douma, la Perse exigeait un Parlement, un vrai miracle
illuminait la Turquie !

Au milieu des fluctuations qui se mêlent à tous les
progrès, il est impossible à une heure donnée — notamment à l'heure où nous écrivons ces lignes — de
déterminer exactement ce que feront demain les représentations nationales des trois peuples en voie
d'affranchissement. Que vaudra la Douma qui suivra
la Douma actuelle ? Voici, après l'abominable réaction et le massacre dans les geôles, par le fer et par
le poison, de ce que la Perse comptait de plus nobles
et plus généreux révoltés, voici le Shah obligé de
réunir le parlement ; quelle sera sa destinée ? La
Turquie n'est-elle pas imprudente en faisant confiance à un Abd-ul-Hamid, — à qui maintenant, pour
le plus grand ébahissement de tous, des républicains
vont serrer la main... Il se peut, hélas ! que cette
révolution merveilleuse, accomplie au chant de la
Marseillaise, connaisse un jour ces répressions sournoises et sanglantes où la Perse se débat encore.
Pourtant, comme la constitution de 1876 — qui semblait une ombre oubliée ! — s'est subitement levée
pour gagner Yldiz-Kiosk et le prendre, ainsi, le magnifique mouvement de délivrance qui nous ravit à
l'heure présente, s'il était entravé un jour, repren-
drait sa marche nécessaire vers l'infaillible triomphe!

Ces émancipations des peuples éclaircissent peu à
peu l'horizon international. Il suffit de se reporter
aux votes des puissances dans la première et la seconde Conférence de La Haye, pour mesurer l'importance du déplacement des votes, consécutif aux révo-
lutions intérieures, au renouvellement des hommes

et aux transformations des politiques. Quelle leçon est en même temps donnée aux convoitises des grandes puissances ! Y avait-il une proie plus sûre que l'empire ottoman ? C'était une proie sûre, puisque c'était une proie disputée... Eh bien, la solution de la question d'Orient, ne la cherchez plus dans la voie de la conquête ; cherchez-la dans la voie du droit. On croyait au partage d'une nouvelle Pologne ; on n'a plus à se partager que des illusions. L' « homme malade » porte la main à son front, reprend conscience de lui-même, sent une nouvelle jeunesse le ranimer, et, remerciant ses héritiers déguisés en médecins, assume à nouveau, et seul, la direction de ses affaires.

L'histoire récente de la Turquie pourrait bien être l'histoire prochaine du Maroc.

IV

Ah ! ce Maroc ! Que dire de cet imbroglio, sinon qu'en effet tout s'y mêle et rien n'en sort. L'affaire marocaine ressemble à ces prismes de verre qui ont mille facettes, où tous les rayons se brisent, et qui n'ont en eux-mêmes aucune lueur.

Chercherons-nous quelque lumière dans les débats du Parlement ? Le Parlement devrait être éclairé par le gouvernement et renseigner lui-même la nation. L'examen des débats parlementaires a pour seul effet de montrer que le gouvernement est hésitant, la Chambre indécise et le pays indifférent.

Au cours de l'année sur laquelle portent nos observations, les interpellations commencent en novembre 1907, avec les discours de MM. Boni de Castellane, Trouin, Vaillant, Deschanel, Delafosse, Ribot. En janvier de la présente année, une interpellation Jaurès, avec une nouvelle intervention de M. Ribot. En mars, des discussions à la Chambre et au Sénat provoquées par le dépôt d'un projet de loi contenant allocation de crédits supplémentaires pour le Maroc. En juin, une triple interpellation Jaurès, Deschanel et Gervais. Le tout, bien entendu, ponctué de réponses de M. Pichon. Et pourtant, il est à peu près impossible d'en dégager une idée claire, sinon celle-ci peut-être : que le gouvernement intervient un peu, mais se garderait d'intervenir trop, qu'il envoie des troupes, mais ne fait pas la guerre, qu'il occupe des territoires, mais ne veut pas les garder, qu'il prétend gagner l'amitié des Marocains en les châtiant sévèrement, et qu'il reconnaît Abd-el-Aziz, sans combattre en face Moulay-Hafid. Si l'on cherche une formule qui résume cette pensée difficile à saisir, on peut la trouver peut-être dans l'ordre du jour proposé par MM. Gervais et Lefébure et voté par la Chambre, le 19 juin : « La Chambre, confiante dans le gouvernement pour assurer, sans intervention dans la politique intérieure de l'empire chérifien, la défense. des droits et de la dignité de la France au Maroc, conformément à l'Acte d'Algésiras, et repoussant toute addition, passe à l'ordre du jour ».

Le même jour, M. Pichon concluait son discours par ces paroles : « Notre situation au Maroc est très supérieure à ce qu'elle était avant notre intervention... Nous considérons qu'une politique de conciliation, de prudence et de droiture ne peut que fortifier la paix. »

Il suffit de rappeler en quelques mots les faits qui sont présents à toutes les mémoires, et chacun sera en mesure de décider s'il n'y a pas eu vraiment « intervention dans la politique intérieure de l'empire chérifien », si ce sont ses « droits » et sa « dignité » que la France a défendus, si ses actes ont été « conformes à l'Acte d'Algésiras », si « notre situation au Maroc est très supérieure à ce qu'elle était avant notre intervention », si l'on peut dire que notre politique a été faite de « conciliation, de prudence et de droiture », et si de cette aventure la « paix » sort « fortifiée ».

Pour nous, il nous est impossible d'attribuer aux actes du Gouvernement la même inspiration qu'à ses paroles. Il semblerait plutôt que celles-ci fussent destinées à contre-balancer ceux-là. Les paroles douces servent à faire passer les actes amers. Aujourd'hui encore, surprenant spectacle, la politique extérieure des grandes nations est le plus souvent composée comme ces scènes d'opéra-bouffe où la musique a pour rôle de railler et de contredire les paroles. Le libretto de notre politique extérieure au Maroc a été fort pacifique, mais la musique en a été très guerrière.

La sincérité oblige à reconnaître à l'expédition marocaine le caractère d'une guerre, — et d'une guerre inutile, fâcheuse pour notre situation en

Afrique, imprudente en ce qui concerne le maintien de la paix européenne.

Vers la fin de l'année 1907, la France possédait dans les eaux marocaines quatre grands croiseurs cuirassés de dix mille tonnes, un croiseur cuirassé de sept mille cinq cents tonnes, un croiseur protégé de deuxième classe. En outre, le *Galilée*, le *Lalande* et le *Forbin* assuraient le service des courriers ; le *Vinh-Long*, la *Nive*, le *Shamrock* servaient aux transports. Treize mille hommes au moins, sans compter les contingents oranais, formaient l'armée de terre. Toute une foule de sociétés se constituaient en France pour l'exploitation du Maroc. A côté de la « Compagnie Marocaine », dont on sait les attaches avec les Usines Schneider, du Creusot, naissaient le « Crédit Foncier du Maroc », le « Syndicat d'Union du Maroc », la « Société Commerciale Marocaine », la « Société Marocaine de Banque et de Commerce », l' « Union des Mines Marocaines », etc...

Nos troupes prennent l'offensive plus nettement. Le 27 décembre, la kasbah des Mediouna, à cinquante kilomètres de Casablanca, est occupée. Le général Drude est remplacé par le général d'Amade. Des troupes de renfort sont expédiées. La guerre se déroule avec toutes ses beautés : razzias ; saisies de troupeaux ; ventes aux enchères publiques ; amendes frappant les populations ; captures d'otages ; pillages ; incendies ordonnés par le commandant (comme le 15 mars, à Ourimi) ; massacres ; boucheries ; par contre, surprises (comme à Menabba) ; risques d'enveloppement et d'extermination ; charges à la baïonnette pour dégager les colonnes.

C'est ce que l'amiral Philibert résume dans une lettre qu'il adresse au général d'Amade, à l'issue de la revue des troupes de débarquement, le 7 juin : « Vous avez délivré et pacifié ce pays. Il nous reste à le protéger contre les fanatiques. Votre retour à Casablanca, à travers les tribus, n'a été qu'une marche triomphale au milieu des populations revenues qui vous receviez comme un bienfaiteur. »

Les tribus nous attaquent, font leur soumission, nous trahissent, acclament Abd-el-Aziz, puis Moulay-Hafid, ou vice-versa, selon l'occasion, leur force ou leur faiblesse, et les nécessités des cultures.

Les colons, dans l'intérêt de qui, paraît-il, se faisait toute cette besogne, étaient dans la dernière misère, leurs industries arrêtées, leurs biens détruits.

« Depuis le 30 juillet 1907, disent les journaux du 11 mars 1908, nos compatriotes étaient sans ressources, sans vêtements, sans logis ». C'est le 28 février que le ministre des Affaires étrangères, dans une lettre à M. Emmanuel Brousse, député, annonce « qu'un crédit a été ouvert à notre consul à Casablanca, en vue de distribuer, sur les indemnités éventuelles, des acomptes aux membres les plus nécessiteux de l'association amicale des ouvriers ou employés du port de Casablanca ».

Moulay-Hafid est proclamé à Fez au début de janvier 1908 ; il entre à Méquinez le 16 mai, à Fez le 7 juin. Il est proclamé à Marrakech, à Ouezzan, à Tétuan, à Tanger. Abd-el-Aziz, battu, prend la fuite le 19 août. Cependant, le 18 juillet, la France commence à retirer deux bataillons. L'évacuation graduelle continue. Le 20 septembre, l'Agence Havas communiquait la note officieuse suivante : « Depuis la séparation des Chambres, 3.000 hommes appartenant au corps de débarquement ont été évacués de Casablanca ; 1.000 hommes sont en partance ; 3.000 seront partis avant la fin du mois d'octobre. Il restera dans la région de Casablanca, 8.000 hommes, dont on étudie l'évacuation progressive au fur et à mesure de l'organisation d'une police faite par les goums marocains ».

Comprenne qui pourra ! Nous avouons n'y rien comprendre. Pourquoi cette expédition ? Pourquoi ces massacres ? Pourquoi cette évacuation ? Il semble malaisé d'apercevoir le moindre plan d'action ; on dirait plutôt qu'il a paru bon au Gouvernement de faire à certaines époques certaines manifestations, et de donner satisfaction à tel ou tel courant de l'opinion, pour ne pas dire à tels ou tels intérêts. Voulait-on venger les Européens tués à Casablanca, pacifier la Chaouïa en faisant disparaître un certain nombre de ses guerriers ? En vérité, le Gouvernement a dû être guidé par bien des scrupules contradictoires, pour commencer et cesser d'intervenir sans que le pays comprenne pourquoi !

Pour ces fins incertaines, quelques centaines de nos soldats sont morts ou ont été grièvement blessés, et beaucoup de millions ont été dépensés. Que coûtera l'expédition du Maroc ? Il est, à l'heure actuelle, à peu près impossible de le savoir. Des crédits supplémentaires demandés, la plus forte partie porte sur l'exercice 1907 ; et ce qui a été affecté à l'exercice

1908 ne constitue qu'une entrée en matières des plus minimes. D'ailleurs, les dépenses auxquelles sont destinés ces crédits ne comprennent pas la réfection du matériel de la marine, chapitre fort coûteux. D'après les chiffres officiels, les premières dépenses extraordinaires imputables à la campagne s'élevaient, au début du mois de mars 1908, à la somme de 22 millions. Mais ce n'est là qu'une faible fraction des dépenses réelles. Certains calculs aboutissent au chiffre de 150 millions. On sait qu'un professeur au Collège de France estime les dépenses effectuées depuis 1905 pour le Maroc à 400 millions. Il faut songer que pendant la durée de la campagne, tous les crédits ordinaires affectés à l'armée pour la solde, la nourriture, le fourrage, les transports, augmentent dans des proportions considérables. Le tir de l'artillerie est un feu d'artifice de billets de banque.

« Nous avons rehaussé notre prestige », nous assure-t-on. Vous voulez dire qu'une grande émotion traverse et soulève, dans nos diverses colonies, les indigènes que nous avons soumis. Les tribus marocaines pénètrent en Algérie. Il faut équiper une petite armée de 5.000 hommes. Une usine de la fameuse «Compagnie Marocaine », — toujours elle ! — l'usine à crin végétal de Bab-el-Assa, est attaquée. La harka sud-oranaise inquiète nos amis, enhardit nos adversaires. Vingt-cinq mille Marocains menacent sept mille soldats français. Jamais, depuis Abd-el-Kader, l'Algérie n'avait trouvé devant elle de pareilles forces. On se bat à Bou-Denib le 31 août et le 1er septembre ; un grand combat a lieu le 7. Ainsi, la sécurité de l'Algérie est ébranlée, — au moment même où toute l'Afrique du Nord semble frémir d'une pensée d'indépendance, où des protestations égyptiennes se font entendre contre la domination anglaise, — pendant qu'au loin l'Indo-Chine, calme jusqu'ici, mais pressurée par une mauvaise administration fiscale, s'agite... Et il semble que le seul résultat de notre intervention au Maroc soit d'avoir réalisé contre nous son unité, sous la direction d'un sultan nouveau, intelligent, respecté, populaire et victorieux.

S'il nous était permis de parler avec une liberté complète de la campagne même qui a été menée au Maroc, parce qu'il s'agit là d'une initiative purement française, le Congrès comprendra que nous gardions plus de réserve dans l'appréciation des pourparlers diplomatiques auxquels notre politique marocaine a donné lieu en Europe.

Il est impossible pourtant, de ne pas signaler l'importance, la délicatesse — pour ne pas dire la gravité — des négociations qui se poursuivent entre les chancelleries au sujet de ce malheureux Maroc. Les relations entre la France et l'Allemagne ne sauraient en être altérées. Chaque incident nouveau ne laisse pas pourtant que de causer quelques malaises ; et ces malaises renaissant pourraient aboutir à créer une sorte d'irritation. Voici l'incident des déserteurs entre autres... Etait-il assez imprévu ? Et pourtant, déjà, que de notes échangées ! Et voici la question de la légion étrangère devenue question diplomatique... Nous entrons dans la période des conversations avec Moulay-Hafid. C'est peut-être la fin de l'histoire ; mais, à coup sûr, ce n'est que le commencement de la fin. Il va falloir ergoter, consulter, approuver, critiquer telle ou telle expression relative à l'interprétation de l'Acte d'Algésiras, peut-être courir les chances d'un nouvel accord ! La France, comme il est d'usage — étrange usage ! — réclame une indemnité pour le meurtre de ses nationaux et une autre indemnité pour ses frais de guerre, c'est-à-dire réclame de l'argent pour les Français qui ont été tués et pour les Marocains qu'elle a tués. Les Européens, des diverses nationalités, établis au Maroc, et qui ont eu à subir des pertes du fait de la guerre, réclament, eux aussi, et avec justice, des indemnités. La situation financière du Maroc est ébranlée, et la gestion de ses principales ressources est placée sous le contrôle européen... Combien de difficultés en perspective !

Que cet exemple, comme tant d'autres faits de ces dernières années, serve d'avertissement aux républicains ! Qu'ils comprennent que la politique extérieure doit s'inspirer des mêmes principes que la législation nationale ! Il appartient à notre Parti de rappeler à la France qu'elle a moins, dans son intérêt même, à prolonger les traditions diplomatiques qu'à réaliser, dans la vie internationale nouvelle, l'application des droits de l'homme.

Le citoyen Lucien Le Foyer, rapporteur de la Commission des affaires extérieures. — Je représente non seulement une commission, mais aussi la paix ; par

conséquent mes conclusions doivent recevoir de vous
un accueil tout favorable. — Quelle que soit la gravité
des faits qui se déroulent en ce moment dans la pé-
ninsule des Balkans, je pense répondre à la pensée
des membres du Congrès en limitant mes observa-
toins au strict minimum, en me bornant à la lecture
des conclusions de la commission, — quitte à les
reprendre si des objections m'étaient faites. La première de nos résolutions est relative, non pas à l'attitude de la Turquie dans les circonstances si critiques
qu'elle traverse à l'heure présente et où elle montre
tant de dignité, pour ne pas dire tant d'héroïsme,
mais à cette révolution magnifique que la Turquie a
accomplie il y a quelques semaines, et par laquelle
elle a annoncé aux peuples libres qu'il naissait un
peuple libre de plus, aux démocraties qu'il y avait
une démocratie de plus. (*Applaudissements répétés*).
Voici le texte de cette résolution :

1º Le Congrès adresse au peuple turc ses félicitations
chaleureuses pour son émancipation magnifique, et l'assure
de ses sympathies cordiales dans l'œuvre qu'il a entreprise,
où une démocratie nouvelle se constitue par la liberté.

(*Cette résolution est adoptée à l'unanimité*).
Le citoyen Le Foyer lit les 2e, 3e, 4e, 5e et 6e résolutions qui sont successivement adoptées sans observations.

2º Le Congrès émet le vœu qu'une réunion solennelle
des puissances se prononce souverainement sur l'adaptation aux événements actuels du traité de Berlin, et que la
France y soutienne, conformément à ses traditions sécu-
laires, les intérêts du droit.
3º Le Congrès invite les Pouvoirs publics à préparer aussi
promptement que possible l'organisation d'un état juridique
international de nature à assurer la solution pacifique
amiable de tous les différends internationaux.
4º Le Congrès invite le Gouvernement à mettre à l'étude
les questions que la deuxième Conférence de la Haye a
recommandées à l'attention des puissances.
5º Le Congrès est d'avis que le Parlement soit davantage
associé à la politique extérieure et que la Constitution soit
modifiée pour que tous les traités, notamment les traités
offensifs ou défensifs, soient soumis à la ratification des
Chambres.

Ici, citoyens, nous passons à une question délicate.
C'est la question du Maroc. Un débat a eu lieu au

sein de la commission ; les uns estimaient qu'il con-. venait de garder le silence ; mais nous avons pensé que quand des questions comme celle-là engageaient les intérêts financiers, commerciaux et coloniaux, et aussi le bon renom et l'attitude de la France devant l'Europe, il était impossible que le parti radical, parti de gouvernement, ne fît pas entendre, au moins une, fois par an, sa pensée et sa volonté :

6° Le Congrès émet le vœu que la France s'attache à mieux utiliser cette grande force internationale qu'est la puissance financière et la politique financière en étroit accord avec sa politique extérieure et ses intérêts commerciaux et coloniaux.

7° Le Congrès émet le vœu que le Parti Radical et Radical-Socialiste mette au premier rang de ses préoccupations les intérêts économiques dans leurs relations avec les questions de politique extérieure.

8° Le Congrès appelle l'attention du Gouvernement sur la situation des Européens établis au Maroc, et notamment des Français, qui ont dû subir tant de pertes matérielles et morales du fait des hostilités, et compte qu'ils recevront une prompte et juste indemnité.

9° Le Congrès est d'avis que le gouvernement s'efforce d'assurer l'expansion des idées et des productions françaises en développant l'éducation commerciale et coloniale de la nation, en favorisant les initiatives individuelles et l'établissement de nos nationaux à l'étranger et aux colonies. Il estime que les lois et coutumes indigènes doivent être respectées quand elles ne sont pas incompatibles avec les nécessités de la civilisation, et affirme sa confiance dans la supériorité des procédés pacifiques qui ne se heurtent pas à d'insurmontables difficultés pratiques.

10° Le Congrès invite le Gouvernement à poursuivre l'exécution au Maroc du mandat que la France a reçu de l'Europe à la Conférence d'Algésiras, ainsi qu'à assurer la défense de ses droits, en faisant pénétrer pacifiquement dans ce pays la civilisation et le progrès. Il émet le vœu que le Gouvernement garantisse effectivement la protection des intérêts français au Maroc et espère que le rétablissement complet de la sécurité publique internationale permettra le retrait progressif de nos troupes du territoire marocain.

11° Le Congrès émet le vœu que les attachés commerciaux près de nos ambassades et légations soient pris, de préférence, parmi les personnes qui se sont spécialisées dans les questions commerciales, et non parmi les fonctionnaires de carrière.

12° Le Congrès rappelle la résolution émise par le Congrès de Nancy en 1907 et ainsi conçue :

« Considérant que la propagande en faveur de l'arbitrage

7

international et de l'organisation juridique de la paix doit être encouragée par le gouvernement de la République, mais que ces encouragements, pour être efficaces, doivent être donnés avec discernement et méthode, et que la préparation des esprits à la compréhension des questions internationales doit être l'objet d'une organisation systématique,

« Attire l'attention du Gouvernement sur l'utilité de la création d'un bureau de l'organisation juridique de la paix au ministère des affaires étrangères. »

(Toutes ces dernières motions sont également adoptées à l'unanimité et sans discussion).

Le citoyen Le Foyer est très applaudi.

Le citoyen G. Hubbard. — Le gouvernement anglais s'est empressé d'annoncer qu'il mettait une somme annuelle à la disposition du secrétariat du Congrès pour la paix. Je regrette que ce soit le gouvernement royal anglais — en dépit de la sympathie que j'ai pour l'Angleterre — qui ait le premier donné le signal de la remise de fonds publics à cette admirable institution. Je regrette que la France n'ait pas été la première dans cette voie. Je prie Le Foyer d'introduire dans un de ses vœux que la République ne se laisse pas, sur ce point, dépasser par les autres pays. *(Assentiments).*

Le citoyen Le Foyer. — Une résolution en ce sens a été votée dans les précédents Congrès, nous pouvons la renouveler. *(Assentiments).*

NOMINATIONS DES DELEGUES AU COMITE EXECUTIF

(Suite)

Le président. — Nous allons passer à l'examen des départements qui ont été ajournés.

Le citoyen Strauss, rapporteur, appelle les départements :

Ain. Plus de contestations.

Haute-Loire. — (Réservé).

L'Ariège. — La commission d'enregistrement des candidats a tenu à s'entourer de tous les renseignements possibles et s'est efforcée de voir si les candidats proposés faisaient partie des comités de leurs départements, s'ils étaient en règle avec le comité, s'ils avaient tous les droits que le règlement exige pour être élu au Comité Exécutif. La liste des représentants de l'Ariège était signée par tous les délégués de ce département au Congrès. C'est cette raison qui nous a déterminé à vous proposer l'élection sans observation. Voici les noms : Delpech, Tournier, Charles et Gaches.

Le citoyen Lefort. — Nous ne voulons contester aucun des noms qui sont inscrits. Cependant il y a un arrondissement qui, au point de vue politique, est très organisé, qui possède des comités qui ont fait une très vive propagande et qui demanderait à être aussi représenté au sein du comité. Je vous demande de nous accorder un nom qui se joigne à ceux qui ont été cités. Nous faisons là une proposition de conciliation.

Le citoyen Delpech. — Non, ce n'est pas une proposition de conciliation, citoyen Lefort, c'est une manœuvre dirigée contre moi et mes amis. M. Lefort est ici l'agent de nos adversaires. (*Mouvements*).

Un délégué. — Alors, qu'est-ce qu'il fait ici ?

Le citoyen Delpech. — M. Lefort a commencé par déposer un vœu à la commission de discipline où il a voulu attaquer un préfet radical qui a la confiance et l'amitié de tous les républicains. En ce qui nous concerne, voici quelques lignes de la lettre que M. Lefort m'a adressée en m'invitant à prendre connaissance des vœux déposés contre ce préfet. Vous allez voir s'il n'y a pas là une manœuvre dirigée contre celui qui a eu l'honneur de votre confiance.

Le citoyen Delpech donne lecture de la lettre.

Le citoyen Delpech. — Je demande s'il y a quelqu'un ici qui me suppose capable, après toute ma vie de service à la démocratie, de faire une politique contraire à celle que j'ai pratiquée toujours à Paris ou ailleurs. (*Non ! Non !*) Cette politique que j'ai toujours faite, je la continue dans mon département. Il y a derrière nous des adversaires ; vous les connaissez très bien...

Plusieurs voix. — Delcassé ! Delcassé !

Le citoyen Delpech (s'adressant à M. Lefort). — Voilà ceux que vous représentez ici. Je proteste donc contre cette manœuvre dirigée contre des républicains qui ont votre confiance et je vous demande de maintenir dans son intégrité la liste qui est proposée. (*Applaudissements*).

Aux voix ! Aux voix !

(*La liste est maintenue à la presque unanimité*).

Le citoyen Strauss. — Nous avons à examiner maintenant le département de la Charente-Inférieure.

Le citoyen Ferdinand Rignoux. — Vieux républicain et président de la Fédération radicale-socialiste de Surgères, je viens vous demander dix minutes de votre attention. Il ne s'agit pas d'examiner une question personnelle, mais de trancher une question de principes qui a été mise à l'ordre du jour. Voici ce dont il s'agit : cinq comités du département de la Charente-Inférieure, régulièrement affiliés au Comité Exécutif, dûment mandatés, représentés par cinq personnes, se sont mis laborieusement d'accord pour faire choix des candidats au Comité exécutif auxquels notre département a droit. Cette liste n'a pas été admise en entier parce qu'un autre comité qui, aux élections municipales dernières, s'est allié avec les socialistes révolutionnaires, a présenté une liste opposée. La commission, que je ne blâme pas, mais que je critique en l'espèce, a cru devoir rayer le nom de l'un des cinq candidats pour le remplacer par un candidat de ce comité dissident. Je demande que la question de principe soit résolue. Est-ce que cinq comités ayant cinq mandats doivent être mis en partie de côté, alors que, contre eux, s'élève un seul comité que représente le docteur Marianelli, rejeté par le suffrage universel est blâmé par le Comité Exécutif. Je demande que le nom substitué soit rayé et qu'on réintègre celui de notre candidat qui a créé le comité radical-socialiste et une section de la libre pensée dans sa région.

Le citoyen Strauss. — Je veux vous donner quelques explications et ne pas laisser subsister dans votre esprit que la commission a, *proprio motu*, changé aucun nom. Il y a une question de personnes. Tout à l'heure, l'un des membres de la commission chargée de recueillir les listes de candidats a demandé aux différents délégués, dans un but de conciliation, de s'entendre sur une seule liste. C'est Bellanger, qui est en train de rédiger les listes de candidatures pour ce soir, qui a été chargé de cette mission. Il est allé trouver les représentants de tous les comités du département et il est revenu en disant : « Dans un but de conciliation, on efface le candidat que Rignoux vient d'indiquer et on ajoute Marianelli. » (*Quelques exclamations*). Cela n'a pas été fait de son propre chef, mais après entente avec les délégués.

Le citoyen Rignoux. — Mais pas avec moi. (*Cris : Aux voix ! Aux voix !*)

... Il y a en face d'un homme rejeté par le suffrage universel un candidat qui a toute notre estime.

Le citoyen Giron. — Le comité de Rochefort a toujours fait alliance avec les groupes de gauche. (*On crie : Aux voix ! Assez !*)

Le citoyen Lefranc. — Il y a dans cette affaire une brouille qui existe depuis longtemps malheureusement entre deux personnalités éminemment républicaines. Le Comité Exécutif est constamment saisi d'affaires locales qui prennent tout son temps et l'empêchent de s'occuper d'affaires plus sérieuses ; j'estime que nous avons le devoir, dans une assemblée comme celle-ci d'imposer la volonté du Parti à deux personnalités. (*Bravos répétés*). Nous avons étudié la question à fond. Nous avons même réussi à persuader Braud et Marianelli qu'il était temps qu'ils aillent la main dans la main ; mais à peine avons-nous eu le dos tourné que l'animosité s'est ravivée.

Eh bien, j'accepte pour mon compte, comme rapporteur de la commission de discipline, la proposition très simple qui est faite par la commission. (*Les intéressés crient : Non ! Non !*). Il y a intérêt à obliger ces citoyens à se conformer au règlement. (*Bruit*).

Le citoyen Strauss. — La commission n'a fait intervenir dans sa décision aucune préférence personnelle. (*Bruit, exclamations*).

Le citoyen Rignoux. — Je propose un amendement tendant à remplacer le nom de Marianelli par celui de Bignon, lequel est accepté par les cinq autres comités. Voulez-vous donner la priorité à cette proposition. (*Assentiments*).

Le président. — Je mets aux voix cette proposition. (*Adopté à une grosse majorité*).

Le citoyen Strauss. — Je passe à la Dordogne. Il n'y a ici personne de la Dordogne ? (*Personne ne répond*). Il reste aussi le Gard. Il n'y a pas de contestations ? (*Adopté*).

LES REFORMES ELECTORALES ADMINISTRATIVES ET JUDICIAIRES

Rapport de M. J.-L. Bonnet sur la réforme électorale.

Au nom de la commission du Comité Exécutif, M. J.-L. Bonnet a présenté le rapport suivant sur la Réforme électorale.

Citoyens,

Le *programme du Parti*, voté au Congrès de Nancy de 1907, « demande la réforme électorale » et stipule qu' « une nouvelles et équitable répartition des sièges législatifs assurera à chaque région une représentation numériquement en rapport avec l'importance de sa population ».

Cette prescription nécessite la péréquation des circonscriptions de département ou d'arrondissement. Une « équitable répartitions des sièges législatifs » ne peut être établie qu'en proportionnant la représentation au chiffre des habitants. Diverses propositions ont été déposées à la Chambre pour atteindre ce but, et toutes comportent la réduction du nombre des députés et une modification du système électoral.

Un groupe comprenant plus de 200 députés républicains les a examinées et a chargé notre collègue du Comité Exécutif, M. Dessoye, député de la Haute-Marne, président de la Ligue de l'Enseignement, de déposer un projet de loi dont voici les deux principaux articles.

Projet de loi

ART. 2. — *Chaque département élit* au scrutin de liste *autant de députés qu'il y a de fois* 75.000 *habitants, défalcation faite des étrangers, toute fraction complémentaire valant pour le nombre entier lorsqu'elle dépasse* 37.500.

« Chaque département élit au moins deux députés.

« Il est attribué un député au territoire de Belfort, deux députés à chacun des trois départements algériens et dix aux colonies.

« ART. 3. — Le département forme une seule circonscription. Toutefois, lorsque le nombre des députés à élire par un département sera supérieur à cinq, le département sera divisé en circonscriptions dont chacune aura à élire trois députés au moins et cinq au plus. »

La Chambre compte 591 députés — dont 6 pour

l'Algérie et 10 pour les colonies — et en comptera 597 en 1910, si rien n'est changé dans la législation.

D'après la base électorale du projet, la Chambre comprendrait, pour la métropole, 518 députés au lieu de 575 : soit une réduction de 63 sur le nombre actuel et une réduction de 69 sur la composition de la Chambre prochaine.

La péréquation des circonscriptions

Nos congrès de Paris (1901), Lyon (1902), Marseille (1903), et de Nancy (1907) se sont prononcés pour le scrutin de liste et vous ne voudrez pas recommencer cette année le même débat théorique.

Votre commission vous propose d'abord de donner un plein assentiment à la réforme électorale et d'inviter le Parlement à la discuter à bref délai. Si l'on attend encore cinq ou six mois, il sera trop tard pour l'entreprendre dans cette législature. Tout le monde doit être fixé une année au moins avant le renouvellement de la Chambre.

Votre commission estime ensuite que, quel que soit le mode de scrutin, il importe d'obtenir du Parlement le vote du paragraphe premier de l'article 2 du projet de loi. Trop longtemps a duré le système inique et absurde de la délimitation de nos circonscriptions.

Je rappelle que les Basses-Alpes ont 113.000 habitants et 5 députés ; l'Ariège, 205.000 habitants et 3 députés ; l'Aube, 243.000 habitants et 6 députés ; la Sarthe, 426.000 habitants et 5 députés.

Belley (Ain) compte 24.000 électeurs inscrits, Gex, 6.500 ; Aubusson (Creuse), 29.493 ; Bourganeuf, 4.746.

Les cinq députés de Briançon, Embrun, Barcelonnette, Castellane et Sisteron totalisent 11.722 suffrages, alors que le député de Nantes (3e circonscription) est élu par 22.832 voix, et le député de Versailles) 1re circonscription) par 17.000.

L'énumération de ces anomalies prendrait trop de place. Vous avez protesté contre ces inégalités qui faussent la loi du nombre, base du suffrage universel. Le projet de M. Dessoye et de ses collègues satisfait à vos réclamations ; son adoption rétablira l'équité.

Le renouvellement de la Chambre

Votre commission vous demande enfin de dire nettement votre avis sur le renouvellement partiel de la Chambre. Trois de nos collègues du Comité Exécutif, M. Klotz, député de la Somme, M. Gioux, député de Maine-et-Loire, et M. Pelisse, député de l'Hérault, ont présenté des propositions de loi : en 1903, projet de M. Klotz, tendant à élire la Chambre pour six ans et à la renouveler par tiers tous les deux ans ; en 1907, projet de M. Gioux, tendant à élire la Chambre pour six ans et à la renouveler par moitié tous les trois ans ; en 1908, projet de M. Pelisse, tendant à élire la Chambre pour six ans et à la renouveler par tiers tous les deux ans.

En 1904, au nom de la commission du suffrage universel, M. Ruau, député de la Haute-Garonne, avait déposé un magistral rapport établissant le scrutin de liste, le mandat de six ans et le renouvellement par moitié tous les trois ans. La Chambre ne l'a pas discuté.

Le rapport de M. Dessoye approuve l'innovation sans conclure et souhaite qu' « on la reprenne et l'examine dans la Chambre et dans le pays ». Votre commission y est entièrement favorable et m'a chargé de vous en résumer les avantages.

Le renouvellement total

Les partis dynastiques n'ont pas désarmé. L'opposition cléricale guette l'occasion d'instaurer un nouveau régime. Elle favorisera toute tentative de renverser nos institutions au profit de n'importe qui. Le renouvellement total de la Chambre encourage les espérances et facilite les menées des factieux.

Nous paraissons mettre la République aux enchères tous les quatre ans. Chaque fois, les réactionnaires annoncent sa chute et font un effort désespéré. Le pays repousse leur assaut, qui recommence à la première réélection générale. La nation vit dans l'instabilité perpétuelle et sous la menace constante d'un changement de la forme gouvernementale. Cette précarité nuit autant à l'intérêt public qu'à l'intérêt privé.

Nos adversaires comptent toujours sur une saute brusque de vent, sur un caprice populaire, sur un incident intérieur ou extérieur qui affolera la masse des citoyens et la jettera aux pieds d'un sauveur. L'expérience du boulangisme nous a montré l'étendue du péril : le renouvellement partiel en atténuera, en supprimera le risque.

Ses dangers

Le renouvellement total permet à la réaction de jouer le tout pour le tout.

L'enjeu, c'est la possession de la majorité : le but, c'est le remplacement de la République et, accessoirement, une volte-face à droite et une modification complète de nos lois laïques, fiscales et sociales.

Les prétendants et les congréganistes cherchent et trouvent des concours de toute nature. Leurs partisans paient de leur personne et de leur argent. Les indifférents et les puissances financières sont sollicités et pontent : les uns pour ne pas s'aliéner ou acquérir un auxiliaire éventuel ; les autres pour contracter une contre-assurance et se prémunir contre une victoire même problématique.

Pour gagner la partie, on n'hésitera pas à user des moyens les plus odieux : l'intimidation, le boycottage, la fraude, le trafic des votes. Et l'on tente le coup, on livre la bataille, on est battu, on rentre au logis où l'on fourbit ses armes pour une autre rencontre.

Le renouvellement partiel

Le renouvellement partiel réduit au minimum les chances de la réaction et fera disparaître la légion des parieurs qui hasarderaient leur argent en pure perte. On peut s'imposer un sacrifice quand le remplacement de la totalité de la Chambre fait naître la pensée de conquérir la majorité qui ordonne et décide. On a le sentiment de son impuissance et on est porté à s'abstenir quand il s'agit seulement de s'emparer d'une fraction et d'accroître sa minorité sans posséder la majorité.

Ses avantages

Le renouvellement partiel tarit les principales sources de la corruption électorale.

Le renouvellement partiel amortit le choc du combat contre la République, diminue le nombre et la

valeur de ses ennemis, la préserve de la répercussion
d'un funeste événement, assure sa stabilité et fonde
sa pérennité.

Appliquons un système qui nous procure ces bienfaits inestimables et choisissons le renouvellement
par tiers qui nous fournit plus de garanties que le
renouvellement par moitié.

Les travaux parlementaires

Si l'on considère la bonne méthode des travaux
parlementaires, le renouvellement total de la Chambre n'offre que des inconvénients.

A chaque renouvellement, la moyenne des nouveaux députés est de 200. L'expérience démontre
qu'on emploie la première année à se connaître et
à s'orienter. On tâtonne et on prépare la besogne ;
on l'entame la deuxième année, on la poursuit la
troisième. Les douze derniers mois, l'obsession de
la réélection hante les cerveaux ; on liquide au
Palais-Bourbon et on passe le plus de temps possible dans sa circonscription où les concurrents mè-
nent la campagne. La machine parlementaire produit à la Chambre un rendement utile pendant deux
années sur quatre.

Le renouvellement partiel par tiers assure un
plein rendement pendant toute la durée du mandat.
Le nouveau tiers s'incorpore naturellement aux
deux autres. L'œuvre législative n'est jamais interrompue ; il n'y a pas solution de continuité. L'action
individuelle et collective se déroule avec régularité,
sans perte de temps ni d'efforts.

Perte de temps et ajournements

Consultons l' « état des travaux législatifs de la
Chambre des députés », au 1er juillet 1908. Nous
constaterons que l'ordre du jour est encombré de
propositions de lois qui traînent, depuis des années,
dans les commissions. Trente-trois rapports, déposés par les commissions de la précédente législature,
ont été repris en 1906 et 1907 et renvoyés à des
commissions spéciales.

Une interminable procédure est de rigueur. Un
député présente une proposition de loi, une commission l'examine, un rapporteur est nommé. Le
rapport est imprimé et distribué. S'il n'est pas dis-

cuté pendant la législature, il faudra tout recommencer dans la nouvelle : nomination de la commission, étude de la proposition, désignation du rapporteur, rédaction, impression et dépôt du rapport, mise à l'ordre du jour de la Chambre. C'est ainsi que des projets urgents sont indéfiniment ajournés.

Je n'en citerai pour exemple que l'abrogation de la loi Falloux et le projet de loi relatif à l'organisation de l'enseignement secondaire privé. En 1904, M. Barthou avait présenté un remarquable rapport qui n'est pas venu en discussion et est devenu caduc. Une commission a repris la question en 1906 et M. Massé a rédigé un nouveau rapport en 1907 ; s'il n'est pas débattu l'année prochaine, la même filière devra être suivie en 1910.

Le renouvellement total remet tous les travaux sur le chantier, oblige à édifier à la base comme si rien n'était. Il y a perte de temps, gaspillage d'argent, déperdition d'énergie, ajournement des réformes, au grand détriment de la représentation nationale et de la communauté des citoyens.

Le renouvellement partiel supprime ces graves inconvénients.

Les réformes et le suffrage universel

Le renouvellement partiel accélérera le vote des réformes politiques et sociales et fécondera l'action législative. Le parti républicain et la République elle-même en recueilleront tout le bénéfice.

On alléguera peut-être que le renouvellement total offre au pays l'occasion de manifester ses sentiments tou. les quatre ans. Le renouvellement partiel par tiers la fournira tous les deux ans et il n'est pas douteux que la majorité et le gouvernement s'empresseront de déférer aux indications du suffrage universel plus souvent consulté.

Les leçons de l'expérience

Le renouvellement partiel a, du reste, fait ses preuves. Son application à la nomination des sénateurs a justifié les prévisions des fondateurs de la République.

A l'élection du Sénat, du 30 janvier 1876, la majorité est à droite ; la minorité de gauche comprend une fraction ardente et une masse de timorés. Le renouvellement partiel, par tiers, va changer la composition de l'assemblée.

Dès le premier renouvellement de 1879, la majorité passe à gauche et chaque renouvellement vient en grossir les éléments. Les indécis sont remplacés par des fermes, le Sénat se transforme en forteresse de la République et remplit héroïquement son rôle de justicier quand les factions menacent nos institutions.

Consolidation de la République

Le renouvellement d'un tiers du Sénat s'opère toujours dans le calme. Le renouvellement par tiers de la Chambre se produirait dans les mêmes conditions de tranquillité et de sécurité. Les luttes électorales perdraient de leur acharnement, les entrepreneurs de chambardement ne trouveraient plus à qui parler. Le troupeau réactionnaire, dont le mysticisme exalte la crédulité et qui croit naïvement au miracle de la chute de la République que lui prédisent ses pasteurs à chaque renouvellement total, finirait par abandonner ses chefs et se disperser.

Le renouvellement partiel des conseils généraux et des conseils d'arrondissement prouve également la supériorité de ce système.

En faisant disparaître un vice fondamental de notre organisation politique, le renouvellement partiel et par tiers de la Chambre consolide l'œuvre des générations républicaines qui se sont succédé depuis 1870. Nous détruisons les espoirs impies des césariens, des cléricaux et des royalistes et nous mettons la République à l'abri des surprises.

Le vote du Congrès de Toulouse

Le Congrès de Toulouse de 1904 avait approuvé cette thèse et sur le rapport de sa commission des réformes électorales, dans sa séance du 7 octobre, avait émis un avis favorable à l'augmentation de l'indemnité parlementaire, à la réduction du nombre des députés et à la nomination de la Chambre élue pour six ans et renouvelable par tiers.

Votre commission vous propose de confirmer la décision du Congrès de Toulouse et de voter la motion suivante :

Ordre du jour

« *Le Congrès radical et radical-socialiste de Dijon proclame l'urgence de la réforme électorale et demande que le Parlement la discute prochainement.*

« *Le Congrès approuve le principe admis par un groupe important de députés républicains qui accorde à chaque département autant de députés qu'il a de fois 75.000 habitants, défalcation faite des étrangers, toute fraction complémentaire valant pour le nombre entier lorsqu'elle dépasse 37.500.*

« *Le Congrès émet également le vœu que la Chambre des députés soit élue pour six ans et renouvelable par tiers tous les deux ans.* »

Liberté et sincérité du vote

Votre commission exprime aussi le regret que le Parlement n'ait pas adopté les mesures protégeant la liberté et la sincérité du vote, réglementant l'affichage et restreignant les dépenses électorales. Elle s'associe aux justes plaintes de nos fédérations et comités qui ne cessent de réclamer de la Chambre la ratification de la loi sur la corruption publique amendée et votée par le Sénat le 26 janvier 1906. L'indifférence du législateur maintient d'odieux abus.

Rapport de M. Herriot, rapporteur général

La commission du Congrès, chargée d'examiner les réformes électorales, administratives et judiciaires, a discuté le rapport de M. J.-L. Bonnet et les autres propositions qui lui ont été soumises et a nommé rapporteur général M. Herriot, maire de Lyon.

La parole est donnée à M. Ed. Herriot, maire de Lyon. (*Applaudissements*).

Le citoyen Ed. Herriot. — Je m'excuse, auprès du bureau, d'avoir insisté pour prendre la parole, mais il est temps que les militants qui se sont rassemblés ici pour discuter des questions d'intérêt général, soient mis enfin en présence d'un certain nombre de problèmes qui leur rappellent les traditions et les préoccupations essentielles de notre Parti. (*Vifs applaudissements*).

Citoyens, je suis chargé de rapporter devant vous les conclusions de la commission qui a eu à étudier les questions électorales, administratives et judiciaires. Vous pensez bien que nous n'avons pas eu et que je n'ai pas maintenant l'intention de soulever toutes les questions qui pourraient se poser à propos d'un programme aussi vaste que celui-là. J'essaierai d'être aussi bref que possible.

La commision des réformes électorales s'est tout d'abord préoccupée d'une question qui prend un caractère d'urgence à cause de la proximité des élections sénatoriales ; elle a été mise en présence d'un vœu très intéressant, précédé de considérations rédigées d'une façon qui nous a frappés tous : ce vœu a été présenté par le Comité d'Union républicaine radicale et socialiste de l'Aube.

Ce Comité rappelle qu'il y a quelques années, exactement en novembre 1896, la Chambre se trouvait en présence de deux propositions relatives à l'élection au Sénat : une proposition de M. Maurice Faure qui demandait l'élection des sénateurs directement par le suffrage universel, et une proposition de M. Guillemet qui proposait simplement l'élection des délégués sénatoriaux par le suffrage universel. Vous savez ce qu'il est advenu de ces projets. Vous savez que la proposition Guillemet a été rapportée par l'honorable M. Trouillot, aujourd'hui sénateur du Jura ; que ce projet est allé, après avoir été voté à la Chambre, s'enterrer, pour des raisons que je n'essaierai pas de découvrir parce que vous les découvrirez peut-être vous-mêmes, dans les cartons du Sénat, où il a rencontré tant d'autres dossiers et rapports. (*Rires*).

Cette question n'a pas été reprise au Sénat. Le Comité de l'Aube, et après lui votre commission des affaires électorales, estiment qu'il est urgent que cette affaire soit rappelée au Sénat par des sénateurs radicaux et radicaux-socialistes et plus spécialement par M. Trouillot, qui a maintenant toute qualité pour défendre devant la Haute Assemblée une réforme au sort de laquelle il s'est intéressé déjà à la Chambre. (*Applaudissements*).

Je résume la discussion dont vous connaissez tous les arguments essentiels ; souvent ils ont été reproduits au cours des discussions très nombreuses que cette question a provoquées. Je tiens

à préciser un point : il n'y a pas de doute selon moi, selon la commission, devrais-je dire, que
le mode actuel d'élection des sénateurs soit essentiellement antidémocratique. A l'heure actuelle, l'élection des sénateurs se fait en vertu d'un suffrage
au 3e degré, puisque les délégués sénatoriaux qui
élisent les sénateurs sont eux-mêmes élus par les
conseillers municipaux ; non seulement c'est un suffrage au 3e degré, mais comme on l'a fait très justement remarquer, c'est un suffrage qui confère le
droit électoral à des hommes élus sur des questions
d'intérêt communal et non sur des questions d'intérêt politique. (*Vifs applaudissements*).

Il y a là, dès l'origine, une espèce de contradiction
par où s'établit le désaccord entre le corps électoral
et la représentation sénatoriale. Enfin, sans que je
veuille non plus insister longuement sur ce point,
le système actuel d'élection du Sénat a cet inconvénient très grave de restreindre au profit des petites
communes la représentation des grandes villes,
comme il serait facile de le démontrer par des statistiques empruntées aux départements des Bouches-
du-Rhône, de la Seine, de l'Aube. Assurément, ce
recrutement a, de ce fait, un caractère moins nettement démocratique que celui que nous pourrions
désirer.

On a cité des exemples ; je veux vous en donner
un caractéristique qui concerne le département du
Rhône : Nous avons dans le Rhône environ 750 délégués sénatoriaux ; la ville de Lyon représente plus
de la moitié de la population du département du
Rhône, et cependant sur ce collège sénatorial de 750
délégués, nous n'en avons pas 40. C'est ce qui fait
que nous avons une représentation sénatoriale qui,
pour une bonne part, est réactionnaire. (*Applaudissements*).

Pour la Seine, l'exemple est encore plus saisis-
sant.

Eh bien, il est hors de doute que nous devons sur
ce point revenir à la tradition à laquelle nous avons
dû les élections de la Législative et de la Convention nationale. Je réponds d'un mot aux vœux et
arguments de ceux de nos amis qui défendent encore
l'ancienne proposition Maurice Faure, c'est-à-dire
l'élection directe par le suffrage universel. Nous pensons, comme l'a d'ailleurs admis M. Maurice Faure,

que ce mode électoral aurait de graves inconvénients,
car il ferait de la Chambre exactement l'équivalent
du Sénat et de ces deux Assemblées il y en a une
qui devrait disparaître. C'est donc revenir au système de la Chambre unique, système qui peut être
discuté, mais c'est une réforme qui va plus loin que
l'intention de ses auteurs et qui conduit à la suppression du Sénat, ce qui est une toute autre question.

Une objection se présente : j'y réponds d'un mot.
Certains de nos amis prétendent que cette réforme
ne peut se faire que par une atteinte portée à la
Constitution. Nous croyons que c'est une erreur.
Un président du Conseil, M. Charles Dupuy, en 1893,
a fait une longue déclaration que vous trouverez
dans les travaux parlementaires, montrant que l'on
peut modifier le mode d'élection du Sénat sans porter atteinte à la Constitution. Nous souhaiterions
sans oser l'espérer que la loi puisse être appliquée
en janvier 1909. Un vœu a été également déposé,
tendant à ce que les candidats sénatoriaux ne puissent être désignés que par des Congrès. La commission a pensé, et vous estimerez sans doute avec
elle que ce vœu a un intérêt démocratique évident,
mais il ne peut faire l'objet d'une proposition de
loi ; c'est aux organisations et aux militants de notre
Parti qu'il appartient de provoquer ces Congrès où
les candidatures seront, en effet, discutées avec plus
de loyauté et plus de liberté ; de la sorte, les listes
de sénateurs ne seront pas préparées secrètement
et le suffrage universel pourra exercer un certain
contrôle sur la préparation des listes. (*Vifs applaudissements*).

Voilà ce qui, dans les travaux de la commission,
a concerné la réforme des élections sénatoriales. Pour
la réforme des élections législatives, la question est
infiniment plus délicate. C'est ici que j'ai besoin de
toute votre indulgente attention pour vous démontrer entre quelles limites la commission a eu à se
mouvoir et vous expliquer comment elle n'a pas eu
à se prononcer sur certains sujets.

La première remarque nécessaire est relative à la
représentation proportionnelle : vous savez qu'un
certain nombre de nos militants, au premier rang
desquels il faut placer MM. J.-L. Bonnet, Ferdinand
Buisson, Charpentier (qui, à la commission, s'est

élevé avec éloquence en faveur de la réforme), réclament le scrutin de liste avec représentation proportionnelle ; mais l'année dernière, à Nancy, notre Parti s'est prononcé avec une telle netteté contre la représentation proportionnelle que, même si nous avions dû, en soulevant à nouveau la question, provoquer un débat aussi élevé que celui-là, nous avons estimé, et vous estimerez avec nous qu'il fallait écarter cette question, cette année, puisque nous n'avons pas trop de temps pour traiter des questions essentielles ; il faut sacrifier délibérément des questions qui donneraient lieu à des débats assurément passionnants, mais assurément inutiles.

Une autre question est celle du scrutin de liste. Nous n'ignorons pas qu'il y a ici, dans cette assemblée, un nombre considérable de partisans du scrutin de liste ; mais si la majorité leur a été acquise, au Congrès de Nancy, le scrutin d'arrondissement a aussi de nombreux défenseurs. Votre commission a pensé, et elle demande au Congrès de penser avec elle que, pas plus sur cette question que sur la question de la représentation proportionnelle, il n'y a lieu, cette année, de provoquer un débat théorique, car nous n'en aurions par le temps. Cette question a été discutée, sinon élucidée, à nos précédents congrès, et l'année dernière une majorité — il est loyal de dire qu'elle n'a pas été considérable — s'est prononcée pour le scrutin de liste. Nous nous sommes donc placés, comme il était de notre devoir, dans l'hypothèse du scrutin de liste, et voici quelles sont les résolutions corollaires que nous avons prises et que nous vous soumettons.

La commission s'est trouvée en présence du remarquable rapport qui vous a été distribué à tous et qui est l'œuvre du citoyen J.-L. Bonnet. Ce rapport, je ne peux pas vous le lire, je n'ai pas même le temps de vous le résumer : le Comité Exécutif l'a fait imprimer et distribuer, et vous pouvez tous vous le procurer. Il a été adopté à l'unanimité à la commission, ou tout au moins sans aucune protestation.

Vous savez quels en sont les points essentiels. Bonnet, dans son rapport, demande que le Congrès s'attache au projet de loi qui a été déposé à la Chambre par notre collègue M. Dessoye, au nom de nombreux députés républicains. Voici l'article 2 de ce projet :

Chaque département élit au scrutin de liste autant de députés qu'il y a de fois 75.000 habitants, défalcation faite des étrangers, toute fraction complémentaire valant pour le nombre entier lorsqu'elle dépasse 57.500.

C'est la partie essentielle de ce projet de loi ; cette proposition entraine la perequation des circonscriptions, le mandat de six ans et le renouvellement de la Chambre par fractions. Dans son rapport, M. J.-L. Bonnet vous a donné de si claires explications qu'il n'est pas besoin de les reproduire ici longuement. (*Applaudissements*).

Enfin notre commission a adopté à l'unanimité les conclusions du rapport de M. J.-L. Bonnet qui réclament qu'enfin la Chambre veuille bien ratifier la loi sur la corruption publique votée par le Sénat le 26 janvier 1906. On ne connaît pas les intentions du gouvernement sur ce point et le Congrès, qui n'est pas toujours unanime, on l'a vu tout à l'heure (*Rires*) voudra l'être pour réclamer cette loi si longtemps demandée par notre Parti sur la règlementation électorale, la limitation des dépenses, etc., toutes réformes destinées à nous protéger contre ces candidats qui font l'usage que vous savez de leur influence ou de leurs ressources. (*Applaudissements nombreux*).

Je me borne à des considérations d'ordre général, et si j'avais eu moins de crainte de vous importuner, je vous aurais montré de quelle façon nous avons appuyé ou repoussé certains vœux ; mais je dis aux comités qui ont déposé ces vœux qu'ils les trouveront dans le rapport laissé au Comité Exécutif.

Nous avons eu à statuer sur des questions d'ordre secondaire relatives à la réforme électorale. Un de nos collègues a proposé une motion aux termes de laquelle il y aurait lieu d'indemniser les délégués au conseil général. Cela se fait dans beaucoup d'assemblées départementales, et il y a lieu de régulariser ce qui, à l'heure actuelle, n'est qu'une illégalité tolérée. Nous vous demandons donc de voter que les conseillers généraux et d'arrondissement, lorsqu'ils se rendent aux sessions, seront indemnisés de leurs frais de voyage et de séjour dans une mesure exclusive de toute pensée de rémunération.

Certains de nos amis ont aussi demandé que le vote devint obligatoire, pour éviter l'inconvénient de l'abstention. Si nous avons été frappés par certains arguments fournis à la commission, nous avons cru que le vote obligatoire serait une mesure excessive, parce que cette obligation serait peut-être une atteinte à la liberté essentielle du citoyen, étant donné que le droit de voter implique le droit de ne pas voter ; nous estimons que, si nous entraînons au vote ceux-là qui ne votent pas, assurément nous aurons avec nous des amis, des indifférents, mais nous risquerons de provoquer un mouvement de mécontentement qui entraînerait l'électeur à voter contre les candidats de notre Parti.

Puis une question intéressante a été soulevée, celle du vote par correspondance. Vous savez qu'il y a une proposition de loi Simonet qui demande que le vote par correspondance soit autorisé. La réforme est intéressante, mais elle a quelques inconvénients. Il est difficile d'organiser ce mode de votation et peut être aussi y aurait-il quelque danger à laisser certains électeurs à la merci d'une pression qui s'exercera d'autant plus facilement qu'elle s'exercera loin du domicile électoral. (Applaudissements).

Enfin, on nous a présenté d'autres vœux qui n'ont pas été retenus. Pour résumer, la commission a tenu à ne vous proposer que des résolutions très sages, ne vous engageant pas au delà des limites de la prudence. D'une façon générale, en vous proposant les grandes réformes qu'elle vous a indiquées, elle vous demande simplement de confirmer la tradition démocratique laquelle doit se fonder de plus en plus sur le suffrage universel, sur la loi du nombre. Si nous réclamons pour l'élection de la Chambre la péréquation des circonscriptions, pour le Sénat l'élection à deux degrés par l'intermédiaire du suffrage universel élisant les délégués sénatoriaux, nous aurons rapproché les mœurs électorales actuelles de ce qui est la doctrine du parti républicain qui met à la base de toutes les institutions le suffrage universel. (Applaudissements répétés).

Nous avons eu aussi à envisager la question des réformes administratives et judiciaires. Ici encore je ne veux pas - ce serait de l'imprudence et de la légèreté — étudier avec vous en quelques instants toutes les questions auxquelles peut donner lieu l'organisation administrative de la France. Cependant il y a deux ou trois points sur lesquels la commission m'a prié de retenir votre attention.

On fait à l'administration de la République, aux bureaux des ministères, un certain nombre de critiques dont nous avons trouvé la trace dans les vœux qui nous ont été soumis. Ces critiques portent en général non sur des irrégularités, mais sur des traditions, sur des habitudes qui font que les bureaux n'interprètent pas comme ils devraient le faire la volonté du suffrage universel. Il y a, a-t-il semblé à la commission, une pratique à laquelle les bureaux des ministères se livrent depuis plusieurs années et qui nous paraît extrêmement grave.

Il faut que les ministres prennent les précautions nécessaires afin que les effets des lois ne soient pas atténués et quelquefois dénaturés par l'interprétation qu'en donnent leurs services. Voilà ce qe nous avons voulu dire. Je vous demande la permission d'insister sur ce point qui est presque le seul que je viserai. Ce sont ceux qui, comme nous, font de l'administration communale, — les maires ici présents pourront le dire, — qui voient combien est grave cette atteinte portée à la démocratie.

Le Parlement fait une loi sous la poussée de l'opinion publique; il la fait de son mieux et il y insère des dispositions qui résument les volontés essentielles de la démocratie. Lorsque cette loi est faite, le ministère se réserve le droit d'intervenir par ce qu'il appelle des règlements d'administration publique, et au moment où le ministère envoie à tous ses préfets le règlement d'administration publique qui fixe les conditions d'application de la loi, il se trouve que la loi est très souvent violée dans son principe et dans ses dispositions essentielles, sans que le Parlement s'en doute.

J'ai pu m'en rendre compte, en consultant des députés qui avaient été rapporteurs de certaines lois. (Vifs applaudissements).

C'est, je crois, la première fois, que cette question est soumise au congrès. Les maires qui ont eu à appliquer dans leurs communes la loi de séparation des Eglises et de l'Etat, les maires qui ont eu à reprendre aux curés les presbytères, à négocier le rachat des anciens évêchés ou archevêchés et à assurer les destinations nouvelles que la loi a données aux églises savent de combien d'entraves, de pièges, l'administration — républicaine, en principe, — de la France, est

.venue compliquer l'œuvre du législateur (*Très vifs ap*
plaudissemenis).

Et alors que le ministère s'était prudemment re-
tranché, il laissait peser sur les maires la responsabilité des mesures que ses bureaux avaient imposées.

En vous citant la loi de la séparation, je suis su.
le domaine politique. Je voudrais m'élever un peu
au-dessus de ce domaine. Puisque hier soir, dans une
séance aussi belle, le Parti radical, prenant conscience à la voix d'un de ses orateurs, de son rôle
social, a bien voulu entendre parler de ses devoirs
sociaux, permettez-moi, sans entreprendre sur ce
sujet qui n'est pas le mien, de vous signaler d'un
mot, ou plutôt de quelques mots, comment cette pratique néfaste que je viens de dénoncer, comment cette
pratique vraiment antirépublicaine du règlement
d'administration publique arrive à compromettre
l'œuvre et les destinées de notre pays. Je veux parler de la loi sur les habitations à bon marché.

Vous le savez, on vous l'a dit hier, s'il est une réforme qui doive rassembler tous les républicains radicaux et radicaux-socialistes, c'est celle qui consiste
à mettre à la portée des ouvriers cette institution si
simple et si nécessaire des habitations ouvrières.
Dans nos provinces, nous connaissons des quartiers
entiers de villes où nous ne pouvons pas dire que la
question sociale serait résolue, mais où l'effort du
parti révolutionnaire serait amorti si nous donnions
aux ouvriers l'impression que nous surveillons leurs
intérêts physiques et moraux, que nous les aidons à
lutter contre la tuberculose qui est une plaie de la
France avec l'alcoolisme que je vous demande la permission de flétrir en passant (*Applaudissements répétés*).

Le parti républicain a demandé une loi qui permette aux collectivités de faire dans un régime républicain ce qu'on fait dans des pays monarchiques. En
1894, au lendemain de la loi, il y avait un doute sur
la question de savoir si les communes pouvaient cons
truire des habitations à bon marché; c'est à ce moment-là que s'est engagé un débat intéressant entre
MM. Turot, Strauss et Waldeck-Rousseau lequel n'a
pas cru devoir autoriser la ville de Paris à construire
des habitations à bon marché. On nous donne la loi
de 1906; nos espérances s'éveillent: nous croyons,
nous autres, que nous allons pouvoir enfin doter les

villes, les quartiers ouvriers de cette institution si nécessaire et au lendemain de la promulgation d'une loi qui, d'ailleurs, a le tort infiniment grave, le tort, on pourrait le dire, impardonnable, de ne pas s'être prononcé sur ce point, un ministre — j'ai le regret d'avoir à dire un ministre socialiste, — signe une circulaire par laquelle il interdit aux communes le droit de construire des habitations à bon marché. (Applaudissements).

Nous nous trouvons donc dans cette situation : nous sommes invités par la loi à contribuer au développement des habitations à bon marché par des subventions à accorder à des sociétés qui les trois quarts du temps ne pourront pas être des sociétés philantropiques, et nous ne pouvons pas, par suite de cette circulaire ministérielle, appliquer le programme de de notre Parti.

Eh bien, je termine sur ce point et je dis : Tant que le règlement d'administration publique nous tiendra dans un filet tellement serré que nous ne puissions pas faire les réformes promises à la classe ouvrière, nous aurons gardé le moyen le plus sûr de nous conduire à la faillitte qu'on vous annonce et contre laquelle il y a un certain nombre de bons républicains qui réagissent de toutes leurs forces, en demandant cependant à ne pas être contrariés. (Applaudissements répétés).

Il y a eu aussi à la commission des vœux déposés qui ont été déjà souvent produits en faveur de la décentralisation administrative de la France; je n'insiste pas. Il serait trop triste de démontrer qu'au cours de ces dernières années, on a renforcé encore cette centralisation de la façon la plus inquiétante.

Nous avons abordé la réforme judiciaire, nous avons trouvé des vœux pour la suppression du privilège des avocats, des huissiers, etc.

Nous avons renvoyé dos à dos, les avocats, avoués et huissiers, la commission ne voulant nous prononcer ni pour les uns, ni pour les autres, et ayant l'impression que plusieurs réformes faites jusqu'à ce jour, comme la réduction des frais de justice, ont été plutôt faites pour ceux qui sont appelés à percevoir ces frais de justice que pour les justiciables eux-mêmes. (Applaudissements).

La commission s'est prononcée pour la refonte du code de procédure et a demandé au ministre qu'il activât les travaux d'une commission qui se réunit — ou plutôt qui ne se réunit pas — (*rires*) au ministère de la Justice.

Je termine, citoyens. Encore une fois je n'ai pas à revenir sur la question de principe, c'est-à-dire sur la question du scrutin de liste et de la représentation proportionnelle; cependant la commission m'a donné le mandat de dire au Congrès (ce qu'il sait bien déjà), combien la réforme administrative de la France, la réforme judiciaire, la suppression des sous-préfectures et d'un certain nombre de tribunaux seraient facilités par l'extension du scrutin de liste.

Quelle que soit la valeur des arguments qui militent en faveur du scrutin d'arrondissement, la commission m'a donné le mandat d'appeler l'attention du parti républicain sur le grand intérêt qu'il y aurait pour l'avenir de nos principes à nous mettre en face des questions de doctrine et d'un véritable programme. Nous avons pensé que lorsque l'on étudie la réforme administrative, on trouve dans l'étude de cette réforme un argument de plus en faveur du scrutin de liste; j'avais mission de le dire; je vous demande la permission de le déclarer. (*Salves répétées d'applaudissements*).

Le Président. — Je vous propose d'adresser nos félicitations unanimes au citoyen Herriot pour le rapport si documenté qu'il nous a fourni (*vifs applaudissements*) en en même temps d'en adopter les conclusions.

(*Les rapports du citoyen J.-L. Bonnet et du citoyen Herriot sont adoptés à l'unanimité*).

COMMERCE, AGRICULTURE, INDUSTRIE ET ETUDES ECONOMIQUES

LA CRISE VITICOLE

Le citoyen Jean Bourrat, député, rapporteur. — Dans sa séance du 8 octobre, votre commission du Commerce, de l'Industrie, de l'Agriculture a été saisie des vœux suivants :

1° Le Congrès du Parti Radical et Radical-Socialiste demande au Gouvernement d'insister énergiquement lors du renouvellement des traités de commerce, pour obtenir des autres nations la réduction la plus élevée possible sur les droits de douane concernant les vins français exportés à l'étranger

2° Le Congrès regrettant que le Ministre des Travaux Publics soit désarmé en ce qui concerne l'établissement par les grandes Compagnies, des tarifs de transport ;

Demande au Gouvernement que celui-ci usant du peu de pouvoir qu'il a sur ces puissantes sociétés financières, obtienne des six grands réseaux que le tarif de transport des vins soit identique au tarif de transport des blés et des farines.

Votre commission a adopté ces vœux à l'unanimité et m'a chargé de les présenter à votre sanction.

Les partis hostiles à la République avaient exploité la crise viticole, imputée par certains viticulteurs à la fraude.

A l'heure actuelle, la fraude sur les vins chez les producteurs, ne peut exister par suite de la déclaration de récolte et de l'affichage de cette déclaration à la porte de la mairie.

Or, la crise continue, donc il y a d'autres causes qu'il convient d'examiner.

Votre commission estime qu'il est nécessaire pour remédier à la mévente :

1° De faciliter l'exportation de quinze à vingt millions d'hectolitres de vin par année.

2° De développer la consommation du vin à l'intérieur de notre pays.

En ce qui concerne le premier point il faut établir que le vin est la principale ressource agricole de la France.

Jusqu'ici lors de la négociation des traités de commerce les gouvernements se préoccupaient beaucoup de l'exportation de nos objets manufacturés et ne tenaient pas compte des mesures à prendre pour favoriser l'écoulement des produits vinicoles.

Il faut que le Gouvernement remédie à cette situation et fasse la plus grande somme d'efforts pour obtenir l'écoulement de 15 à 20 millions d'hectolitres de vin de France dans les pays qui n'ont pas de production viticole.

Rappelons que dans les pays de consommation de vin, l'alcoolisme n'existe que peu ou presque pas du tout.

Pour développer la consommation du vin à l'intérieur de notre pays, il faut abaisser les tarifs de transport.

Nous demandons à ce que les compagnies fassent payer au vin les mêmes prix de transport qu'aux blés et aux farines.

Il est plus facile de charger et de faire voyager un wagon de vin qu'un wagon de blé ou de farine.

En effet, un wagon de vin est composé d'un wagon dit plateforme sur lequel sont roulés, puis, amarrés, huit fûts dits transports et le vin peut voyager sans inconvénients sans être couvert ou bâché.

Avec le blé ou la farine au contraire le chargement et le transport exigent un wagon couvert ou bâché.

Cependant le transport du blé est de un tiers environ inférieur au prix de transport du vin.

Pourquoi cette différence de traitement ? Faut-il la rechercher dans ce que la minoterie est entre les mains d'un très petit nombre d'exploitants qui ont des rapports d'affaires avec les dirigeants de nos grands réseaux ?

Nous ne pouvons que nous livrer à des hypothèses sur ce sujet, mais une constatation s'impose, c'est une différence de traitement dans les prix de transport qui est en raison inverse de la facilité même de ce transport.

Votre commission tenant compte de toutes ces considérations, convaincue que la vente du vin à un prix suffisamment rémunérateur, serait également une cause de prospérité pour l'industrie, car la prospérité agricole et viticole entraînerait avec elle un développement considérable de la fortune publique, vous propose de décider.

Que le bureau du Comité Exécutif du Parti fera dès sa rentrée à Paris une démarche immédiate auprès de M. le Président du Conseil, des Ministres des Affaires étrangères et des Travaux publics, et que ces démarches seront renouvelées jusqu'à ce qu'une sanction intervienne.

Nous avons reçu également un vœu déposé par M. le Maire d'Igé (Saône-et-Loire).

Ce vœu est identique à celui que nous avons déposé nous-même et dont lecture a été donnée précédemment.

Nous ferons observer à son auteur que nous avions réclamé cette réforme, il y a de nombreuses années, et que M. Barthou dans son travail n'a fait que reproduire ce que nous avions dit à la tribune de la Chambre des députés et ce que nous avions exposé dans deux projets de résolution déposés à la tribune de la Chambre.

L'un d'eux a fait l'objet d'un débat et M. le Ministre des Travaux publics a promis d'user de toutes les armes (trop faibles hélas!) pour obtenir cette mesure.

Le vœu de M. le Maire d'Ige se trouve compris dans le vœu précédent que vous avez adopté.

(Le rapport du citoyen Bourrat et les vœux proposés sont adoptés à l'unanimité).

Le citoyen Jean Bourrat. — Je dois enfin vous soumettre le vœu suivant proposé par la Fédération radicale et radicale-socialiste du Rhône, l'Union des 22 sections du Comité républicain du Commerce de l'Industrie et de l'Agriculture intéressées aux Canaux du Rhône :

Considérant la nécessité de procurer au Commerce, à l'Industrie et à l'Agriculture, des moyens de transport économiques, et de donner à ces organisations qui assurent la richesse du pays, tous les éléments qui peuvent leur permettre de lutter contre la concurrence étrangère.

Considérant que par suite de l'augmentation des voyageurs et de l'affluence de plus en plus considérable des voyageurs, tant Français qu'Etrangers, comme aussi de celles des transports à grande vitesse, pour fruits, primeurs et légumes, tant de l'Algérie que du Midi de la France, les Chemins de fer de la Vallée du Rhône, sont devenus complètement insuffisants.

Que d'autre part, le nombre considérable de trains circulant sur la ligne Marseille, Lyon, Paris — 168 en 20 heures, soit un train toutes les seize minutes, il est impossible d'en augmenter le nombre, et que, par suite, la limite d'élasticité de transport sur cette ligne est atteinte sinon dépassée.

Que d'autre part, les vins du Midi ne peuvent pas atteindre de nombreux marchés, soit en Suisse, en Allemagne ou en Belgique, que seule une voie d'eau reliant les canaux du Midi à l'Est et au Nord de la France, de la Suisse, de l'Allemagne et de la Belgique, peut assurer l'écoulement à bon marché des dits vins.

Le Congrès émet le vœu, qu'un canal latéral au Rhône de Lyon à Arles se raccordant tant au canal d'Arles à Marseille qu'à celui du Midi soit créé sans retard et établi de façon à pouvoir suffire au trafic considérable qu'il est appelé à desservir.

(Ce vœu est adopté).

RAPPORT PRESENTE PAR M. EMILE CHAUVIN, député, AU NOM DE LA COMMISSION DU COMMERCE, DE L'INDUSTRIE ET DES ETUDES ECONOMIQUES DU COMITE EXECUTIF.

Le contrat de travail

Le citoyen Emile Chauvin a présenté au nom du Comité Exécutif, le rapport suivant :

A

Nécessité d'élaborer une législation du travail

Messieurs,

Votre 11e Commission a été frappée par les constatations suivantes :

1° Dans une société où on ne peut vivre qu'en travaillant, le contrat liant celui qui fournit le travail à celui qui le paie, doit être le plus fréquent de tous — et il l'est, en effet.

D'autre part, les conflits nés à l'occasion de ces contrats sont très nombreux et le deviennent de plus en plus : En 1896, il y avait eu dans ce pays 476 grèves, intéressant 2.178 établissements et 49.851 ouvriers ; en 1906, il y a eu 1.309 grèves dans 19.637 établissements par 438.466 ouvriers ; de sorte qu'en 10 ans l'accroissement a été de 280 %. — On n'a pas la statistique des innombrables procès pour brusque renvoi, inobservation des usages, etc., qui se déroulent chaque jour devant les juges de paix et les prud'hommes, mais il est certain que leur nombre est immense.

Enfin, les grèves n'ont pas toujours pour objet des relèvements de salaires ; elles éclatent au contraire fréquemment dans des régions où les travailleurs ont déjà eu satisfaction sur ce point :

Tout ceci donne à penser qu'il existe quelque part dans notre régime d'organisation du travail des causes permanentes et profondes de conflit. En tous cas, il s'ensuit une insécurité aussi menaçante pour l'industriel dont l'activité est paralysée « que pour l'ouvrier qui, découragé, devient plus accessible à l'esprit de révolte ».

2° En regard de ce premier fait, nous en avons placé un second tout aussi évident : C'est que, par une anomalie bizarre, l'importance et le nombre des textes consacrés par le législateur et notamment par le Code civil à la définition et à la réglementation du contrat de travail sont inversement proportionnels à la fréquence de ce contrat et des conflits qui en naissent : Le Code civil, dans le chapitre du louage d'ouvrage et d'industrie ne consacre, en effet, au louage des domestiques et ouvriers que deux articles dont l'un, relatif à la preuve, est abrogé et dont l'autre (l'art. 1.780), ne fait qu'affirmer l'inaliénabilité de la personne humaine et ne définit ni ne règle en rien les conventions relatives au travail. Quant à l'œuvre législative qui a complété le Code civil, elle se résume dans le décret-loi du 9 septembre 1848 relatif aux heures de travail dans les usines, les lois du 2 novembre 1892 et du 30 mars 1900 sur le travail des enfants et des femmes dans les établissements industriels, les lois de 1898 et de 1906 sur les accidents, celle du 12 juin 1893, sur l'hygiène et la sécurité des travailleurs, celle du 29 juin 1905, sur la durée du travail des ouvriers mineurs et celle du 13 juillet 1906, sur le repos hebdomadaire. Cette œuvre est fragmentaire et incomplète, parce que toutes ces dispositions sont nées au hasard des circonstances, qu'elles ne s'appliquent qu'à des catégories et à des hypothèses déterminées, tandis que les principes généraux, intéressant l'ensemble de ceux qui louent leur travail, ne sont inscrits nulle part.

Il est d'ailleurs impossible de soutenir (1) sérieusement que les auteurs du Code civil ont bien fait de négliger le contrat de travail et qu'ils l'ont fait à dessein, s'étant contentés de poser les principes généraux qui régissent tous les contrats et y soumettant le contrat de travail, car ce même raisonnement aurait pu faire rayer du Code civil le titre de la vente et celui des Sociétés. La vérité paraît bien être au contraire que le Code civil a oublié le contrat du travail, d'abord parce que issu d'une révolution bourgeoise il fut, suivant le mot de Glasson, « un code bourgeois et non populaire », ensuite parce que la

---

(1) M. Gilles a soutenu cette thèse en avril 1908, devant le « Parlement commercial ». Voir *La France commerciale* du 25 juillet 1908 ; mais il paraît avoir été isolé. — M. Georges Barrès, *rapport* du 17 mai 1907 à la Société pour la défense du Commerce et de l'Industrie de Bordeaux, p. 1.

crainte de ressusciter les corporations abolies écartait du législateur le désir de réglementer le travail, enfin et surtout parce que la grande industrie n'était pas née (1).

Or, toutes ces raisons sont aujourd'hui disparues, et la concentration capitaliste du dix-neuvième siècle appelle en revanche, au nom d'une nécessité nouvelle, la législation du travail jusque-là défaillante. Les masses découragées et besogneuses des travailleurs accourus dans les villes et gagnant leur vie au jour le jour sont maintenant en face d'un patronat anonyme ou impersonnel, et c'est devenu alors une ironie cruelle que de parler d'un contrat librement débattu ou de consentements égaux échangés conformément au droit commun entre de tels ouvriers et de tels patrons (2).

C'est pourquoi votre Commission a estimé en droit que rien ne peut faire retarder et que tout nécessite l'élaboration et l'addition au Code civil d'une législation du contrat du travail faisant disparaître les incertitudes et les injustices du régime du salariat.

_____

(1) Rapport Chambon n° 1.409, p. 3.

(2) Il est vrai que la Fédération des syndicats de charcutiers de France, dans un rapport de M. Maurice Thuilliez au 14° Congrès conteste cela et prétend que tous les contrats d'adhésion « *dans lesquels on voit une charte » de conditions élaborée par une seule partie et proposée » à l'autre, sous la seule pression suivante : « c'est à » prendre ou à laisser* ». sont identiques au contrat de salaire de la grande industrie, et qu'il n'y a pas plus d'inégalité économique dans les uns que dans les autres : ces contrats, dit M. Thuilliez, sont respectables « alors » même qu'ils n'ont pas été réellement délibérés par les » deux parties parce qu'en définitive ils ont été *voulus*. »

Cette affirmation de la Fédération des charcutiers est au moins paradoxale parce que comparer la situation d'un commerçant vis-à-vis de son banquier ou d'un voyageur vis-à-vis d'une Compagnie de chemin de fer à celle d'un ouvrier qui ne mangera pas le soir s'il n'a pas été embauché dans la journée, sous prétexte qu'il y a, dans les deux hypothèses, contrat d'adhésion, c'est se livrer à un divertissement juridique peu charitable — insoutenable d'ailleurs, parce que le client peut changer de banquier, le voyageur prendre une voiture et que ni l'un ni l'autre ne sont inquiets pour leur souper du soir.

B

Etat de la question

Elle a ensuite examiné en fait l'état de la question et elle a constaté ce qui suit :

1° Hors de France, presque partout, les principes généraux du contrat du travail ont été posés par le législateur en même temps que la pratique réalisait de grands progrès dans le sens de la disparition ou de la solution amiable des conflits :

L'Angleterre a eu la première une législation industrielle : la semaine de 48 heures profite à 48.000 ouvriers d'Etat, depuis 1894, la loi du 15 août 1904 règle le repos hebdomadaire, celle du 17 août 1901 et l'ord. du 15 août 1905 protègent et organisent le travail à domicile, etc...

La première aussi elle a institué à côté des contrats individuels des *accords collectifs* entre les représentants du patronat et ceux des trade-unions et elle a su résoudre très fréquemment par des ententes collectives (1) et même par des transactions (2) singulièrement équitables les conflits les plus violents.

Le même système du contrat collectif est très développé en fait en Amérique (3).

La Suisse consacre dans son projet de Code civil un titre entier au contrat du travail ; elle a organisé. depuis 1900, un mode de fixation des tarifs d'usage dans chaque corps de métier d'accord entre ouvriers

---

(1) En 1896 — 926 conflits dont 633 terminés par arbitrage et *entente collective.*

En 1897 — 864	—	624
1898 — 711	—	495
1899 — 719	—	562
1900 — 648	—	486
1901 — 642	—	les 3/4.

(*Ann. Sc. pol.* 1904, p. 511).

(2) Le secrétaire général de l'Union des bocker-makers qui compte 45.000 membres a fait restituer aux patrons une augmentation de salaires obtenue en profitant de l'urgence et par intimidation. (*Ibid.* p. 513.) — (de Rousiers, enquête de 1895).

(3) Vigoureux. *La concentration des forces ouvrières,* p. 295.

Levasseur. *L'ouvrier américain.*

et patrons, ou par arbitrage sous les auspices du Conseil d'Etat (4).

La Belgique a une loi particulière du 10 mars 1900 sur le contrat de travail ; elle a posé, dès le 31 mars 1898, le principe du droit pour les associations ouvrières régulièrement constituées de conclure avec les employeurs des contrats collectifs de travail et de tels contrats sont fréquents (5) ; elle a légiféré, dès le 15 juin 1896, sur les règlements d'atelier.

L'Italie nous fournit, elle aussi, des exemples remarquables de conventions collectives entre travailleurs et employeurs (6) ; en même temps qu'elle a limité à 7 et à 8 heures la durée du travail dans les établissements d'Etat.

L'Allemagne a une législation du travail extrêmement complète ; elle en a même deux, puisqu'elle a son Code industriel et que le Code civil de 1900 contient en outre toutes les dispositions générales relatives au loauge de service...

La *Nouvelle Zélande* et l'*Australie* ont établi les

---

(4) Canton de Genève. Loi du 10 février 1900. — Ces tarifs sont réglés, en principe, pour cinq années. *Ann. sc. pol.* 1904, p. 511.

Voir circulaire du *Musée Social.* Mars 1901. p. 85 sq. rapport Repond. Sur les règlements d'ateliers, voir loi suisse du 23 mars 1877 et décision du C. féd. Janv. 1878.

(5) Ex. : Les débardeurs gantois, les tisseurs... Les unions professionnelles reconnues croissent rapidement, passant de 26.881 membres en 1901 à 54.234 en 1904, avec une fortune de 728.000 francs au lieu de 156.000.

(Rapport sur l'art. 19. L. 31 mars 98. *Musée Social* n° 13.460.)

(6) Voir Sinceny. *Réf. Econ.* 11 janvier 1907. — Le contrat collectif passé entre la fabrique d'automobiles « Itala » de Turin et la Fédération des ouvriers métallurgistes, pour 3 ans, réserve à la Fédération la fourniture exclusive du personnel ; toute exclusion de la Fédération emporte exclusion de l'usine. Un salaire minimum est fixé par catégorie de travailleurs ; nul ouvrier ne peut être renvoyé sans une indemnité de 70 journées de travail.

La Fédération verse un cautionnement de 150 francs par ouvrier. Toutes les contestations sont résolues par une Commission d'arbitrage composée en parties égales de patrons et d'ouvriers présidée par le maire de Turin.

Les patrons italiens, et notamment la Fédération des industriels du Piémont ont violemment critiqué ce contrat, comme attentatoire à la liberté du travail.

règles générales des relations entre le capital et le travail, leur législation a réalisé le « socialisme sans doctrines », régularisant les conditions dans lesquelles le travail est offert et accepté, en fixant la durée, déterminant les garanties d'hygiène et de sécurité ;

La *République Argentine* examine en ce moment le très remarquable projet du Dr Gonzalez sur la « *loi nationale du travail* », qui comporte la codification entière de tout ce qui concerne le contrat du travail, les intermédiaires dans ce contrat, les accidents, la durée et la suspension du travail, le travail à domicile, le travail des femmes et des enfants, l'apprentissage, etc., et institue pour résoudre les conflits nés du travail une juridiction spéciale, composée d'arbitres, de Conseils de conciliation et d'une Cour centrale d'arbitrage (7).

2° En France même, la nécessité de régler suivant des formules nouvelles, des situations nouvelles a conduit les intéressés à construire en l'absence de toute législation civile et parfois en marge de cette législation des organismes juridiques intéressants : c'est ainsi qu'en 1905, à l'issue de la grève des carrossiers à Paris, une convention collective déterminant les conditions générales auxquels devront satisfaire, dans l'avenir, les contrats de travail individuels à conclure entre employeurs et employés parties à la convention, a été passée entre les syndicats patronaux des carrossiers et des charrons de Paris et la Chambre syndicale des ouvriers de la voiture. Elle détermine les salaires, la durée du travail, etc.

Déjà, en 1889, les fabricants de toile d'Armentières avaient pris l'initiative d'une convention analogue, unifiant les tarifs de main-d'œuvre ;

Enfin, les accords passés devant les juges de paix, agissant en vertu de la loi de 1892, affectent fréquemment la forme de conventions collectives... (8).

---

(7) Dr José Ingeguieros. — *La législation du travail dans la République Argentine*. — Paris, Cornély, 1907. — cf. l'analyse remarquable de Vergosi dans *Etudes professsionnelles*. 15 février 1908.

(8) M. *Gavelle*, au parlement commercial d'avril 1908 (*France commerciale* du 25 juillet 1908), peu suspect de faiblesse pour les innovations de ce genre, reconnaît que les conventions collectives « *sont entrées dans les mœurs* »

Les travailleurs et les employeurs devraient se tourner, dit-on, vers ces contrats nouveaux avec des espoirs égaux : les premiers y constatent en effet une diminution de cette inégalité économique qui exclut habituellement la justice du louage de services, les seconds y peuvent apercevoir plus de garanties pour l'avenir, une plus grande fixité dans les tarifs et la possibilité de savoir d'avance sur quoi on peut compter.

Il est vrai que, quant à présent, et parce que ces contrats vivent en marge de la loi, ils sont souvent dépourvus de sanction (1), toujours à la merci de l'interprétation juridique un peu incertaine d'un juge obligé de suppléer à la loi... Quoi qu'il en soit, ils existent et ils se développent.

Votre Commission a retenu tous ces faits ; elle a cru y voir à l'étranger et ici la marque d'une évolution nécessaire vers une transformation et un achèvement du droit civil définissant et organisant le contrat de travail.

3. — Elle a alors étudié les deux projets actuellement en discussion devant le parlement.

Savoir :

Celui déposé sous le ministère Sarrien par M. Doumergue, ministre du Commerce, le 2 juillet 1906, et celui élaboré par la Commission parlementaire du travail, déposé avec le rapport de M. Chambon, le 27 décembre 1907.

Ils s'analysent comme il suit :

§ I.

Le projet Doumergue entend réaliser une quintuple tâche :

---

et M. P. Beauregard a fait de même au Congrès de la Fédération des Industriels et Commerçants français...

Cf. autres exemples de contrats collectifs dans b. off. trav. assoc. prof. t. I et II : tullistes de Calais. — Blanchisserie, gaz, transports, omnibus de Paris. — Tissage et cordonnerie de Lyon. — Tannerie de Tarbes.

(1) La jurisprudence refuse au syndicat le droit d'ester en justice pour ses membres, tant qu'un préjudice personnel au syndicat ne résulte pas de l'inexécution de la convention collective.

Cass. 1. fév. 1893, et Dijon, 23 juill. 1890 dans *Ann. sc. pol.* p. 517.

8

1° Il pose les principes généraux du contrat de travail ; il le définit largement : rompant avec la distinction traditionnelle et archaïque du louage de services et d'ouvrage, il ne distingue pas non plus le travail manuel du travail intellectuel et pose ainsi très nettement dans son universalité le monde du travail en face du capital.

Il édicte en même temps les règles essentielles de protection du travail, contre le marchandage, contre les chargements de conditions provenant d'une volonté patronale capricieuse, et en général contre tout abus injuste d'une supériorité économique de hasard. Ici se place le fameux article 11, ainsi conçu :

« Doit être considérée comme *illicite* toute *clause* « du contrat de travail par laquelle l'une *des parties* « *a abusé du besoin, de la légèreté ou de l'inexpé-* « *rience de l'autre,* pour lui imposer des conditions « en désaccord flagrant, soit avec les conditions ha- « bituelles de la profession ou de la région, soit avec « la *valeur* ou *l'importance des services engagés.* »

2° En second lieu, le projet Doumergue réglemente spécialement le contrat collectif de travail ; il le distingue du contrat d'équipe en ce qu'il est non pas un contrat de travail proprement dit, mais bien une convention préalable aux contrats de travail individuels ou d'équipe à intervenir et pour le fonctionnement desquels on crée par avance une sorte de législation contractuelle.

Il en détermine la forme, la durée, les modes de dénonciation ; puis il en délimite la sphère d'application : la législation contractuelle issue d'un contrat collectif s'appliquera « aux membres de la col- « lectivité contractante et à ceux qui y adhéreront « ensuite » (article 15).

Il fixe la valeur des stipulations : elles s'imposeront *absolument* si les deux partis sont dans la sphère d'application du contrat ; elles seront seulement *pré-* *sumées, acceptées* si l'une seulement des parties est dans la sphère d'application ou même si aucune des parties n'y figure, lorsqu'une convention collective existera seule et publiquement dans la région.

C'est l'article 18 autour duquel est mené grand bruit : il est ainsi conçu.

« Lorsqu'il n'existe *qu'une seule convention collective* « relative aux conditions du travail pour la profes- « sion ou la région et que cette convention a été

« *déposée au secrétariat, etc...* les employeurs et les
« employés seront — *jusqu'à preuve contraire* — pré-
« *sumés* avoir accepté, etc... »

Le projet détermine enfin la sanction de l'inexécution des contrats collectifs : c'est une action en exécution ou en dommages-intérêts ouverte aux collectivités contractantes et aux membres intéressés contre
ceux qui ne respecteraient pas les obligations résultant pour eux de la convention collective.

3° En troisième lieu, le projet Doumergue légifère
sur les *règlements d'atelier*. — Il a estimé que ces
règlements, expression normale de la volonté patronale dans la grande industrie, avaient deux défauts,
d'être parfois peu connus ou inconnus et d'être trop
aisément modifiables *ad nutum* ; il les corrige en
édictant certaines règles de publicité et en soumettant tout règlement à une *consultation préalable* du
personnel appelé en de certaines formes et dans des
délais déterminés à formuler ses observations.

4° En quatrième lieu et sous la rubrique « effets
du contrat de travail » le projet Doumergue édicte
un certain nombre de mesures de protection au profit
du travailleur :

Droit de contrôle des opérations de mesurage du
travail ou des bénéfices sujets à participation, droit
à indemnité pour les temps à la disposition ; Limitation des retenues de garantie à 1/10 ;

Création d'un privilège de l'article 2101 civil pour
6 mois de salaires ;

Droit pour l'ouvrier mineur de disposer de son
salaire.

5° En cinquième lieu, le projet réglemente la cessation et la rupture du contrat de travail ;

Il pose notamment le principe du délai congé dans
toutes les professions et impose à la partie qui rompt
le contrat l'obligation de fournir les motifs de la rupture.

Enfin s'écartant de l'interprétation d'ailleurs con-
testable de la Cour suprême, le projet décide que la
greve est une *suspension* non une *rupture* du contrat de travail, sauf dans les établissements industriels de l'Etat, intéressant la défense nationale.

§ II

Le projet de la Commission du travail est singulièrement plus réduit :

Il laisse de côté tout ce qui concerne les règlements d'ateliers et le contrat collectif, se bornant en ce qui concerne ce dernier à poser dans son article 6 le principe de la faculté pour un employeur ou un groupement d'employeurs de conclure des conventions collectives de travail avec un groupement d'employés.

Il ajoute simplement au droit civil ancien trois dispositions principales : savoir :

1° Rescision du *contrat de travail* lui-même pour lésion dans les conditions de l'article 11 du projet Doumergue précité.

2° Mise à la charge de la partie qui rompt le contrat de la preuve des justes motifs.

3° Addition à l'article 2101 c. civil du privilège des salariés pour les salariés de 3 ou de 6 mois.

4° Affirmation pure et simple de la possibilité du contrat collectif.

La Commission du travail a justifié cette limitation du projet Doumergue, par les motifs suivants, savoir :

1° Les propositions du gouvernement sont inélégantes au point de vue juridique, certaines dispositions entrant dans le détail de l'organisation industrielle et entraînant ainsi un défaut de proportion.

2° Le projet a omis de réglementer la matière des salaires et des amendes.

3° Il soulève des difficultés et des controverses en voulant envisager trop de choses à la fois et n'a pas de chances d'aboutir avant la fin de la législature.

4° Le projet du gouvernement contient, il est vrai, une disposition utile en ce qui concerne le marchandage, mais il est préférable de la réserver pour un projet spécial, car son insertion dans le code civil obligerait à créer un article 1779 *bis* (1) et à changer aussi le numérotage du code.

***

4. — Votre Commission s'est préoccupée enfin de l'impression produite dans les différentes sphères de

---

(1) Rapport Chambon, p. 18.

l'opinion compétente par les projets ci-dessus analysés.

Elle a constaté dans le monde exclusivement patronal une très grande inquiétude et des craintes
assez vives pour ajouter parfois quelque passion à
la critique qu'ont faite des projets dont il s'agit les
organisations patronales.

Ces critiques se résument comme il suit :

§ I

*En ce qui concerne le projet Doumergue : En géné-
ral* ce projet est apparu comme un effort pour enve-
nimer la lutte des classes ; il dresse le monde du
travail contre le capital : Son véritable but est en
substituant le contrat collectif à l'individuel de faciliter l'intrusion des syndicats et d'exproprier peu à
peu le patron de la direction de sa propre industrie (1).

D'autre part et entrant dans le détail l'opinion patronale a rangé en bataille 5 arguments principaux (2)
contre le Contrat collectif, savoir :

(a) Le contrat collectif, envisagé comme une forme
générale de contrats individuels futurs est une *atteinte
à la liberté des contractants* ouvriers parce qu'il fera
prédominer *a priori* certains avantages sur d'autres
sans souci de l'intérêt et de la volonté de l'ouvrier.
Exemple : un contrat collectif a réglé le prix du
travail et les conditions hygiéniques de ce travail :
Pierre contractant individuel est célibataire ; il se
contenterait d'un prix moins élevé mais exigerait d'autres conditions hygiéniques — ; au contraire Paul
est chargé de famille il n'envisagerait lui que l'avantage d'un salaire plus élevé. Pierre et Paul seront
dans l'impossibilté de régler comme ils l'entendent
les conditions de leur travail. Qui pourrait parler

_____

(1) Sinceny, *Réforme Economique*, mars 1907, cf., ch. de
co de Roanne, rapp., p. 7.

(2) Il y en a d'autres bien entendu, par exemple.

(f.) (Georges Barrès rapport. Société pour la défense du
commerce et de l'industrie de Bordeaux :) le contrat collectif soustrait la main-d'œuvre aux fluctuations de prix de
l'industrie, ce qui est absurde.

(g.) Il diminue la valeur morale de l'ouvrier qui n'est
plus qu'une marchandise fournie par le syndicat entrepreneur de travail.

demain de liberté du travail en France et n'est-ce point là un servage ? (1).

(b). L'*oppression* des minorités résultant ainsi du contrat collectif frappera à peu près tout le monde ;

En effet, les règles de la convention collective s'imposeront :

1° Aux adhérents au syndicat contractant présents et futurs.

2° Aux ouvriers non adhérents embauchés par un patron lié par la convention.

3° Au patron non adhérent embauchant des ouvriers liés par la convention.

(c). Cette oppression sera très grave et parfois frauduleusement aggravée :

En effet la convention collective pourra être conclue soit par des mandataires incertains ou incapables tels que les membres du bureau d'un syndicat n'ayant qu'un mandat général et une compétence restreinte — soit par une majorité capable de supporter les charges de la convention et décidée à écraser une minorité de concurrents incapables de payer par exemple les majorations de salaires acceptées par la convention.

(d). Le contrat collectif ne peut être raisonnablement et justement conclu ni par un simple groupement, ni par un syndicat de la loi de 1884.

En effet un simple groupement sans personnalité civile ne peut être sujet de droits ;

Que si c'est un syndicat régulier qui contracte, la convention ne sera sanctionnée que contre le cocontractant patron seul solvable ; au contraire le syndicat insolvable tant qu'une loi nouvelle ne lui permettra pas d'acquérir un patrimoine et les ouvriers syndiqués insolvables en fait et insaisissables en vertu de la loi n'exécuteront le contrat que si cela leur plaît.

(c). Si l'art. 18 (donnant force d'*usage* à toute convention collective unique et publiée dans une région) est maintenu, les syndicats légiféreront dans tout le pays au nom et pour l'universalité des membres de

. (1) M. Thuilliez, rapport. du 14ᵉ Congrès des syndicats de charcutiers p. 3 et p. 5. — Cf. Ch. de Co. Melun rapp. Delastre 8 juin 1907 : le contrat sera le lit de Procuste, à salaires trop bas pour les forts, trop hauts pour les faibles; mécontentant tout le monde.

la profession, or les syndicats ne groupent encore
qu'une infime minorité des travailleurs (1) ce sera
donc l'injuste maîtrise d'une minorité investie par la
'loi du droit de tyranniser et de régenter au hasard.

Les autres parties du projet Doumergue ne paraissent pas plus sympathiques aux organisations patronales dont votre Commission a dû analyser les critiques.

(a). L'art. 11 rendant possible la revision de toute
clause du contrat de travail rédigée par une partie
qui abuse du besoin de l'autre ou qui lui impose des
conditions sans proportion avec la valeur des services engagés, servira aux employeurs pour briser
les conventions arrachées à l'heure opportune par
les collectivités ouvrières. De là un accroissement
sans fin de haines et de tension et une instabilité
absolue (2).

Au suplus il ne fait que paraphraser d'une façon
malheureuse les dispositions du droit commun sur la
nullité pour cause de dol (3).

Cet article se retournera d'ailleurs contre les ouvriers puisqu'il rendra impossible l'emploi provisoire
à des travaux ordinaires des ouvriers spécialistes à
salaires normaux élevés (4).

(b). L'art 56 qui fait de la grève privée une simple
suspension du contrat de travail est une monstruosité puisqu'il accorde aux collectivités un droit que
le droit commun refuse formellement aux individus,
celui de cesser d'exécuter un contrat et d'exiger cependant que le cocontractant demeure tenu de l'exécuter ; l'exception faite en faveur de l'Etat est absurde et cynique.

(c). L'obligation de se soumettre à l'arbitrage en
cas de grève à peine d'être déclaré auteur d'une rupture sans motifs du contrat de travail est injuste

_____

(1) 6,7 % dans l'alimentation, 1,32 % dans d'autres industries, 25 % dans les produits chimiques, 50 % dans l'industrie minière. B.-off. trav. août 1905 cité par M. Tuilliez,
op. cit. p. 6.
(2) Georges Barrès, I. c.
(3) Ch. de Co. de Melun, rapp. Delastre 8 juin 1907.
(4) Rapport du Comité Roannois d'études des lois
ouvrières. — Par exemple de maçons employés comme
terrassiers en attendant l'arrivée de certains approvisionnements.

puisque le patron peut seul avoir de sérieux motifs de refuser l'arbitrage (secrets industriels ou commerciaux à sauvegarder) et qu'il risque *seul* de payer des indemnités de délai-congé puisque lui seul est solvable. — Une telle obligation ne serait admissible que si des corporations mixtes d'ouvriers et de patrons étaient des arbitres préconstitués (1).

(d). L'obligation *générale du délai congé* est inadmissible en tous cas dans les industries du bâtiment où les accidents d'approvisionnements ou de température ne permettent jamais à l'entrepreneur d'assurer un travail permanent.

Elle créerait en tous cas une situation inégale et injuste puisque en fait l'employeur serait seul exposé à payer l'indemnité à moins que la loi n'institue une solvabilité artificielle des contractants ouvriers en leur imposant une retenue de salaires à titre de garantie correspondant au délai congé (2).

(e). La charge imposée au patron, art. 34, de rémunérer le temps pendant lequel l'ouvrier travaillant aux pièces demeure sans travailler à sa disposition est encore inadmissible ;

Cela est évident pour les industries qui subissent des variations et des chômages liés aux caprices de la mode (3) ; le texte proposé obligerait le patron à licencier tout le personnel si le travail manque même un seul jour ;

L'injustice de la disposition est encore manifeste si l'interruption de travail provient d'un accident de machine ou d'un cas de force majeure quelconque déjà préjudiciable par lui-même au patron (4).

Elle ne l'est pas moins si l'arrêt du travail provient d'une grève de spécialistes (5).

Quant à la disposition analogue de l'art. 39 : possibilité d'une indemnité due à l'ouvrier en cas de chômage dû à la force majeure elle se heurte *a fortiori*

---

(1) Georges Barrès, op. cit.

(2) Ch. de Co. de Melun. — Délib. Ch. de Co. de Roanne p. 6.

(3) Rap. Union de l'industrie cotonnière. (Roanne 1907) p. 10.

(4) Délib. Ch. de Co. de Roanne, p. 6.

(5) Rapp. Union cotonnière p. 10. « La grève de 20 ouvriers pareurs ou de 10 ouvrières ourdisseuses met en chômage forcé 500 ouvriers ».

aux mêmes objections, elle aurait comme résultat d'obliger le patron victime d'un incendie à payer des indemnités de délai-congé à tous les ouvriers privés de travail, ce serait une monstruosité (1).

(*f*). Le projet (art. 33) donne à l'ouvrier payé à la tâche ou participant aux bénéfices le droit de contrôler par lui-même ou par délégué les opérations de mesurage bases du salaire ou la comptabilité d'où ressortent les bénéfices.

Ceci est inadmissible au moins en ce qui concerne la vérification par des délégués ouvriers étrangers à l'usine (2) et entraînera la suppression du travail aux pièces et de la participation aux bénéfices.

(*g*). Sur le règlement d'atelier (art. 22 et suivants) soumis aux conditions de publicité et d'observations ouvrières, les organisations patronales estiment que de telles mesures sont de nature à diminuer l'autorité patronale (3) et qu'elles entraîneront dans l'usine une agitation permanente conduisant presque partout à la grève obligatoire (4).

(*h*). En admettant enfin que le législateur tienne compte des huit critiques ci-dessus, il ne resterait plus du projet Doumergue qu'une paraphrase parfaitement inutile de la loi du 27 décembre 1890 et de la loi de 1892 sur l'arbitrage facultatif. Il y a donc lieu de le rejeter énergiquement et en bloc.

§ II. — *En ce qui concerne le projet de la Commission du Travail.*

Les critiques patronales sont infiniment moins acerbes et moins développées et ceci s'explique par la réduction de la matière qui donne peu de prise aux observations.

Cependant, on s'est attaqué très vivement à l'article 6 du contre-projet affirmant la possibilité des conventions collectives de travail.

Un tel contrat, a-t-on dit, ne peut être légalement reconnu qu'après qu'on l'aura sanctionné par des responsabilités égales à la charge des employeurs et des employés, et pour cela il est nécessaire de donner

---

(1) Rapp. Comité Roannois — sous l'art. 39.
(2) Rapp. Comité roannois, p. 11, 12.
(3) Ch. com. Roanne, p. 5.
(4) Rapp. Comité Roannais, p. 9.

aux Syndicats le droit d'acquérir un patrimoine.

Il faut spécifier aussi que les individus ayant participé par eux-mêmes ou par mandataires spéciaux à la conclusion du contrat seront seuls obligés à l'exclusion des adhérents futurs ou des tiers.

Enfin, il faut avant tout supprimer purement et simplement l'article 6 du projet de la Commission manifestement inutile s'il ne fait qu'affirmer la possibilité d'un contrat déjà pratiqué et évidemment dangereux en ce qu'il excitera les juges à rendre en l'absence d'une loi nouvelle et en dehors de la loi ancienne des décisions incohérentes (1).

***

Telles sont les critiques essentielles que votre Commission a pu relever contre les projets du Gouvernement et de la Commission du Travail.

***

Se tournant ensuite vers les publicistes, particulièrement soucieux de protéger les salariés, elle a recueilli des impressions diamétralement opposées.

En général, tous ceux qui pensent que la démocratie a le devoir de travailler à diminuer les injustices sociales et de protéger les faibles par l'intervention législative ont été frappés par les constatations mêmes relevées par votre Commission au début de ses travaux et résumées ci-dessus (2).

Ils ont mis en pleine lumière la nécessité de faire enfin législation du travail : M. Thaller, parlant de la masse ouvrière oubliée par le Code civil, a dit ainsi très fortement : « Ces nouveaux occupants prennent conscience de leurs droits. Ils cherchent protection dans le Code civil, qui leur donne quoi ? « Un état de famille qui, en réalité, n'est pas le leur, « un contrat de louage de services en deux articles « avec une liberté nominale... si bien que toute la « source légale à laquelle ils puisent les moyens de

---

(1) Conclusions adoptées par le Parlement commercial, séance d'avril 1905, *France commerciale*, l. c.
(2) Charles Benoist, *Revue des Deux Mondes*, 1905, p. 783. Hubert Valleroux, *Le Code civil et son Centenaire*.

« vivre, le Code l'a en quelque sorte tarie à avance. »
Ils pensent que ce n'est point assez d'avoir modifié le
Code civil en abrogeant l'article 1781 qui disait que
sur les gages et leur paiement le maître sera cru
sur parole : ils se souviennent que depuis Louis XV
les relations des employeurs et des employés sont
réglées dans notre pays de la même façon (1), et que
la servitude économique coexiste avec la souveraineté
politique (2).

Ceux qui parlent ainsi sont des professeurs, des
savants désintéressés.

Ils sont d'accord pour dire qu'il faut légiférer immédiatement non seulement sur les quatre points iso-
lés relevés par le projet de la Commission du travail,
mais notamment sur les conventions collectives, les
règlements d'atelier, le mode de paiement et la dé-
termination des salaires, les retenues et amendes.

Spécialement en ce qui concerne le contrat collectif, les économistes les moins suspects de partialité
en sa faveur reconnaissent et démontrent la justesse
de son principe : M. Yves Guyot ayant constaté que
tout industriel accomplit en résumé cinq actes de
commerce qui sont : 1° constituer son capital; 2°
organiser son outillage ; 3° acheter ses matières premières ; 4° transformer les produits ; 5° écouler les
produits, observe en même temps que l'industriel s'efforce — et il a bien raison — de faire pour quatre
de ces actes des opérations en gros et de s'assurer
par des marchés de grandes quantités des prix fixes
et rémunérateurs, et il s'étonne que pour l'opération
n° 4 qui comprend le recrutement de la main-d'œuvre, il en soit encore au traitement individuel et à
l'achat au jour le jour et en détail (3).

D'autres remarquent que la participation de la collectivité laborieuse à l'établissement des règles con-
tractuelles du travail sous forme de contrat collectif

_____

(1) Germain Martin, *La Grande Industrie sous Louis XV*.
(2) Pic, *Revue trimestrielle de Droit civil*, 1905, p. 51.
(3) Yves Guyot, *Le Contrat collectif*, *Revue économique
internationale*, 2° semestre 1907, p. 479. Il est vrai que
M. Yves Guyot finit par préférer au contrat collectif de
travail le système des « *Sociétés commerciales de Travail* »,
mais le principe de la convention passée avec une collectivité n'en est pas moins posé par lui d'une façon vigou-
reuse et convaincante.

ou de règlement d'atelier s'impose maintenant comme une suite nécessaire de la substitution du travail collectif et de la vie ouvrière, commune au labeur individuel et isolé ; une telle participation est de l'essence de tout traité actuel capable d'obliger en conscience les contractants parce que le régime de l'atelier a créé en fait une communauté d'intérêts et de sentiments à laquelle contribue et dont dépend maintenant la personnalité complète des individus.

C'est pour cela sans doute que les socialistes réformistes mettent aujourd'hui le contrat collectif en tête des réformes sur lesquelles ils comptent pour transformer progressivement la société au point qu'ils semblent lui attribuer parfois une vertu mystérieuse analogue à celle que L. Blanc attribuait à l'Association (1).

Ils remarquent notamment que les ouvriers par le seul fait qu'ils traiteront en se servant de l'intermédiaire d'un Syndicat acquerront une plus haute place dans le monde économique, deviendront plus capables et auront droit à une meilleure rémunération. Le Syndicat sera, en effet, comme un banquier qui élève d'autant plus ses prétentions que l'industrie est armée d'un outillage plus puissant et peut obtenir des profits plus importants : le contrat collectif sera donc comme une sorte de commandite portant sur la main-d'œuvre... La pratique de telles conventions développant le trade unionisme aura comme résultat de faire naître chez l'ouvrier le sentiment de sa propre responsabilité et aussi de lui donner une situation juridique plus rapprochée de celle du propriétaire. Il y aura ainsi progrès économique et juridique et la maxime de Max affirmant que l'ouvrier moderne descend de plus en plus par le progrès de l'industrie au-dessous de sa propre classe sera démontrée fausse (2).

« Le régime de l'atelier ressemble à une communauté anarchique dans laquelle celui qui obéit ou ser doit prendre part à la formation du pouvoir qui dirige ou gouverne... Cette participation désarme la résistance innée de tout être libre en même temps qu'elle stimule et amène les forces productrices... »

Vergosi, *Etud. prof.*
15 février 1908, p. 98.

---

(1) Docteur Gonzalès, proj. cit. supra., *Loi nationale du Travail dans la République Argentine :*
(2) G. Sorel, *Décomposition du marxisme*, p. 18.

C

Ayant ainsi reconnu la nécessité *a priori* d'élaborer
une législation du travail et ayant passé en revue
les deux projets soumis à la Chambre et les appréciations principales qu'ils ont suggérées à l'opinion,
votre Commission avait à faire un choix entre les
thèses opposées que cette première partie de son étude
lui avait révélées.

Elle a d'autant moins hésité à le faire que la mission que vous lui aviez confiée comporte bien plutôt
l'indication des directions générales vers lesquelles
doit s'orienter la doctrine de notre parti que la discussion de détail des textes par lesquels doit s'effectuer la complète réalisation pratique des réformes,

S'inspirant de cette idée elle a résumé son sentiment
dans les propositions suivantes.

1° *Il est nécessaire d'élaborer une législation du
Contrat social. C'est le devoir de la démocratie moderne.*

Votre Commission avait formulé dès le début cette
proposition à cause des deux constatations qui l'a-
vaient frappée (A) ; elle y a persévéré depuis et après
son étude achevée en faisant siens les arguments ci-
dessus rapportés des économistes et des savants défenseurs de la réforme.

Il lui est apparu en outre que si au point de vue
purement politique la démocratie triomphe aujour-
d'hui, sa tâche n'est cependant pas terminée parce
qu'il lui appartient de réaliser dans l'économie nationale toujours plus de justice et de bonheur ; et que
cette tâche est moins avancée dans la matière du salariat qu'en tout autre. Elle ne peut pas se rallier
pour atteindre son but à la théorie patronale analysée
plus haut qui estime que toute intervention législative
est inutile puisque la liberté des contrats vaut pour
tout le monde et qu'au surplus le paternalisme et la
bonté patronales sont d'assez sûrs garants que nul
n'abusera de la liberté vacillante et obscure de l'ouvrier. La raison en est que la démocratie ne croit
plus au patron patriarcal de Le Play qui transmettait
à l'ouvrier à la fois le salaire, le respect et le dé-
calogue ; elle ne *reconnaît plus de « louage de services » impliquant une supériorité* de l'acheteur de
main-d'œuvre sur le vendeur ; elle ne veut plus de
règlements d'ateliers arbitraires et changeants oc-

troyés aux ouvriers par la seule sagesse bienveillante des patrons.

D'un autre côté, elle s'écarte avec non moins de vivacité de l'Ecole des néo-marxistes, qui estiment que toute intervention d'Etat et toute amélioration partielle garantie par la loi aux travailleurs, n'est qu'un retard apporté à la révolution libératrice et un engourdissement des énergies prolétariennes...

Elle se refuse à envisager comme unique organe de progrès social le syndicat, instrument de lutte permanente intervenant partout et fomentant à dessein des grèves partielles, préludes d'une définitive expropriation patronale; elle ne veut pas s'en remettre aux hasards parfois sanglants de la lutte de classes pour en voir naître un soir l'affranchissement global de tous les salariés ; elle croit que la formule « tout ou rien » est stérile.

Elle estime, en revanche, que les collectivités organisées ont beaucoup plus d'intérêt à faire entre elles de bons et solides traités de paix qu'à guerroyer sans trêve ni merci et elle pense que l'Etat a deux missions à remplir en les y encourageant : la première est de jouer son rôle de « *grand paissier* » du royaume, comme disaient les vieux légistes et d'intervenir pour substituer à la justice privée des patrons ou à la justice de Dieu du sort des batailles, sa propre justice pour dénouer les conflits du capital et du travail. — Et c'est pour cela que votre Commission n'est pas touchée par les protestations des patrons qui repoussent l'arbitrage de l'article 56 du projet Doumergue.

La seconde est d'être le protecteur des faibles et l'on doit admettre que le manœuvre qui demande à être embauché aux usines du Creusot est moins fort socialement que M. Schneider. — Et c'est pour cela que votre Commission n'est pas émue, de ce que sur 56 articles du projet Doumergue. il n'y en ait que deux consacrés aux obligations de l'employé.

2° Si des lacunes existent dans le projet Doumergue, il est nécessaire de les combler.

A

CONTRAT D'ÉQUIPE

Le projet définit le « *contrat d'équipe* » : c'est celui qui est formé entre un employeur et une collectivité d'ouvriers ; tel est, par exemple, en matière d'imprimerie, le contrat de « *commandite* » où une équipe d'ouvriers s'engage, vis-à-vis de l'employeur, à accomplir tel travail pour tel prix, sauf aux ouvriers à se régler entre eux de leurs salaires.

En fait, de graves difficultés peuvent actuellement naître de tels contrats :

L'équipe n'ayant pas, en effet, de personnalité civile, toute inexécution du contrat par l'un des membres de la collectivité oblige l'employeur à intenter pour obtenir l'exécution où la résiliation *autant d'actions qu'il y a d'ouvriers dans l'équipe ;*

D'autre part, la question de la substitution au cours du travail de nouveaux membres de la collectivité à tout ou partie de ceux existant au moment du contrat expose à un double danger : Si la substitution est *entièrement libre*, l'employeur peut, en effet, légitimement redouter le remplacement de bons ouvriers par de mauvais ; si elle est subordonnée à l'acceptation de l'employeur, les travailleurs sont exposés à avoir par la défaillance accidentelle d'un seul d'entre eux, l'existence même du contrat sur lequel ils ont compté mise en question et suspendue uniquement à la volonté arbitraire de l'employeur.

Enfin, en cas d'insolvabilité de *l'employeur* ou du *chef d'équipe*, les ouvriers membres de la collectivité n'ont aucune garantie de paiement de leurs salaires, etc...

Votre Commission a pensé qu'une législation du travail doit consacrer un chapitre au contrat d'équipe. On y poserait notamment le principe de l'existence légale de la collectivité, sujet de droits pour l'acte spécial considéré ; on y écrirait des règles de *substitution* également éloignées de l'arbitraire ouvrier ou patronal).

On y instituerait un système de garanties couvrant les ouvriers contre le risque d'insolvabilité de l'employeur ou du chef d'équipe.

Votre Commission estime, enfin, qu'on devrait trouver dans notre loi des types de contrats d'équipe correspondant aux situations les plus fréquentes de la pratique, de même que, au Code civil, bien que les conventions matrimoniales soient libres et infiniment variées, on trouve un corps de règles précises pour les types principaux de telles conventions.

B

FAÇONNIERS

Le projet Doumergue a visé dans son article 5 le tâcheron ou le contremaître *organisant et conduisant des groupes ou brigades d'ouvriers*, et il a été décidé que ces tâcherons seraient les mandataires de l'employeur principal *dans tous les cas* en vertu d'une présomption *juris* et *de jure*.

Votre Commission a remarqué que trois hypothèses très différentes peuvent se présenter, rendant indispensable une réglementation plus complète : Il y a, en effet, trois sortes de façonniers :

Les uns sont *patentés, travaillent chez eux*, sont entièrement libres de toute autorité et de tout contrôle de l'employeur principal ;

Comment pourrait-on considérer ceux-là à tous les points de vue comme mandataires de cet employeur, alors surtout qu'ils travaillent en général à la fois pour plusieurs employeurs ?

Une deuxième espèce travaille *chez l'employeur*, mais avec des *collaborateurs choisis par le façonnier;* il semble que la responsabilité générale de l'employeur principal devrait être ici plus large que dans la première hypothèse, sans que cependant on puisse lui appliquer encore la règle de l'article 5 du projet.

Enfin, une troisième espèce de façonniers travaille *chez l'employeur* en utilisant les *ouvriers choisis par ce dernier* — ceux-là sont évidemment mandataires de l'employeur.

Si de telles distinctions — qu'impose la pratique — se reflètent dans la loi, une réglementation correspondante des garanties de paiement à accorder aux ouvriers devra aussi y figurer : il y aurait lieu, par exemple, d'organiser pour les deux premières hypothèses une sorte de saisie-arrêt très simplifiée et même verbale permettant à tout ouvrier d'empêcher le façonnier d'être payé sans solder lui-même les salaires qu'il doit.

Ici encore un chapitre de la législation du travail s'impose pour éviter des incertitudes et des injustices.

C

MODES DE PAIEMENT DU SALAIRE

Comment l'ouvrier doit-il être payé, à quels intervalles, en quelle monnaie ? — Le patron peut-il, sans contrôle, le payer en jetons échangeables contre des marchandises dans des économats ou dans des maisons désignées par lui ? Peut-il espacer, à son gré, les paiements et obliger ainsi l'ouvrier à faire au crédit un appel constant ou coûteux ? Votre Commission pense que ces questions appellent aussi une solution, que la loi doit fixer un intervalle maximum entre les paiements et interdire les paiements en jetons et en nature.

D

DISPOSITIONS RELATIVES AUX AMENDES

Votre Commission est encore d'avis que cette matière doit être réglementée, en partant de ce principe que l'employeur ne doit pas pouvoir édicter et appliquer des pénalités qui lui profitent, qu'ainsi, ou bien les amendes doivent être formellement interdites sous une sanction pénale analogue à celle qui vise les retenues assurances, ou bien elles doivent profiter à une caisse de solidarité commune à tous les ouvriers de l'entreprise. Il y aurait lieu de régler, dans ce dernier cas, l'exercice des droits égaux des ouvriers sur cette caisse, notamment en cas de congédiement.

E

DISPOSITIONS RELATIVES AU TRAVAIL A DOMICILE

Nous pensons qu'une législation du travail doit régler cette matière, où des abus notoires sont commis tous les jours. — Le législateur ne peut pas permettre que le « *sweating-system* » soit employé sans aucun frein, comme il l'est, par exemple, en ce moment, dans la Lingerie parisienne. Elle pense, notamment, qu'un minimum de salaire devrait être déterminé, calculé dans chaque place d'après le coût de l'existence, au-dessous duquel il serait interdit de faire travailler. — Elle estime, en tous cas, qu'un projet sur le travail ne peut pas se désintéresser d'une telle question.

F

GARANTIES RELATIVES A L'EXÉCUTION DU CONTRAT

Votre Commission a réfléchi à la situation difficile faite, dans certains cas, aux employeurs, lorsque des ouvriers travaillant à l'heure ne fournissent, à dessein, qu'une somme de travail très inférieure à la quantité normale, ou lorsque des ouvriers à la tâche emploient pour accomplir une tâche déterminée un nombre d'heures très supérieur au temps normal, occasionnant ainsi des retards préjudiciables. Il ne lui a pas paru qu'une législation juste puisse obliger une partie à accepter et à payer des prestations non prévues au contrat : Elle est d'avis qu'une disposition devrait être étudiée, donnant au juge, dans les cas ci-dessus analysés, la mission de résilier le contrat de travail ou de réduire le salaire par une action analogue à l'*actio quanti minoris* en matière de vente.

3° *Le principe de l'art. 11 ouvrant à l'ouvrier qui a dû subir des conditions du travail léonines une action en rescision de la clause quil lui fait grief doit être maintenu.*

Votre Commission s'est souvenue de l'article 6 du Code civil qui édicte la nullité des conventions contraires à l'*ordre public* ; elle y a vu la reconnaissance essentielle de ce principe de droit naturel, qu'il n'y a pas de contrat ni d'accord de volontés qui puisse rendre obligatoire, c'est-à-dire légalement respectable en ce qui est moralement détestable, comme une injustice, une violence ou une tromperie ; mais elle n'a pas oublié, en même temps que l'ordre public du Code civil est un peu archaïque, que c'est celui qui s'accorde le droit prééminent du maître d'être cru sur sa parole, de l'art. 1781 et avec le droit unilatéral de faire des règlements d'ateliers sanctionnés par les amendes et retenues.

Elle en a conclu que pour rendre au principe de droit naturel de l'art. 6 sa pleine valeur et pour lui donner sa portée sociale, il fallait inscrire dans la loi un texte qui facilite la preuve de la contrainte morale et édicter la nullité de toute clause du contrat qui n'aurait été acceptée par l'un des contractants que sous pression et par une violence morale.

Cette disposition pourra-t-elle servir, comme on l'a dit, aux patrons victimes d'une pression syndicale, pour faire annuler une convention collective qui leur aurait été arrachée sous la pression des circonstances ? — Votre Commission n'y voit aucun inconvénient ; bien au contraire, car elle pense que la justice doit luire pour tous.

Ne pourra-t-elle pas créer dans les relations entre patrons et ouvriers une instabilité dangereuse, et n'y a-t-il pas à craindre que la demande d'annulation de la clause visant le prix du travail, ne soit toujours suspendue comme une menace permanente sur la tête du patron ?...

Votre Commission a pensé qu'un tel danger serait aussi sérieux que facile à éviter. Il suffirait, en effet, de fixer dans la loi un délai pendant lequel l'action en rescision serait ouverte aux parties : l'expiration de ce délai entraînerait forclusion et consoliderait le contrat (1).

Il y aurait lieu enfin de préciser très exactement la sphère d'application de l'article 11 en tenant compte de *l'idée d'élargissement de l'ordre public* qui est à sa base. Il s'ensuit, en effet, que la disposition dont il s'agit doit jouer toutes les fois que l'employeur a commis un abus caractérisé de sa suprématie économique, mais qu'elle ne doit pas s'appliquer, en revanche, lorsque, par exemple, une crise générale ou locale amène le patron à offrir et les ouvriers à accepter des salaires anormaux. Il en serait ainsi, notamment, et votre Commission a retenu cette hypothèse signalée par les Chambres du commerce, si un entrepreneur de travaux publics, en attendant des matériaux en cours de route, offre à des tailleurs de pierre de faire des travaux de terrassements au lieu de les débaucher jusqu'à l'arrivée des matériaux, et ne leur paie, en conséquence, que des salaires de *terrassiers...* Cette interprétation est certainement conforme à la pensée de l'auteur du projet gouvernemental, mais le texte gagnerait à être un peu plus nettement précisé en ce sens.

4° *Le contrat collectif de travail doit être reconnu et organisé par la loi.*

a) votre Commission a estimé que la convention collective était, surtout dans la grande industrie, le seul remède radical capable de rétablir l'égalité entre les parties contractantes ; elle n'a pas été arrêtée par l'objection de principe ci-dessus relevée

_____

(1) On généraliserait ainsi la jurisprudence prud'hommale parisienne de l'*affûtage*. L'ouvrier embauché dans une usine, sans qu'une discussion précise ait été engagée sur le salaire, demeure *entièrement libre pendant la première quinzaine*, et en général jusqu'à ce qu'il ait *accepté la paie.*

prétendant que toute convention collective est une
atteinte à la liberté. — Elle a remarqué, en effet,
en droit, que rien n'autorise à limiter spécialement
ici la liberté des volontés qui ont le droit de se lier
à temps. Il lui est apparu en fait que c'est un *singulier paradoxe* de soutenir que les conventions arrêtées par les organisations ouvrières pour sauvegarder leurs intérêts communs seront, par définition,
préjudiciable aux ouvriers et une *contradiction* évidente de déclarer en même temps que de tels contrats vont ruiner le patronat. Il faudrait choisir, en
effet, et puisque les argumentateurs du capital affirment que le projet Doumergue dresse l'un contre
l'autre, en une irréductible antithèse le monde du
capital et celui du travail, s'ils prétendent que la
convention collective est désavantageuse au monde
du travail, c'est donc qu'elle profite à celui du capital, et pourtant ils s'en plaignent !

Votre Commission a estimé qu'il y avait lieu *d'organiser entièrement* le contrat collectif et de ne pas
se borner comme le projet de la commission du travail à en mentionner simplement la possibilité. Cette
simple affirmation ne saurait, en effet, infirmer, par
exemple, la jurisprudence ci-dessus rappelée et donner une sanction aux contrats aujourd'hui impar-
faits ; elle ne servirait donc qu'à faire naître dans le
monde du travail des espérances illusoires.

Doit-on maintenir au contrat collectif la sphère
d'application déterminée par le projet Doumergue,
c'est-à-dire lui faire régir les membres présents et
futurs du groupe contractant ? Sur cette question,
les critiques patronales semblent avoir singulièrement dramatisé des difficultés qui sont surmontables,
puisque nul n'étant contraint d'adhérer au syndicat
qui aura contracté, nul adhérent futur n'acceptera
malgré lui la convention conclue.

D'autre part, exiger que ceux qui signeront une
convention collective aient pour ce faire mandat
spécial du syndicat qu'ils représentent, serait, semble-
t-il, une garantie de sincérité de l'acte qui ne por-
terait préjudice à personne et votre Commission est
d'avis de l'inscrire dans la loi.

Quant à l'article 18 donnant force d'usage à la convention collective *unique* dans une région si elle est
publiée au greffe de la justice de paix, votre Commission estime que trop d'incertitudes et de dangers

seraient enfermés dans une telle disposition pour qu'elle puisse l'accueillir. Elle pense, d'autre part, que ce texte exprime à l'égard des travailleurs une défiance injuste. Pourquoi, en effet, si le régime du contrat collectif est utile au monde ouvrier, imaginer que les intéressés seront assez négligents pour ne pas se syndiquer et pour ne pas conclure les conventions collectives qui leur conviendront, et pourquoi alors les conclure à leur place en décidant d'appliquer à tous des contrats faits pour d'autres ?... On habillerait ainsi avec des conventions confectionnées au hasard, des volontés qui préféreront sans doute se tailler à elles-mêmes des vêtements sur mesure...

Votre Commission signale notamment la nécessité d'énumérer limitativement les mandataires ouvriers aptes à contrôler les mesures du travail, en y comprenant, par exemple, les ouvriers employés à l'usine et les membres de la famille du travailleur intéressé.

Messieurs,

En examinant comme elle vient de le faire quelques-unes des questions complexes posées aujourd'hui devant le Parlement et devant l'opinion, votre Commission a eu constamment les yeux fixés sur ce principe de notre Parti que l'œuvre législative devait être accomplie en vue de l'intérêt de tous, non pas en vue du triomphe d'une classe.

Peut-être à cause de cela certains diront-ils qu'elle a fait œuvre de réaction, d'autres de révolution ; elle a conscience de s'être efforcée de faire simplement œuvre de raison. Elle espère que vous voudrez bien vous y associer en votant les six propositions ci-dessus formulées et exprimant le désir que le projet de loi sur le contrat de travail déposé le 2 juillet 1906 par M. Doumergue, soit mis d'urgence à l'ordre du jour de la Chambre.

Rapport de M. Gavelle

Le citoyen Gavelle, secrétaire de la commission du commerce et de l'industrie. — Votre commission du commerce et de l'industrie a attentivement étudié le rapport sur le contrat de travail que notre ami Chauvin lui a présenté au nom du Comité Exécutif. En son absence, elle m'a chargé de vous donner quelques explications sur les conclusions auxquelles elle s'est arrêtée.

Votre commission considère que la législation projetée sur le contrat de travail doit être la première application pratique des principes de justice, d'entente entre le capital et le travail et de paix sociale que vous avez acclamés hier lorsque Chauvin a opposé la doctrine du Parti radical-socialiste aux décevantes théories du collectivisme et des anarchistes qui préconisent la stérile lutte de classe.

Votre doctrine vous commande de mettre à la disposition de ceux que le travail met journellement en présence, les uns des autres, et dont les intérêts, solidaires à bien des points de vue, sont à d'autres égards en opposition, *un instrument de concorde qui leur permettent d'éviter les occasions de conflit.* Cet instrument de conciliation sociale nécessaire qui jusqu'ici nous a fait défaut, c'est *une législation bien faite sur le contrat de travail.*

Nous sommes en retard pour l'établir sur la plupart des pays qui nous entourent.

La législation à faire ne doit pas se borner à faire respecter l'équité dans la formation, l'exécution et la résolution du contrat individuel de travail, elle doit permettre et faciliter les ententes collectives et leur assurer des sanctions efficaces. Elle doit orienter l'action des syndicats ouvriers et patronaux, non vers la *grève* et le *lock-out*, mais vers la conclusion de conventions, librement débattues et loyalement observées, où les deux facteurs de la production règleront leurs rapports en traitant de puissance à puissance.

C'est à cette manière d'agir que le pays de Galles doit sa belle réputation de pays sans grève. (*Bruit*).

Le citoyen Cahen, président de la commission. — Notre collègue fait preuve d'un grand dévouement pour remplacer le citoyen Chauvin qui est parti malade ; ayez l'amabilité de l'entendre. (*Mouvement ; bruit*).

Le citoyen Gavelle. — A l'époque où notre code civil a été fait, on venait de briser les anciens moules d'organisation collective et l'on croyait nécessaire de mettre obstacle à ce qu'il s'en formât de nouvelles d'où *le caractère individualiste* qu'a eu jusqu'ici tout notre *Droit privé.* Imbu des préjugés de l'ancien régime, on ne considérait même pas les engagements entre les travailleurs et ceux qui les paient comme des *contrats*, mais comme *un simple louage*. Depuis lors la mentalité humaine s'est modifiée, l'évolution économique a créé, entre les travailleurs de toutes catégories, des liens de solidarité qui n'existaient pas auparavant et la nécessité d'harmoniser la législation avec les conceptions et les besoins de notre époque est devenue évidente.

Deux choses essentielles sont à faire :

Premièrement mettre obstacle aux abus que serait tenté de commettre un employeur peu scrupuleux contre le travailleur isolé placé, lorsqu'il s'embauche, dans une situation manifeste d'infériorité pour discuter les conditions qui lui sont faites ; en conséquence, *entourer le contrat individuel de travail de garanties* telles qu'il ne puisse y avoir exploitation du plus faible par le plus fort ; mais se garder de mettre les contractants à la merci de l'arbitraire des tribunaux et pour cela repousser le dernier membre de phrase de l'article XI.

Deuxièmement, *constituer le Droit collectif du travail*, en précisant les règles à observer pour la validité des conventions entre les groupements ouvriers et patronaux, et en créant les moyens légaux de faire respecter ces engagements lorsqu'ils ont été délibérément acceptés de part et d'autre.

Actuellement, la parfaite légalité des contrats collectifs n'est pas contestée par la Cour de cassation ; mais rien dans la loi ne permet un recours efficace contre leur violation. (*Bruit ; quelques applaudissements*).

Si l'on commettait la faute grave d'inscrire simplement dans le Code l'affirmation de leur légalité sans ajouter imédiatement le texte à appliquer, on forcerait chaque tribunal à improviser une jurisprudence à sa fantaisie ; la justice serait rendue à coup d'arrêts contradictoires, ce serait l'arbitraire absolu.

Votre commission vous demande de vous prononcer contre une telle manière de légiférer. Elle vous demande également d'exiger que, pour faire un contrat collectif, qui doit être respecté et sérieux, il y ait un mandat spécial donné aux personnes chargées de le signer et que ce contrat n'engage que ceux qui ont autorité de contracter en leur nom.

Je voudrais pouvoir vous dire les arguments décisifs par lequel le rapport Chauvin combat la disposition de l'art. 18 du projet Doumergue... (*Bruyantes protestations*). Je me borne à vous indiquer la pensée qu'il exprime :

« Ce serait porter atteinte à la liberté des syndicats;
« il ne faut pas leur imposer un contrat qu'il n'ont
« pas fait. »

Il y a un point qui a été le sujet de nombreux débats. C'est le fameux article XI dont je vous ai déjà dit un mot... Je voudrais... (*Concluez ! Aux voix !*) (*Des délégués protestent contre les interruptions*).

Le Président. — Il n'est pas admissible qu'un Congrès de notre Parti affiche un désintéressement pareil pour les questions sociales. On discute en ce moment une question fondamentale pour notre Parti. (*Applaudissements*).

Le citoyen Gavelle. — Les applaudissements par lesquels vous venez d'accueillir les paroles de notre respecté président, montrent que la question intéresse un grand nombre d'entre vous ; mais l'heure est avancée et la besogne à faire encore est considérable.

Puisqu'il est nécessaire d'abréger, je me borne à résumer les conclusions que votre commission vous propose :

1° C'est un devoir pour notre Démocratie d'élaborer une législation du contrat de travail.

2° Les projets dont la Chambre a été saisie jusqu'ici présentent des défauts qu'il faut corriger et des lacunes qu'il faut combler, en s'inspirant de l'esprit de justice pour tous.

3° Il serait inutile et dangereux de se borner à mentionner dans le Code civil la possibilité du contrat collectif ; la loi qui en consacrera l'existence devra l'organiser entièrement.

(*Le rapport du citoyen Emile Chauvin et les conclusions de la commission sont adoptés*).

Le citoyen Marchandon. — Il y a un danger que vous courrez sans prendre garde. La réglementation du travail est la question capitale de notre congrès ; demain lorsque le discours du citoyen Chauvin aura été distribué, en face de ce discours que vous aurez ratifié de vos applaudissements, on pourra mettre le projet du gouvernement ; entre les deux vous avez constaté des différences notables et c'est ce qui est grave. Il constitue un projet beaucoup plus pondéré que celui qui a été déposé par le gouvernement. On dira : Le Congrès de Dijon a donné des conseils au gouvernement dans le sens modéré. (*Bruit, applaudissements, exclamations. Cris : C'est voté !*)

Un délégué. — Vous n'avez pas eu la majorité à la commission.

Le citoyen Marchandon. — C'est précisément pour cela que j'en appelle à l'assemblée plénière. Si vous êtes soucieux des intérêts des travailleurs, montrez que vous vous intéressez à eux. (*Bruit*).

Le citoyen F. Cahen. — A la réunion de la commission du commerce et de l'agriculture, il y avait 65 délégués ; le citoyen Marchandon a eu toutes facilités pour faire au projet Chauvin toutes les objections qu'il a cru devoir faire et à la majorité de 64 voix contre 1. les conclusions du rapport ont été adoptées. (*Plusieurs voix: Le Congrès a le droit de discuter !*)

Le citoyen Marchandon. — Si on ne peut pas discuter en séance plénière, il n'y a plus de Congrès. (*Applaudissements*).

Le citoyen F. Cahen. — On a élaboré un projet de contrat de travail tendant à donner à la démocratie tout entière toutes les satisfactions qu'elle peut attendre de notre Parti ; ces conclusions ont été étudiées par des hommes que vous avez applaudis hier ; ce sont les conclusions du rapport Chauvin que nous vous apportons. Vous avez fait confiance hier à Chauvin, je vous demande... (*Bruit, protestations. On crie : Ce n'est pas la question. Plusieurs délégués demandent le renvoi au Comité Exécutif*).

Le citoyen Bepmale, sénateur. — Je rends d'abord hommage à notre rapporteur, le citoyen Gavelle; mais il m'apparaît que le Congrès n'a pas à faire œuvre de législateur et il me paraît étrange de s'étendre sur une aussi grosse question. Quelle que puisse être votre pensée sur le fond, quelque excellents que soient les textes qui nous sont soumis, on ne peut qu'inviter le Parlement à apporter la solution la plus rapide à cette question du contrat de travail; il ne nous appartient pas de donner un texte. (*Applaudissements*). Nous prions nos amis du Parlement qui sont ici de prendre en mains les documents que nous avons préparés : que nous les invitions à en faire état, tant que vous voudrez, mais si nous allons plus loin nous sortons absolument de notre rôle .(*Très bien! Applaudissements.*)

Le citoyen Bepmale dépose la motion suivante :

Le Congrès émet le vœu que la majorité radicale et radicale-socialiste consacre tous ses efforts à la réalisation des projets de lois ouvrières et en particulier de celles réglementant la condition respective du monde patronal et du monde ouvrier et cela en s'empirant des principes de générosité et de justice sociale qui sont à la base de son programme.

Applaudissements sur de nombreux bancs ; protestations sur d'autres).

Le citoyen Garnier demande la parole pour une motion d'ordre. *(Bruit ; plusieurs délégués :* La clôture !)

Un délégué, s'adressant à l'assemblée. — Vous avez donc peur des réformes sociales ! *(Protestations; quelques applaudissements).*

Un délégué. — Je demande la suppression dans la motion Bepmale du mot « générosité. *(Assentiments).*

(La motion Bepmale ainsi modifiée est acceptée à l'unanimité).

Le citoyen Albert Garnier, rapporteur. — Au nom de la commission du commerce, de l'agriculture, de l'industrie et des études économiques, j'ai l'honneur de vous présenter le rapport sur l'arbitrage obligatoire.

Le citoyen Lefranc. — Je demande la priorité pour l'affaire Thalamas après les rapports sur l'arbitrage obligatoire et les assurances agricoles. *(Bruit).*

L'arbitrage obligatoire

Le citoyen Albert Garnier, rapporteur. — Je ne vous demande, citoyens, que cinq minutes pour parler des réformes sociales. Nos adversaires disent que nous faisons toujours des promesses de réformes et que nous ne les tenons pas, il conviendrait donc de répondre en faisant, dans nos Congrès, une part de plus en plus large à ces questions sociales auxquelles les membres de notre Parti doivent prêter le meilleur de leur attention. Les questions que nous discutons sont vitales pour notre Parti et je suis surpris de trouver ici une pareille hâte à voir se clore un débat qui devait au contraire nous passionner, en agissant ainsi nous donnons prise à toutes les critiques. Je sais bien, certes, que la question n'est pas aussi passionnante que celle de la cotisation des parlementaires ou encore que l'affaire Thalamas que réclame à grands cris l'assemblée. (*Bruit, protestations*). Je vais donc simplement vous lire les vœux que vous propose la commission. Pendant un an le Comité Exécutif a travaillé sur cette question : pendant trois jours, nous avons discuté dans les commissions ; cette question a été étudiée très sérieusement par les personnes comptentes qui assistaient aux réunions et parmi lesquelles il n'y avait pas que les patrons, mais aussi des ouvriers et des représentants des professions libérales. Voilà le vœu que nous vous demandons d'adopter sur l'arbitrage obligatoire :

Le Congrès émet le vœu que le parlement vote dans le plus bref délai possible le projet de loi de la commission du travail de la Chambre des députés sur « les différends collectifs entre patrons et ouvriers, et l'arbitrage obligatoire ».

(*Le vœu est adopté*).

Nous vous demandons d'adopter également le vœu suivant :

Le Congrès émet le vœu que le vote de cette loi ait lieu simultanément avec le vote de la loi relative au contrat de travail et aux conventions collectives qui s'y rapportent ainsi que par une révision de la loi de 1884 sur les syndicats professionnels leur donnant la personnalité civile et la capacité commerciale et financière.

Nous voulons ainsi éviter la réédition de ces querelles entre patrons et ouvriers, querelles qui souvent se terminent par des conflits sanglants dans lesquels la responsabilité de notre Parti ne saurait être engagée quoiqu'en disent nos adversaires qui n'ignorent pourtant pas que toujours nous nous efforçons de faire de la conciliation. (*Vifs applaudissements*).

(*Le deuxième vœu est également adopté à l'unanimité sans débat*).

Un délégué. — Ce vœu a été rapporté hier par la commission des réformes sociales !

Le citoyen Buisson. — On va renvoyer aux calendes grecques le contrat collectif. Il faut bien revenir sur le vote fait hier ; on a dit qu'on ne subordonnait pas les deux questions l'une à l'autre.

Le citoyen Garnier. — A l'heure actuelle nous sommes en opposition avec une fraction du parti socialiste qui se refuse à ce qu'on accorde aux syndicats

ouvriers le droit de posséder. (*Voix nombreuses* :
Mais cela a été volté !)

(*L'ensemble des vœux est adopté*).

Le citoyen *Alfred Bonet* présente le rapport de la
commission sur les assurances agricoles.

Les assurances agricoles

Le citoyen Alfred Bonet. — Votre commission a
estimé que le rôle de l'État dans les assurances
agricoles devait être ce qu'il doit être partout c'est-
à-dire de :

Provoquer l'initiative privée si elle n'existe pas.

L'encourager si elle existe.

La défendre si elle est opprimée.

Duquel de ces appuis les assurances agricoles ont-
elles besoin ?

Est-ce le manque d'initiative privée ? Non.

Les mutuelles se sont dans les débuts créées en
grand nombre ; si l'élan s'est ralenti, si certaines
mutuelles ont sombré et si les assurances à prime
fixe ont pu en certaines circonstances lutter facilement et avantageusement, cela tient à ce que les mutuelles ne trouvent pas à se réassurer contre les compagnies d'assurances qui s'assurent entre elles répartissant ainsi leurs risques non plus sur un seul
pays, mais sur l'Univers.

Les assurances ne veulent pas réassurer les mutuelles.

C'est un fait regrettable, mais dans la logique humaine si les assurances acceptaient de réassurer
les mutuelles ce serait favoriser un concurrent déjà
avantagé par l'Etat.

Mais là n'est pas le seul argument des Compagnies, elles invoquent que les mutuelles ne travaillant pas avec les mêmes règles fixes que celles que
possèdent les assurances dans tous les pays, la valeur des portefeuilles mutualistes est moins certaine,
plus difficile à évaluer et à contrôler que le porte-
feuille des compagnies d'assurances, qu'en conséquence l'organisation des réassurances actuelles n'a
pas été formée en vue de ce risque spécial et que
cette assurance sort de leur compétence.

Pour notre part, nous estimons les raisons invoquées par les Compagnies d'assurances comme fort
acceptables, mais en admettant même que ces rai-

sons ne cachent qu'une volonté d'opprimer les assurances mutuelles et même de les détruire, peu nous importe, le fait est que les assurances mutuelles ne se développent ni ne rendent les services qu'on en pourrait attendre parce qu'elles ne peuvent se réassurer.

L'Etat doit-il faire aux Compagnies d'assurances une obligation de réassurer les assurances mutuelles ?

Non ; parce que, si l'Etat oblige les compagnies à réassurer les mutuelles, c'est permettre aux Compagnies de s'immiscer dans les mutuelles, c'est les autoriser à exiger des mutuelles certaines garanties de gestion (et qui pourrait leur en faire grief ?), c'est fausser le principe des mutuelles, si ce n'est décréter leur mort.

Alors l'Etat doit-il réassurer lui-même ?

Oui parce que l'Etat doit être essentiellement un tuteur.

Pour l'organisation des réassurances agricoles, l'Etat aura à créer des caisses régionales départementales et nationales ainsi qu'un service de contrôle sévère sur les opérations des Mutuelles afin d'en régulariser la gestion.

Votre Commission vous propose donc d'émettre le vœu suivant :

« *Qu'une caisse de réassurance fonctionnant sous le*
« *contrôle de l'Etat soit créée pour aider au dévelop-*
« *pement des mutuelles agricoles sous la condition*
« *que ne seront admises à s'y réassurer que les mu-*
« *tuelles pratiquant l'assurance agricole d'après des*
« *barèmes et des contrats types élaborés par la*
« *Caisse de réassurances.* »
(*Ces conclusions sont adoptées*).

RAPPORT DE LA COMMISSION DE DISCIPLINE

Réintégration de M. Leboucq. — Plainte contre M. Thalamas

Le président donne la parole au citoyen Lefranc, rapporteur.

Le citoyen Lefranc, rapporteur. — Le Congrès est appelé à se prononcer sur deux questions disciplinaires.

La première concerne la demande de réintégration présentée par M. Leboucq, député. Avis favorable a été émis à ce sujet par la Fédération de la Seine et par le Comité Exécutif. La Commission propose au Congrès de sanctionner l'ordre du jour adopté par le Comité Exécutif dans sa séance et concluant à la réintégration de M. Leboucq.

Le Président. — Je mets aux voix les conclusions de la Commission.

(*Les conclusions de la Commission sont adoptées*).

Le citoyen Lefranc rappelle ensuite brièvement les faits qui ont motivé la décision d'exclusion prise par le Comité Exécutif dans sa séance du 22 avril 1908, à l'égard du citoyen Thalamas. (Voir le Bulletin du 25 avril).

Depuis lors, ajoute-t-il, le Comité départemental de Seine-et-Oise a prononcé l'exclusion définitive du citoyen Thalamas qu'il avait précédemment exclu pour une année seulement.

La Commission propose au Congrès de ratifier la peine d'exécution définitive.

Le citoyen Thalamas présente sa défense. Il ne méconnaît nullement avoir commis une faute contre la discipline ; mais l'acte qui lui est reproché avait été motivé par des attaques et des insinuations dirigées contre lui et qui en atténuent la gravité.

Le citoyen Périllier, président du Comité départemental de Seine-et-Oise, fournit à son tour des renseignements détaillés sur ce qui s'est passé et demande au Congrès de ne frapper Thalamas qu'avec modération.

Le citoyen Lefranc. — En présence des explications loyales qui ont été échangées, la Commission retire sa demande d'exclusion définitive et s'en tient comme le Comité départemental, à l'exclusion pour une année. (*Applaudissements*).

Le citoyen C. Dumont. — Dans le même sentiment de conciliation le citoyen Falot accepte le jugement du Comité départemental. (*Applaudissements*).

(*A l'unanimité, le Congrès ratifie ce jugement.*)

La séance est levée à 7 h. 15.

CINQUIEME SEANCE
DIMANCHE MATIN, 11 OCTOBRE

La séance est ouverte à 9 h. par le général André.
Le général André invite l'assemblée à nommer son bureau.

Le bureau est ainsi constitué :

Président : le général Godart.

Vice-présidents : les citoyens Bourély, député de l'Ardèche ; Ceccaldi, député de l'Aisne ; Jouancoux, député de la Somme; Léon Janet, député du Doubs; Steeg, député de la Seine ; Henry Bérenger, (Ille-et-Vilaine), Milhaud (Seine), Jules Cels (Lot-et-Garonne), Ch. Cointe (Seine), J. B. Morin (Seine), Pouillart (Aisne), Patenne (Seine), Hubbard (Basses-Alpes), Ferrary (Seine-et-Oise), Maurice Sarraut (Aude), Périllier (Seine-et-Oise).

Secrétaires : Reneux (Seine), Pascal (Bouches-du-Rhône), Louis Tissier (Finistère), Rignoux (Charente-Inférieure), Ferrotin (Drôme), Chazot (Hérault), docteur Imbert (Puy-de-Dôme), Couderchet (Rhône), Beer (Seine), Denis Guillot (Seine-Inférieure), Boundal (Cochinchine), Gavelle (Seine).

Le Général Godart, président, rappelle que le Congrès a décidé la veille d'examiner à cette séance la question de la délégation du Gard au comité exécutif.

Le citoyen Bosc dit que deux listes ont été présentées, l'une revêtue de onze signatures représentant l'ancienne Fédération du Gard qui fonctionne depuis 1885, l'autre revêtue de quatre signatures seulement, et il prie le Congrès d'accepter la première conformément à la jurisprudence.

Le citoyen Beauregard s'y oppose et propose de faire examiner et trancher la question par le Comité exécutif.

Le Congrès prononce le renvoi au Comité exécutif.

Le citoyen Delpech, président du Comité exécutif, annonce que le citoyen Lafferre, député, a été élu président du Comité exécutif par 155 voix sur 199 votants. (*Applaudissements prolongés*). Il n'y avait que la candidature de M. Lafferre qui fut posée.

Le citoyen Delpech. — Il n'y avait que la candidature de M. Lafferre qui fut posée.

En ce qui concerne les autres membres du bureau, vice-présidents et secrétaires, le dépouillement, par suite de diverses erreurs a présenté de

telles difficultés, que le bureau sortant a été d'avis
que les bulletins seraient envoyés au comité éxécu-
tif qui prendra une décision dans sa première réunion. Tous les membres du comité exécutif en recevront connaissance par lettre ou par une communi-
cation du *Bulletin Officiel du Parti.*

Cotisation des Parlementaires
(*Suite de la discussion*)

En ce qui concerne la cotisation des parlementaires, le bureau propose d'accepter les conclusions
du rapport présenté hier au nom de la commission
de propagande par le citoyen J.-L. Bonnet.

En outre, la validation des parlementaires, membres du Comité Exécutif, sera subordonnée au versement de la cotisation réglementaire. (*Applaudissements*). — Cette dernière proposition est d'abord
mise aux voix et adoptée.

Le citoyen Burot. — Le rapport et les explications
du citoyen J.-L. Bonnet indiquent les conditions de
l'admission des sénateurs et députés comme adhérents au Parti. Je crois qu'il est utile de préciser
davantage. Nous constatons l'intrusion dans le parti
d'une quantité d'éléments qui ne sont peut-être pas
des nôtres. Différents journaux ont fait remarquer
que beaucoup de membres qui se réclament de l'étiquette et du programme du Parti, ne l'ont fait que
pour capter la confiance des électeurs, obtenir des
mandats, et ne pensent pas un mot, en réalité, des
déclarations qu'ils ont faites. (*Bruit.*) Je pourrais
citer des cas dans de nombreux départements où l'on
voit comme adhérents à notre parti une quantité de
militants et même de députés, qui sont plutôt disposés à combattre notre programme qu'à le soutenir,
tout en se réclamant cependant de l'étiquette radicale et radicale-socialiste. Je demande que pour
pallier en partie ces inconvénients, on ajoute un article au rapport du citoyen J.-L. Bonnet déclarant que
ne pourra être adhérent au Parti, aucun membre,
surtout des parlementaires, faisant partie d'une autre organisation ayant un programme qui ne soit
pas exactement conforme au nôtre.

Le citoyen Bonnet. —La commission vous demande
d'abord de bien vouloir ratifier les conclusions
qu'elle a adoptées à l'unanimité et les explications
que j'y ai ajoutées. Il me semble, d'ailleurs, qu'il y

a, à ce sujet, unanimité parmi nous. (*Applaudisse-ments*).

Relativement à la motion du citoyen Burot, la commission de réglement et de la discipline est saisie d'une modification au réglement ; vous entendrez son rapporteur.

Vous ne pouvez admettre que l'élu adhérent au Parti, désigné comme candidat par les fédérations et comités adhérents, se dérobe à ses engagements après avoir accepté le programme du Parti. Mais on ne saurait également mettre en suspicion les parlementaires qui ont apporté leur adhésion au Parti. Tant qu'on n'incrimine pas nominativement leur conduite avec preuves à l'appui, nous devons leur accorder, d'une manière générale, notre confiance. (*Applaudissements*).

M. Burot développera sa motion quand la commission du règlement lira son rapport. Je prie le Congrès de statuer immédiatement sur le rapport que je lui ai présenté hier au nom de la commission de propagande. (*Très bien*).

Le Président met aux voix les conclusions et les explications que le citoyen J.-L. Bonnet a fournies à la séance de la veille sur l'adhésion et la cotisation des sénateurs et députés.

(*Le Congrès les approuve à l'unanimité*).

Le Président. — L'ordre du jour appelle le choix de la ville où se tiendra le prochain Congrès.

Le Congrès de 1909

Le citoyen René Besnard. — Les délégués de trois villes de province sollicitent d'obtenir le siège du prochain congrès. Ils se sont entendus pour déposer devant vous une motion préjudicielle dont je vais vous donner lecture :

Les délégués de Nantes, Rouen et Tours, demandent au Congrès de décider que le Congrès de 1909 sera tenu en province.

Voilà la motion que nous vous proposons. Il y a paraît-il une tradition qui veut qu'à la veille des élections législatives, Paris soit désigné pour être le siège du Congrès; ce n'est pas justifié. (*Nombreux applaudissements.*) Nous remettons entre les mains de Paris pendant toute l'année les destinées de notre Parti. Nous demandons qu'au moins une fois par an les

9

grandes assises de notre Parti se tiennent en Province. (*Applaudissements*).

Le citoyen Emile Desvaux. — Les membres de la commission qui a terminé ses travaux, au début de cette séance, m'ont chargé de rapporter en leur nom une proposition ferme qui est conforme à la tradition. Il va de soi que logiquement le prochain Congrès devrait avoir lieu à Paris. En effet, en 1905, à la veille des élections législatives, on avait désigné à l'unanimité Paris comme siège du Congrès; il nous apparaît qu'à la veille de 1910, pour les mêmes raisons, nous devons encore désigner Paris.

Ceci dit, et subsidiairement, pour le cas où le Congrès voudrait renoncer à sa tradition, la commission pense que la ville de Rouen serait toute désignée pour la tenue du Congrès de l'année prochaine.

Lorsqu'il y a quelques semaines, nous avons dû envisager la possibilité de ne pas tenir notre Congrès à Dijon, nos amis de Rouen avaient déjà improvisé sur notre demande tout un plan d'organisation.

Ils se sont ainsi imposé une peine qui a été inutile. Nous leur devons une compensation. (*Applaudissements*).

Le citoyen René Besnard insiste pour le vote immédiat de sa motion préjudicielle (*bruit : on réclame le vote des conclusions de la commission*).

Le Président met aux voix les conclusions de la commission tendant à ce que le Congrès, en 1909, soit tenu à Paris.

(*Ces conclusions sont repoussées.*)

Le Président. — Le Congrès n'aura donc pas lieu à Paris, mais en province.

Le citoyen Emile Desvaux. — Vous avez décidé que le prochain Congrès se tiendrait en province; vous êtes saisi de deux propositions, l'une qui tend à tenir le prochain congrès à Tours, l'autre à Rouen. Vous entendez bien que si la commission croit devoir vous proposer Rouen, elle entend bien ne pas faire de pression sur vous mais nous tenons à vous faire remarquer que, quel que soit l'intérêt d'un Congrès tenu à Tours, vous auriez à Rouen cet avantage de remuer un coin de pays qui jusqu'à présent n'a pas été travaillé au point de vue radical. Il n'y a pas à proprement parler de grandes organisations en dehors de la fédération de la Seine-Inférieure. Etant donné que les propositions pour Rouen ont été soumises depuis.

trois ans, étant donné les circonstances spéciales que je viens de vous indiquer et l'effort méritoire d'impro-visation de nos amis de Rouen, le Congrès est mora-lement obligé de donner la préférence à Rouen. (*Applaudissements*).

Le citoyen Viel. — Pour justifier le choix de Nantes je ne donnerai qu'un seul argument : c'est que jamais les Congrès du Parti Radical n'ont eu lieu dans l'Ouest. Nantes est la plus grande ville de l'Ouest et, par conséquent, elle se trouve dans des conditions normales pour recevoir le Congrès. Nantes vient de donner un exemple d'entente politique entre tous les groupes de gauche, il me semble donc qu'en venant chez nous, vous donneriez à Nantes une marque de votre sympathie. Je puis vous assurer que vous y se-rez bien reçus. (*Applaudissements*).

Le ctoyen Henri Cosnier. — J'appuie la proposition pour Tours.

Le citoyen René Besnard. — Si le Congrès décide de tenir ses prochaines assises, comme il l'a demandé, dans une ville de l'Ouest qui vient de faire un ardent effort républicain, dans une région où on a besoin du concours de toutes les forces républicaines (*applau-dissements*) la ville de Tours verrait sans déplaisir le choix qui serait fait de la ville de Nantes. Tours est sur le chemin de Nantes, et je demanderai aux congressistes qui iraient à Nantes de s'arrêter à Tours, où on leur ferait une réception cordiale et chaleureuse. (*Vifs applaudissements*).

Le général André. — Je considère comme un cas de conscience de rappeler au Congrès que l'année dernière, à Nancy, lorsque le Congrès a bien voulu, sur mes instances, désigner Dijon, la ville de Tours a joint ses efforts aux miens et les délégués qui étaient partisans de désigner alors Dijon ont pris, en quelque sorte, l'engagement moral de tenir le pro-chain Congrès à Tours. (*Applaudissements.*)

Le citoyen Denis Guillot. — Je proteste contre ce qu'on vient de dire ; la désignation d'une ville comme siège du Congrès ne doit pas être une récompense pour les succès électoraux remportés. J'estime, au contraire que le devoir du Parti est de porter sa propagande dans les centres où la réaction triomphe. (*Nombreux applaudissements.*) Nous avons, dans la Seine-Inférieure, une situation des plus déplorables au point de vue politique ; nous avons la division dans le Parti Radical lui-même et bien que nous

ayons constitué une fédération qui renferme cin-
qante-six comités, un certain nombre de comités qui
se prétendent du bloc sont restés en dehors de notre
organisation. Il importe, dans ce grand département,
de faire l'union de tout le parti républicain. Vous
pouvez y contribuer, et dans une large mesure, en
prenant la résolution de vous rendre à Rouen l'année
prochaine. Je rappelle, puisqu'on vante les avantages de différentes villes qu'au point de vue artistique
et de sa situation Rouen vaut bien Tours et
Nantes. (*Bruit ; cris : Aux voix ! Aux voix !* Je
dis encore que le comité exécutif a pris un véritable
engagement vis-à-vis de Rouen quand, il y a quelques semaines, alors qu'il y avait presque impossibilité d'organiser un Congrès à Dijon, notre fédération s'est mise immédiatement à la disposition du
Comité Exécutif. Nous avons fait des démarches, nous
avions déjà trouvé des salles, retenu des hôtels (*bruit*)
et ce serait une véritable injustice que de repousser
les conclusions de la commission. (*Bruit ; on crie :
« La clôture ! »*)

Un Délégué. — Je demande qu'on tire au sort les
trois noms de ville cités.

Le Président consulte l'assemblée sur le choix de
Rouen.

*Après une épreuve douteuse par assis et levés, le
choix de Rouen est écarté à la majorité.*

Le Président. — Le Congrès, en 1909, se réunira
donc à Nantes.

Le citoyen Viel. — Je remercie le Congrès au nom
des groupes de Nantes, et je vous assure que le meilleur accueil vous sera préparé pour l'année prochaine (*Aplaudissements.*)

RAPPORT DE LA COMMISSION DU REGLEMENT

Le citoyen Emile Desvaux, rapporteur de la commission du règlement. — Nous avons décidé qu'il y
avait lieu de procéder à une codification générale du
règlement. Les conditions dans lesquelles avait été
élaboré le règlement précédent ne donnaient pas à
notre règlement général l'unité nécessaire. Il fallait
y parvenir.

Je dois vous en soumettre un certain nombre
de modifications, car seul le Congrès fait la loi
au Parti, et les modifications renvoyées à la commis-

sion ne peuvent prendre force et vigueur que si le Congrès leur donne son approbation.

La première modification au règlement consiste dans une série de propositions faites par les comités de la Seine-Inférieure et de la Côte-d'Or. Nos amis de Rouen, dont la proposition est la plus générale, proposent au Congrès une modification profonde des conditions de recrutement ; ils voudraient demander au Congrès d'établir l'unité d'origine et de ne plus accepter, comme on l'a fait jusqu'à ce jour, des délégations de droit. Il a paru à la commission que cette proposition apporterait une modification trop profonde aux règles actuelles de notre Parti et qu'on ne pouvait l'accepter immédiatement ; et votre commission a préféré accepter les propositions intermédiaires qui lui ont été faites par la fédération de la Côte-d'Or. Cette proposition laisse subsister, comme par le passé, à côté des délégués d'organisation les délégués de droit, c'est-à-dire les élus et les journaux, mais comme il importe qu'il n'y ait pas des abus, que les élus et les journaux ne puissent pas, dans certaines circonstances, se mettre en dehors des règles constituées, la commission vous propose, conformément à la motion de la fédération de la Côte-d'Or, de décider sur l'art. 6 : Que les élus indiqués dans le premier paragraphe de cet article devront, pour avoir qualité, appartenir à un groupe permanent d'action publique dans les conditions définies dans l'art. 8. Non seulement les élus devront verser la cotisation prévue, signer le programme du Parti, mais donner encore des preuves effectives d'action politique en adhérant aux organisations régulières de leur département.

Voilà la première proposition de la commission. (*Adopté à l'unanimité.*)

Le citoyen Emile Desvaux. — Sur l'art. 7, la Commission a considéré qu'il n'était pas possible, étant donné les circonstances locales qui s'imposent souvent, de créer aux journaux qui se réclament de la politique du Parti cette obligation de donner une adhésion régulière et permanente aux groupes politiques. Mais il nous a paru qu'à l'avenir, aucun journal ne pourrait envoyer des délégués à notre Congrès si, au préalable, il n'avait recueilli l'approbation et le patronage des groupes du Parti dans sa région. Il faut que les organisations régulières de leur département aient donné un avis favorable. (*Très bien ! Adopté à l'unanimité*).

Le citoyen Emile Desvaux. — Nous passons à l'article 18. Vous connaissez les conditions actuelles de recrutement du Comité Exécutif. On a décidé de proportionner le nombre des délégués au nombre d'habitants des divers départements. L'année dernière, à Nancy, comme rapporteur de la commission de propagande, j'avais fait voter par le Congrès une proposition de principes qui consistait à modifier la base du Comité Exécutif et à adopter la représentation au prorata des membres cotisants du Parti dans le département. Il nous a paru à tous qu'il n'était pas admissible de tenir compte uniquement des divisions géographiques. Ce qui nous intéresse, nous militants, c'est avant tout, surtout, la proportion des membres cotisants que compte notre Parti.

Votre commission ne s'est pas dissimulé la difficulté d'aboutir à un règlement équitable sur cette question. Tout en rappelant le principe posé devant la commission de propagande à Nancy, nous voulons nous en tenir à cette manifestation de principes. Cependant votre commission était saisie d'une proposition qui paraît susceptible d'une application immédiate. Les délégués de Seine-et-Oise nous ont proposé — en attendant qu'on pût trouver une méthode capable d'instituer la représentation au prorata des membres inscrits et cotisants, — d'établir la représentation du Comité Exécutif de manière telle que chaque département ait autant de délégués qu'il y a de circonscriptions électorales dans ce département. La commission a pris en considération cette proposition. Nous venons vous demander non pas de vous prononcer d'une façon définitive sur cette proposition, mais de lui donner un avis favorable pour qu'après une étude approfondie on puisse la mettre en vigueur au prochain congrès.

Un délégué. — Vous transportez au sein du Comité Exécutif l'injustice de notre système électoral.

Le citoyen Emile Desvaux. — Il ne s'agit là que d'une motion transitoire. En réalité ce que nous voulons, c'est la représentation au prorata du nombre des membres cotisants. Il est injuste que tel département où l'organisation radicale est rudimentaire puisse avoir autant de sièges que d'autres départements ou nos amis ont de puissantes organisations.

(*Bruit.*) Voulez-vous accepter de ne voter que sur le principe de la proposition ; on ne peut pas, à l'heure où nous sommes arrivés, discuter au fond.

Un délégué. — Mais nous n'admettons pas le principe.

Le citoyen Bourely. — On doit faire la représentation d'après le nombre des membres cotisants ; c'est là une question de juste proportion qui se pose. (*Applaudissements et bruit*).

Le citoyen Emile Desvaux. — Il y a un point sur lequel nous sommes tous d'accord : c'est que la représentation actuelle est faite sur une base mauvaise et insuffisante ; par conséquent laissez au Comité Exécutif le soin de s'inspirer des propositions faites, de les étudier, de les compléter les unes par les autres et l'année prochaine nous apporterons quelque chose de définitif.

Le citoyen Bourely. — Nous avons décidé que nous avions le contrôle sur les parlementaires adhérents au Parti ; lorsque nous aurons arrêté la liste des membres du Parti, des commissions, du bureau, nous pourrons établir le nombre de voix obtenues par le Parti et baser la représentation au Comité Exécutif sur ce chiffre. Ce sera la base la plus exacte, la plus juste de la représentation de notre Parti au sein du Comité Exécutif.

(*Le renvoi à l'étude du Comité Exécutif est adopté.*)

Le citoyen Emile Desvaux. — Nous n'avons plus guère de propositions à étudier. Nous avons été saisis par la fédération marseillaise d'une demande relative à la mise en application de la proposition Maurice Sarraut qui a été inscrite dans le règlement général du Parti

Le citoyen René Besnard. — J'estime qu'il est nécesssaire que le Congrès se prononce sur ce point. Il arrive que les délégués qui viennent au Congrès pour représenter leurs organisations et qui habitent dans le pays, ont la surprise et l'étonnement lorsqu'ils arrivent au Congrès de voir la délégation de leur département composée parfois en majorité de militants, d'amis, de sincères républicains complètement étrangers et à leur pays et à leur organisation. (*Très bien.*) C'est ainsi que dans le département que je représente, nous avons vu sur la liste des délégués chargés de représenter le département 4 ou 5 noms de très bons républicains qui n'ont pas cependant la moindre attache avec le sol lui-même. Je voudrais que le Congrès manifeste sa volonté formelle de n'admettre comme délégués au Congrès que des militants qui sont sincèrement les représentants des organisations qu'ils doivent représenter et que le Congrès le dise bien haut, afin que des faits semblables à ceux qui se sont produits cette année ne se renouvellent pas. (*Vifs applaudissements.*)

Le citoyen Emile Desvaux. — René Besnard n'a fait que confirmer un article très impératif du règlement. Nous avons donc à rappeler ce qui est depuis 1905 la tradition légale du Parti, à savoir que tout délégué au Comité Exécutif doit appartenir régulièrement aux organisations du département qu'il représente Dans ces conditions Besnard a satisfaction.

Nous n'avons plus qu'une question pour liquider les travaux de cette commission ; nous arrivons précisément à la proposition formulée tout à l'heure par Burot.

L'autre jour, à la commission, Burot se basant sur l'art. 4 de nos statuts a proposé d'instituer un débat sur la situation statuaire de ceux d'entre nous qui appartiennent à d'autres organisations qu'au Parti.

Il a paru à la commission que la proposition Burot dépassait infiniment le cercle de ses attributions ; il ne s'agit plus simplement du règlement. Il s'agirait plutôt des relations entre les partis. Pour cette première raison, nous avons repoussé la proposition Burot. Cependant, à titre transactionnel, et pour éviter toute décision fâcheuse, la commission a décidé de proposer au Congrès la résolution suivante déposée par les membres de la Fédération de la Seine-Inférieure :

Considérant qu'il importe d'assurer la réalisation méthodique des réformes inscrites au programme du Parti et notamment le vote de l'impôt sur le revenu et des retraites ouvrières dont le Parlement est actuellement saisi.

Considérant qu'il appartient au Parti Radical et Radical-Socialiste de grouper dans un effort commun l'activité des groupes du Bloc républicain, en vue des réformes urgentes.

Considérant qu'on y parviendra plus sûrement par des négociations et des ententes avec les autres organisations de gauche pour préciser les conditions d'exécution desdites réformes.

Le Congres,

Décide que le Comité Exécutif pourra, en s'inspirant des circonstances, négocier avec les diverses organisations de

gauche et conclure des ententes officielles, sur des points
déterminés en vue de la réalisation des réformes inscrites
au programme du Parti.

Voilà la motion transactionnelle que votre commission a fait sienne. Vous voudrez bien l'accepter pour
éviter un débat qui nous paraît pénible et dangereux.
(*Applaudissements. Cris : aux voix ! aux voix.*)

Le citoyen Burot. — A l'occasion de cette discussion
je désire présenter une proposition qui a trait à cette
situation. Il a été entendu au Comité Exécutif, cette
année-ci, sur ma demande et celle de plusieurs de nos
amis, à la suite de différents incidents survenus avec
des membres de notre Parti appartenant également
à un autre groupement républicain, qu'on étudierait
la question des rapports de notre Parti avec les orga
nisations républicaines faisant partie comme nous du
Bloc.

Je tiens à déclarer avant tout et pour qu'on ne se
méprenne pas sur le sens de ma proposition, que
nous devons toujours chercher à faire l'union avec
eux et reconstituer le Bloc autant que possible, et ce
n'est pas cette question de nos rapports avec les
partis républicains nos voisins, que je vous demande
d'examiner, mais c'est la situation des membres de
notre Parti qui appartiennent en même temps à l'un
de ces groupements qui a un programme bien diffé-
rent du nôtre.

En attendant la solution de la question rappelée par
notre ami Desvaux, il me semble qu'il est nécessaire
d'obtenir immédiatement une situation nette et franche dans notre Parti, et qu'il ne soit pas permis,
principalement à des parlementaires, — car c'est surtout eux qui sont dans ce cas, — d'être adhérents à
deux groupements politiques dont les programmes ou
les aspirations sont en contradiction sur des points
très importants.

On ne peut pas admettre par exemple qu'ils soient
partisans de l'impôt sur le revenu chez nous et qu'ils
en soient adversaires dans le groupement à côté ;
qu'ils soient partisans de l'alliance avec les progressistes d'un côté pendant que nous n'admettons pas
cette alliance, et que du même côté ils refusent l'alliance avec les socialistes pendant que nous la pré-
conisons. Ce sont des situations fausses dont notre
Parti et notre action souffrent forcément. Je demande
que le Congrès adopte la proposition suivante :

. Il est interdit à tout adhérent du Parti Radical et Radical-Socialiste, d'appartenir à une autre organisation politique si celle-ci n'a pas exactement le même programme que le notre.

Le citoyen Emile Desvaux. — J'insiste pour que le Congrès accepte la motion transactionnelle que je vous ai proposée; je rappelle que le comité exécutif sera saisi de l'affaire dont parle le citoyen Burot.

. (*La motion transactionnelle de la commission est adoptée à une grosse majorité*).

RAPPORT DE LA COMMISSION DE PROPAGANDE ET D'ORGANISATION DU PARTI

Les Fédérations départementales

Au nom de la commission de propagande et d'organisation du Parti, le citoyen J. L. Bonnet présente le rapport suivant :

Le citoyen J. L. Bonnet, rapporteur. — Citoyens, votre commission de la propagande et de l'organisation du Parti m'a chargé de vous présenter un rapport spécial sur le rôle, les fonctions et les attributions des Fédérations départementales. Cette question est du plus haut intérêt pour notre parti.

Le Congrès de Dijon doit statuer définitivement sur les décisions du Comité Exécutif et du Congrès de Nancy. Je vous rappelle les faits.

Le 1ᵉʳ mai 1907, le Comité Exécutif a voté à l'unanimité, la motion suivante :

En ce qui concerne la discipline électorale à suivre désormais, le Comité Exécutif laisse avec confiance ses Fédérations, dans les départements où elles sont formées, formuler les règles de la discipline dans l'intérêt supérieur de la République.

Le Congrès de Nancy s'est prononcé à son tour, et, le 11 octobre 1907, a adopté à l'unanimité ce projet de résolution qui lui était présenté par la Commission de Règlement et de Discipline :

Les Fédérations départementales seront chargées d'édicter les règles particulières de la discipline à observer par les candidats et les Comités du Parti au cours des élections qui auront lieu dans l'étendue de leur département.

Le Comité Exécutif est chargé de préciser au plus tôt

le rôle et les fonctions des Fédérations départementales, pouvant user de la nouvelle faculté qui leur est accordée par le Règlement général du Parti.

En conséquence, le Comité Exécutif a traité la question en janvier et février 1908 et votre commission s'est prononcée avant-hier, à l'unanimité, pour les conclusions suivantes.

1.° Rôle et fonctions des Fédérations départementales

La Fédération Radicale et Radicale-Socialiste départementale a pour but d'établir un lien permanent entre les organisations radicales et radicales-socialistes du département et de réunir, en une action politique commune, tous les électeurs radicaux et radicaux-socialistes du département.

La Fédération départementale stimule et dirige la Propagande du Parti dans le département; elle aide au développement des groupes adhérents et provoque la création de nouveaux groupes sur tous les points du département où il n'en existerait pas.

La Fédération départementale a pour programme le programme élaboré et voté par les Congrès annuels du Parti. Le programme de Nancy est sa charte actuelle.

Si les circonstances l'exigent, la Fédération départementale intervient auprès des Comités intéressés en vue de conjurer, s'il y a lieu, le danger pouvant résulter pour l'intérêt général du Parti, d'une pluralité de candidatures. Son devoir est de contribuer, dans la mesure de son action, au succès des candidats du Parti.

La Fédération départementale remplit également l'office du juge de paix du Parti. Elle arbitre les différends qui surgissent entre les Comités adhérents et, le cas échéant, entre les membres de ces Comités du département, sauf, pour les diverses parties, le recours au Comité Exécutif et au Congrès prévu par le Règlement général du Parti.

La Fédération départementale est aussi Commission de discipline, et, d'office ou à la requête d'un plaignant, examine la conduite des membres du Parti qui ne se conforment pas à la discipline ou qui se sont rendus coupables d'une infraction à leurs devoirs envers la Fédération ou à ses décisions.

La Fédération départementale réclame du Comité Exécutif l'investiture pour les candidats du Parti dans le département.

La Fédération départementale est tenue de faire appliquer dans le département les décisions du Parti et de veiller notamment à la stricte observation du « Règlement général du Parti ».

La Fédération départementale a enfin pour mission d'organiser, de concert avec le Comité Exécutif du Parti, le Congrès annuel du Parti qui aurait lieu dans son département.

2° *Statuts d'une Fédération*

Nous n'avons pas à imposer un règlement particulier uniforme à chaque Fédération départementale.

La Fédération rédige à sa guise ses statuts, en conformité avec le « Règlement général du Parti ».

Nos fédérations départementales ont fixé, selon leur droit, le nombre des délégués des Comités adhérents à la Fédération. Les unes ont accepté, les aut' ont refusé d'admettre comme membres de droit les sénateurs, députés, conseillers généraux et conseil-d'arrondissement.

Ces règles spéciales ne concernent que les Fédérations.

La base de l'organisation du Parti est le Comité communal, le comité cantonal, la Fédération par circonscription et la Fédération d'arrondissement. La Fédération départementale comprend les délégués de ces groupements, en contrôle et en centralise l'action.

L'article 36 du « Règlement général du Parti », en définit ainsi l'organisation :

Art. 36. — Le Parti préconise la formation et accepte l'adhésion des Comités de Commune, de canton, d'arrondissement, de département.

Il préconise en outre la constitution de groupements du second degré, composé des délégués des groupements du premier degré, et établis sur cette base :

a) Comité cantonal formé par la délégation des Comités de commune.

b) Comité d'arrondissement formé par la délégation de tous les Comités de l'arrondissement.

c) Fédération départementale formée de la délégation de tous les Comités du département.

D'après le « Règlement général du Parti », l'adhésion d'un comité ne peut être acceptée que si ce comité compte au moins 10 membres :

Art. 9. — Pour formuler une demande d'adhésion, les Groupements doivent justifier qu'ils comptent un minimum de 10 membres.

3° Une Fédération par département

Tous nos congrès ont recommandé la création des fédérations départementales et en ont reconnu le rôle prépondérant dans le département. L'article 37 du « Règlement général du Parti » le proclame en ces termes :

Art. 37. — L'action des Fédérations départementales étant prépondérante dans l'œuvre d'organisation générale, les délégués des départements au Comité Exécutif sont tenus de hâter la formation de ces Fédérations.

On ne saurait donc tolérer qu'il puisse y avoir deux fédérations départementales dans un département. Leur existence soulèverait des conflits incessants et détruirait l'unité du Parti. (*Applaudissements*).

Aussi nous vous proposons d'adopter la motion suivante :

« *Il ne doit y avoir qu'une Fédération Radicale et Radicale-Socialiste par département.*

« *Dans les départements où il y aurait deux fédérations départementales, le Comité Exécutif est chargé d'opérer dans le plus bref délai leur fusion.* »

4° Les Comités et la Fédération

Tous les comités du département adhèrent à la Fédération départementale.

Mais de combien de comités au minimum doit se composer une fédération départementale ? Le Comité Exécutif a longuement discuté la question, votre commission l'a examinée et tout le monde a pensé que la situation politique et les difficultés d'organisation variant dans chaque département, il serait arbitraire de fixer le nombre minimum de comités formant une fédération de département. (*Applaudissements*).

L'intérêt du Parti est que la Fédération départe-

mentale soit solidement constituée et groupe tous les
membres du Parti dans le département ; son unité
exige que participent à son action tous les comités
qui se réclament du Parti. En conséquence, votre
commission soumet à votre approbation cette règle :

« *La fédération départementale comprend l'univer-*
salité des comités adhérents au Parti dans le dépar-
tement.

« *Dans les départements où il y aurait des comi-*
tés adhérents au Comité Exécutif et non adhérents à
la Fédération départementale, le Comité Exécutif invi-
tera ces Comités à adhérer à leur Fédération dépar-
tementale et, s'ils s'y refusent, prononcera leur radia-
tion de la liste des comités adhérents au Parti. »

Cette motion complète la résolution du congrès de
Lille et établit l'entente et la cohésion du Parti.
(*Vifs applaudissements*).

Prévoyant le cas où, par erreur ou parti-pris,
une fédération départementale repousserait à tort
l'adhésion d'un comité, votre commission vous propose d'accepter l'amendement suivant, présenté par
M. Maurice Sarraut :

Au cas où une demande d'adhésion émanant d'un
comité républicain radical et radical-socialiste serait
repoussée par une fédération départementale, un
droit d'appel contre cette décision lui est ouvert devant
le Comité Exécutif qui instruira la réclamation et
pourra prononcer l'affiliation de ce comité à la fédé-
ration. »

5° *Attributions des Fédérations*

Il reste enfin à préciser les attributions de la fédération départementale. Le « Règlement général du
Parti » énumère les principales ; nous vous proposons de les maintenir intégralement. (*Très bien !*)

L'article 37 du « Règlement général du Parti »
proclame avec force que « l'action des fédérations
départementales est prépondérante dans l'œuvre
d'organisation générale ». Le rapporteur de la codification du « Règlement général » a écrit fort justement :

Les règles générales d'organisation du Parti sont précises.
Elles donnent le pas aux Fédérations départementales sur
tous les autres Groupements.

Il serait donc illogique et dangereux de laisser tant aux

Comités dissidents qu'aux Fédérations d'arrondissement un moyen d'échapper au contrôle des Fédérations départementales.

Les décisions de nos congrès consacrent cette thèse. La fédération départementale est l'organe régulateur du Parti dans le département. Composée des délégués de tous les comités adhérents, elle est l'intermédiaire du Comité Exécutif et des comités sociaux. Son contrôle s'exerce permanent sur les actes de ces comités.

Sur la « discipline intérieure », la Fédération departementale fournit au Comité Exécutif « l'avis motivé » qui est demandé relativement aux plaintes déposées contre les membres du Parti.

Art. 47. — La commission de discipline du Comité Exécutif provoque, avant de déposer ses conclusions, l'avis motivé des Fédérations départementales, ou à leur défaut, des groupes d'arrondissement ou de circonscription intéressés. (*Règlement général du Parti.*)

La fédération départementale examine les candidatures qui sont posées par les groupes adhérents au département ; il se prononce sur elles et demande au Comité Exécutif l'investiture pour les candidats qu'elle a désignés.

Art. 58. — L'initiative de la désignation des candidats est laissée aux groupes régulièrement adhérents au Parti.

L'investiture du Comité Exécutif est donnée à la demande des Fédérations départementales intéressées.

Art. 61. — Le Comité Exécutif ne donne son appui qu'aux candidats désignés par les Fédérations ou Groupes de départements. (*Règlement général du Parti.*)

La Fédération départementale « intervient auprès des comités ou groupements locaux en vue de conjurer, s'il y a lieu, le danger pouvant résulter, pour l'intérêt général du Parti, d'une pluralité excessive de candidatures ». (Art. 64 du *Règlement général du Parti*).

La Fédération départementale édicte les règles de la discipline à observer par les candidats et les comités du Parti au cours des élections qui ont lieu dans le département.

Art. 66. — Dans tous les cas où le Comité Exécutif sera appelé à délibérer sur une question relative à la discipline électorale, il devra être saisi, soit par les Comités ou Groupements ayant adhéré au Parti, soit par les intéressés directs.

Les décisions prises devront s'inspirer de l'intérêt bien entendu du Parti, du principe intangible du respect et de l'autonomie des Groupements locaux, ainsi que de l'appui dû aux candidatures qui défendent loyalement le programme du Parti.

Art. 67. — Dans les départements où existent des Fédérations départementales, celles-ci sont investies du droit d'édicter les règles de la discipline sous réserves d'observer les règles générales posées dans le précédent article. (*Règlement général du Parti.*)

Telles sont les attributions générales des Fédérations départementales qui sont tenues, de leur côté, d'observer strictement les prescriptions du « Règlement général du Parti ».

Le Comité Exécutif fait confiance aux Fédérations départementales qui ont une exacte connaissance des incidents locaux, de la situation particulière des hommes et des choses du département. (*Très bien !*) C'est aux Fédérations à user, *sous le contrôle du Comité Exécutif*, des larges prérogatives qui leur sont concédées et à s'inspirer en toutes circonstances de l'intérêt supérieur de la République. (*Applaudissements*).

S'il est profondément regrettable que chaque département ne possède pas encore sa Fédération départementale, votre commission invite le Comité exécutif à prendre à cet effet toutes les mesures nécessaires. Notre parti doit vaincre les inerties et les résistances ; l'efficacité de sa propagande dépend de la puissance de son organisation. (*Vifs applaudissements*).

Le président met au voix les diverses motions, et les conclusions du rapport.

(*L'ensemble du rapport est adopté à l'unanimité*).

LA PROPAGANDE DU PARTI — LA DISCIPLINE ELECTORALE

Au nom de la commission de la propagande et de l'organisation du Parti, le citoyen J.-L. Bonnet s'exprime en ces termes.

Rapport du citoyen J.-L. Bonnet

Le citoyen J. L. Bonnet, rapporteur. — L'heure nous presse. Vous avez plusieurs questions à l'ordre du jour et vous avez hâte de les aborder et d'enten-

dre la Déclaration du Parti que vous lira Pelletan.
Je ne puis donc vous présenter que des observations
succinctes au nom de la commission de propagande
et d'organisation du Parti.

Il est profondément regrettable qu'on ne traite qu'à
la fin de la dernière séance cette question si importante. Vous vous réunissez en Congrès pour vous occuper surtout d'organiser la propagande et d'inten-
sifier l'action de votre Parti. Cette discussion devrait
venir dès la deuxième séance, devant une assemblée
très nombreuse, et amener un échange général de
vues. Votre commission émet le vœu que les erre-
ments actuels soient abandonnés et qu'on adopte une
meilleure méthode de travail. (Applaudissements).

Des délégués ont fait diverses propositions à la
commission; je les résume ainsi :

Candidatures multiples. — On demande que « le
Comité Exécutif présente un projet de règlement
prévoyant les moyens d'atteindre à l'unité de candidature ». Le Congrès de Paris de 1905 n'a pas admis une règle absolue. Le « Règlement général du
Parti » (article 64) se borne à stipuler que « le Parti
préconise partout l'unité de candidature » et le règlement précise que « lorsque les circonstances l'exige-
ront, le Comité Exécutif devra — Les fédérations départementale, d'arrondissement et de circonscription
intéressées préalablement consultées — intervenir
auprès des Comités ou groupements locaux en vue de
conjurer, s'il y a lieu, le danger pouvant résulter,
pour l'intérêt général du Parti, d'une pluralité excessive de candidatures. Il fera, à cet effet, les observations et représentations qui seront nécessaires.

« Partout où il est impossible d'appliquer cette règle le Comité Exécutif observe au premier tour la
neutralité entre les candidats membres du Parti, mais
il impose au second tour l'observation des règles de
la discipline. »

Entre les candidats du Parti. — Mais s'il y a plusieurs candidats du Parti, quelle conduite doit tenir
à leur égard le Comité Exécutif, les Fédérations départementales et les Comités adhérents ? C'est la
question posée par les délégués.

Votre commission propose que le Congrès :

1° Affirme la volonté de faire strictement observer
le « Règlement général du Parti » et notamment
l'article 62.

Art. 62. — Les élus, les orateurs et conférenciers, les journaux du Parti ne pourront combattre un candidat radical et radical-socialiste en concurrence avec le candidat d'un autre Parti en lutte avec le candidat du Parti Radical et Radical-Socialiste.

Leur devoir rigoureux est de soutenir ce dernier candidat.

2° Déclare que si le Parti désigne plusieurs candidats pour le même siège, les Fédérations départementales et les Comités adhérents doivent se borner à défendre le programme du Parti Radical et Radical-Socialiste, à combattre les candidatures opposées et ne témoigneront ni par affiches ni par leurs orateurs une préférence personnelle pour l'un des candidats du Parti.

Le citoyen Chatenay. — Cette règle est très sage, mais je demande d'y faire l'addition suivante :

La Fédération organisera dans les circonscriptions dans lesquelles il se trouve plusieurs candidats radicaux-socialistes en présence, des réunions collectives où ne seont pas tenus de venir les candidats en présence, mais dans lesquelles les orateurs soutiendront, non pas un des candidats, mais le programme du Parti afin qu'on laisse cette impression aux électeurs qu'ils sont en face d'un programme radical et d'un parti.

Un délégué. — Mais c'est précisément ce que l'on dit.

Le citoyen J.-L. Bonnet. — Nous venons de formuler une règle précise qui indique aux orateurs du Parti la conduite à suivre dans ce cas-là; c'est aux Comités et aux Fédérations à organiser leurs réunions de la meilleure façon. (*Très bien*).

Relativement à la propagande, voici nos propositions.

Le Bulletin officiel du Parti. — Nous demandons qu'on le réorganise entièrement et que sa publication soit régulière et hebdomadaire.

Le *Bulletin* devrait comprendre au moins deux articles politiques originaux que pourraient reproduire gratuitement les journaux radicaux et radicaux-socialistes. On devrait y trouver les rapports des commissions du Comité Exécutif, la liste des conférences demandées, le compte rendu succinct des conférences faites et tous les renseignements intéressant les Comités et le Parti.

Votre commission estime qu'une somme importante serait utilement employée à la publication du *Bulletin* et invite le Comité Exécutif à étudier d'urgence cette question et à prendre les mesures nécessaires. (*Très bien*).

Le citoyen Emile Desvaux. — Je souhaite que cette décision ne reste pas platonique. Mais que veut-on faire pour les conférences, les tracts, les brochures ? Et n'est-il pas indispensable d'y consacrer une partie des fonds disponibles?

Conférences, tracts, brochures. — *Le citoyen J.-L. Bonnet.* — J'y arrive et ne puis en dire que quelques mois, les minutes du Congrès étant comptées.

L'année prochaine préparera les élections législatives de 1910 et il est indispensable de se livrer à la plus active propagande. Continuer la formation des Fédérations départementales, créer de nouveaux comités, multiplier les conférences, éditer des tracts et des brochures, seconder efficacement nos groupes adhérents : telle est l'œuvre à poursuivre avec méthode. (*Applaudissements.*)

Votre commission est d'avis qu'on envoie notamment des conférenciers dans les départements où la réaction domine. Après enquête, plusieurs conférenciers poursuivraient systématiquement leur propagande, créeraient des comités, détermineraient un mouvement d'opinion. (*Très bien !*).

Il importe qu'on satifasse toujours à une demande de conférence. (*Très bien*).

Nous manquons de tracts, de brochures. Un almanach spécial nous serait également très utile. Votre commission a manifesté la pensée que telle et telle question fasse l'objet d'une brochure; nous exposerons ses vues au Comité Exécutf qui est chargé de ce travail.

Le Comité Exécutif possède en caisse une somme importante qui grossira encore l'année prochaine. Votre Commission est unanime à demander que cet argent soit exclusivement affecté à la propagande et à l'organisation du Parti et qu'on ne s'en serve pas pour soutenir des candidatures.

Le citoyen Desvaux a présenté à ce sujet la motion suivante qu'a adoptée votre commision :

Le Congrès invite le Comité Exécutif à consacrer effectivement à la propagande une large fraction des versements effectués par les parlementaires.

De l'activité, du désintéressement et du dévouement de tous nos adhérents parlementaires et non parlementaires dépendent l'essor de nos idées et le succès de nos candidats. Une forte organisation reste la condition de la victoire. (*Vifs applaudissements.*)

Le Président met aux voix le rapport du citoyen J.-L. Bonnet.

(Le rapport est approuvé à l'unanimité).

Rapport de M. L. Tissier

Le citoyen Louis Tissier. — La commission de la propagande s'est réunie hier et son rapporteur M. Couyba, empêché, m'a prié de le remplacer pour vous présenter deux ou trois vœux que je vais rapidement vous lire.

Le Congrès du Parti Radical et Radical-Socialiste, considérant que pour l'existence active et militante du Parti, il importe d'organiser d'une manière solide et permanente les forces radicales sur les bases de la vie communale et dans un large esprit de décentralisation, sous le contrôle du Comité Exécutif du Parti. Emet le vœu suivant :

1º Il sera constitué dans chaque commune un Comité d'action Radicale et Radicale-Socialiste. — Les Comités communaux forment la Fédération Cantonale qui se réunit au chef-lieu de Canton. — Les Fédérations cantonales forment la Fédération de circonscription, qui se réunit au chef-lieu de la Circonscription. — Les Fédérations de Circonscription forment la Fédération Départementale qui se réunit au chef-lieu du département et qui est reliée directement et représentée au Comité central exécutif du Parti.

Ces Comités et ces Fédérations se réunissent à des dates régulièrement fixées.

2º Le Comité exécutif ne peut avoir le droit d'initiative en matière de présentation des candidats aux diverses élections municipales, cantonales et départementales.

3º Le Comité exécutif a le droit d'investiture définitive, après entente avec les Fédérations.

4º En cas de désaccord entre les Fédérations locales, cantonales et départementales, le Comité Exécutif, après avoir pris tous les renseignements nécessaires, juge en conciliation si possible, en appel ensuite et enfin en dernier ressort.

5º Au second tour de scrutin le Comité Exécutif indique les règles générales de discipline qui doivent présider au choix du candidat en faveur duquel doivent lutter tous les adhérents du Parti.

6º En cas d'impossibilité matérielle de la part du Comité Exécutif, les Comités et Fédérations agissent au mieux des intérêts du Parti et de la République.

(Le premier paragraphe de cet ordre du jour est adopté à l'unanimité).

Le citoyen René Besnard, demande la parole sur les paragraphes 2 et suivants.

Le citoyen Besnard. — Je demande quelques explications sur ce point. Il y a dans certains arrondissements des organisations fictives ; quelques hommes appartenant à un arrondissement se réunissent et décident de faire une fédération d'arrondissement; cette fédération donne son adhésion au Comité Exécutif. Qu'entendez-vous dire quand vous déclarez que quand cette fédération se sera mise d'accord avec le Comité Exécutif tous deux pourront donner l'investiture à un candidat.. Il y a là un danger, quelque chose de dangereux.

Le citoyen Louis Tissier. — Deux cas peuvent se présenter :

Une élection législative va avoir lieu ; nous avons un groupement par circonscription électorale qui désigne son candidat. S'il n'y a pas de Fédération départementale, ce groupement est libre, mais s'il y a une Fédération départementale ce groupement s'adresse à la Fédération départementale qui a le droit de faire des observations. Il est évident qu'au point de vue de l'intérêt général, une fédération départementale peut faire des observations à une fédération d'arrondissement.

Mais il s'agit surtout de savoir si cette Fédération départementale fera porter tous ses efforts sur les candidats nommés par elle et sans communiquer la liste de ses candidats au Comité Exécutif. Il peut se présenter le fait suivant : Un monsieur acquiert une maison de campagne dans un département ; il a des amis mais personne ne connaît son passé ; un beau jour des gens du pays le désignent pour une candidature sans que ceux qui font de la politique dans le département, dans la circonscription ou dans le canton en soient seulement informés. Cet homme peut être un corrupteur ; il peut avoir combattu notre doctrine sur un autre point du pays. C'est pour prévenir les faits de ce genre qu'est fait le troisième paragraphe de notre motion. Il est indispensable que le Comité Exécutif garde son droit de contrôle, droit que lui confère le Congrès qu'il représente jusqu'au Congrès suivant.

Un délégué. — La question qui se pose est la sui-

vante : Oui ou non voulez-vous laisser l'autonomie
à chaque arrondissement ou voulez-vous que la Fédération départementale oppose son veto aux fédérations d'arrondissement? Tant que vous aurez maintenu le scrutin d'arrondissement, l'autonomie doit
être laissée aux organisations de l'arrondissement
et vous ne pouvez pas imposer aux fédérations d'arrondissement des candidats autres que ceux qu'elle
aura choisis. (*Applaudissements*).

Le citoyen Louis Tissier. — Il s'agit simplement
d'affirmer que l'investiture définitive ne peut être
donnée par un groupement régulièrement constitué
qu'après que la liste des candidats aura été com-
muniquée pour observation au Comité exécutif ;
celui-ci n'a pas l'initative des candidatures, mais
il a évidemment un droit de contrôle.

Le citoyen Bepmale. — On nous dit qu'on veut donner le droit de veto au Comité départemental. Je
suppose qu'une Fédération d'arrondissement désigne
un candidat, que ce candidat ne soit pas accepté par
la Fédération départementale et que cette Fédéra-
on en désigne un autre. Cela peut se produire. Quel
sera le rôle du Comité Exécutif? Le Comité Exécutif
dans ce cas, doit donner raison au Comité d'arrondissement.

Le citoyen Louis Tissier. — La Fédération départementale, qui a le contrôle sur les opérations électorales dans son département, a un droit de veto ; ce
droit de veto est très légitime ; il est peut-être plus
légitime encore que le droit de veto du Comité Exécutif. Il est nécessaire en effet, que les républicains du
département, qui sont les meilleurs et les plus actifs
militants, aient le droit de dire, le cas échéant, à
des organisations voisines : Vous nous présentez
un homme indigne au point de vue politique et nous
n'en voulons pas.

Le citoyen Camille Pelletan. — Je crains qu'il y ait
un malentendu entre nos amis Bepmale et Tissier.
Personne ne veut conférer à aucune autorité le droit
de dire : Ce sera tel radical plutôt que tel autre qui
sera candidat. puisque vous venez de voter que, tout
en tâchant d'empêchr les candidatures multiples,
vous les adoptez. La seule question dont il s'agisse
c'est de savoir si, dans le cas de la présentation
d'un homme n'appartenant pas à notre parti, le
Comité Exécutif aura le pouvoir de prononcer en

dernier ressort. Mais il est évident que personne ne songe à accorder au Comité Exécutif ou à une Fédération le droit de substituer son candidat à celui qui a été désigné par les organisations que cette élection concerne.

Le citoyen Bepmale — Alors nous sommes d'accord; seulement le texte ne dit pas ce que vient de nous déclarer Pelletan.

Le citoyen Camille Pelletan. — Mais cela résulte des articles précédents !

Le citoyen Louis Tissier relit sa motion.

Plusieurs délégués demandent le renvoi au Comité Exécutif.

Le citoyen Dominique. — Le texte que propose Tissier n'est pas en conformité avec les précisions apportées par Pelletan ; attendu qu'il y a conflit entre les explications qui vous ont été données vous ne pouvez pas voter toute de suite ce texte. Je demande le renvoi devant le Comité Exécutif qui examinera ce texte dans une de ses plus prochaines séances.

Le citoyen Louis Tissier. — Il s'agit de savoir si vous voulez accepter ou refuser ce texte ; le Comité Exécutif n'a pas le droit d'établir les règlements. C'est au Congrès à le faire. (*Applaudissements*). *bruit ; cris : Aux voix !*)

Le Président met aux voix la motion.

(*L'épreuve est douteuse*).

Le citoyen Dominique. — Je demande la parole pour une motion d'ordre. (*Bruit*).

Le citoyen Bepmale. — Il ne faudrait pas cependant enterrer la question. Nous demandons, nous, le renvoi de ce vœu au Comité Exécutif pour qu'il fasse un rapport prochain au Congrès. C'est ce renvoi que je vous prie de mettre aux voix. (*Applaudissements et protestations*).

Le citoyen Louis Tissier. — C'est illégitime! Il n'appartient qu'au Congrès de décider sur une telle proposition. Il s'agit d'éviter ce qui se produit à presque toutes les séances du Comité Exécutif depuis deux ans ; il y a des discussions constantes pour savoir si le Comité Exécutif a un droit de contrôle définitif sur les actes de tous les groupements, dans l'intérêt même du Parti ou si les décisions des Comits, quelles qu'elles soient, ne sont soumises à aucun contrôle !

Plusieurs délégués. — Aux voix! La clôture! L'ordre du jour !

Le Président met l'ensemble de la motion aux voix. (*La motion est adoptée à une grosse majorité*).

La parole est au citoyen Camille Pelletan pour la lecture de la Déclaration du Parti. (*Vifs applaudissements*).

DECLARATION DU PARTI

Le citoyen Camille Pelletan. — Citoyens, pour la huitième fois, le Parti Radical et Radical-Socialiste vient de tenir ses assises annuelles. On a paru croire qu'il pourrait changer cette fois d'orientation et de pensée.

On s'est trompé.

Tel il était quand il a graduellement conquis la confiance du pays, tel il est aujourd'hui, tel il entend rester, passionnément attaché à la cause du peuple et à l'union de la grande famille républicaine. Il ne veut connaître ni ennemis à gauche, ni amis à droite. (*Vifs applaudissements*).

Assurément, il reste l'adversaire des idées de violence sous un régime qui ouvre à tous les programmes les voies légales de réalisation. Il ne peut considérer la force brutale que comme un moyen de contrainte employé contre un peuple qu'on n'aurait pas réussi à convaincre. Il condamne particulièrement les procédés révoltants du sabotage et cette funeste conception de grève générale qui, si l'on pouvait jamais essayer de la réaliser, conduiraient fatalement notre pays à des convulsions suivies d'une réaction aveugle et furieuse. (*Applaudissements*).

Il ne se borne pas à répudier de telles idées, il ne se lassera jamais d'en faire éclater aux yeux de la démocratie, par une propagande incessante, l'illogisme et les périls ; mais nous ne pouvons pas trouver, dans la réprobation dont nous enveloppons de telles excitations, aucun motif valable pour modifier en quoi que ce soit la direction politique qui nous a valu des victoires sans précédents et que le suffrage universel a sanctionnée de son autorité souveraine.

En vain, les réactionnaires du Centre et de la Droite essayent de nous diviser en évoquant le vieux fantôme du péril social, qui a tant de fois étouffé l'esprit de progrès et l'union de la démocratie sous des paniques toujours fatales à nos libertés.

Ils ne nous feront pas croire que le péril est à gauche. (*Applaudissements*). Si quelques-uns avaient pu être alarmés par les excès de langage ou des fautes individuelles, comment tous les républicains de bonne foi ne seraient-ils pas rassurés par l'admirable bon sens avec lequel la grande masse de la population et des organisations ouvrières les plus avancées a écarté les suggestions dangereuses, les outrances de langage et les appels à la violence, dont nous avons été témoins.

Les scènes tragiques que nous déplorons tous ne sont pas choses nouvelles.

Les modérés qui les dénoncèrent si hautement étaient plus indulgents pour l'extrême avant-garde républicaine quand nos institutions étaient en péril. (*Très bien*).

Ils croyaient avoir besoin de ses forces et de ses passions pour se défendre contre l'ennemi commun.

C'est par l'union du Bloc de gauche que nous avons fait la République, ce n'est que par cette union que nous pourrons non seulement lui faire porter ses fruits, mais encore lui épargner des épreuves nouvelles. (*Applaudissements*).

Au surplus, comment notre Parti changerait-il sa seule raison d'être ? C'est sa passion pour cet idéal du droit humain et de la justice sociale que la Révolution française a laissé au monde et dont l'introduction dans les faits doit être la grande tâche de notre siècle.

Tant que notre Parti sera digne de son nom, il restera avec les masses profondes des déshérités contre les abus et les privilèges. S'il repousse toute politique de classe, c'est que c'est l'honneur et la bonne fortune de ce pays aux pensées hautes et généreuses que la collaboration des favorisés du sort y fut souvent glorieusement acquise à l'abolition des iniquités dont leur naissance les fait profiter ; que la révolution qui a été faite pour le peuple par des hommes de toutes les fractions de la société, et qu'ainsi l'œuvre admirable d'évolution sociale que la France a inaugurée sur le globe a pu prendre toute la grandeur et toute la puissance d'une œuvre largement nationale.

Mais ce serait pour notre grand Parti, qui a reçu ses traditions des mains des Victor Hugo, des Louis Blanc, des Edgard Quinet, des représentants les plus illustres du génie français, oui, ce serait pour lui la suprême déchéance, en même temps que la plus basse des politiques de classe, que de suivre le triste exemple, donné plus d'une fois par les modérés depuis la bourgeoisie libérale de 1830, que de se tourner, après la victoire, contre ses compagnons de lutte des heures de combat, de s'inféoder à des intérêts étroitement oligarchiques et de s'isoler de cette foule immense qui attend encore sa légitime place au soleil. (*Vifs applaudissements*).

On a pu gouverner pour une oligarchie contre les masses populaires tant que les populations rurales éparses sur toute la surface du territoire n'eurent pas encore la complète perception de leurs intérêts. Elles ont payé cher leur ignorance forcée, puisqu'un siècle après la Révolution, comme si elles étaient toujours taillables à merci, elles portent encore l'écrasante charge fiscale dont nous travaillons à la soulager.

Aujourd'hui, les masses pauvres et laborieuses ont dans toutes leurs fractions conscience de leur solidarité et de leurs droits. C'est d'elles que viennent les sèves fécondes. Tout parti qui s'en sépare se tue et a mérité sa mort. (*Bravos répétés*).

A cette démocratie souffrante, nous devons d'abord les réformes promises. Ce devait être notre première tâche de briser dans la puissance politique de l'Eglise la force principale de l'esprit de recul. Notre tâche aujourd'hui doit être économique et sociale.

Je ne m'attarderai pas à reproduire ici notre programme dans cet ordre d'idées ; nous l'avons publié vingt fois. Ses doctrines fondamentales ont été développées devant vous, il y a deux jours, avec une admirable éloquence et si l'on n'a pas tout a fait renoncé pour cela à nous mettre de temps à autre en demeure de les énoncer à nouveau, nous sommes en droit de trouver que ceux qui nous adressent de telles sommations semblent plus impatients de nous faire répéter l'exposé de notre programme que de faire connaître le leur avec précision.

Les réformes inscrites depuis longtemps en tête de nos revendications sont aujourd'hui soumises au Parlement.

Il serait inadmissible qu'elles rencontrassent dans nos rangs, devant elles, des hésitations, des défiances, des pièges, des moyens dilatoires que vous avez déjà condamnés et que le suffrage universel condamnerait plus sévèrement encore.

Mais l'œuvre législative ne suffit pas à marquer le caractère d'une politique, il faut encore que l'on sente dans la gestion des affaires quotidiennes cet esprit de profonde sympathie pour les humbles qui fait comprendre à tous que la République est vraiment le gouvernement du peuple.

Il le faut dans l'administration courante sur laquelle ont si longtemps pesé d'un poids très lourd les chaudes influences sociales, presque toujours réactionnaires. Il le faut aussi, dans cette répression des désordres matériels qui s'impose à tous les gouvernements. (Très bien !)

L'histoire, hélas ! montre à cet égard que l'égalité devant la loi n'a été que trop souvent une formule vaine depuis l'attentat déjà ancien du Deux-Décembre, jusqu'aux odieuses falsifications de la justice qui ont soulevé naguère la conscience publique.

Tous les crimes venus d'en haut sont restés à peu près impunis et récemment encore, lors des inventaires, les violences préparées ou exercées contre les soldats de la loi par les prétendus défenseurs de l'armée bénéficiaient d'une indulgence bien rarement accordée aux soulèvements populaires. (Très bien !)

Si le malheur veut que des répressions doivent être exercées, il importe qu'elles le soient avec assez de mesure et avec un respect assez scrupuleux de toutes les garanties du droit pour ne jamais donner aux déshérités et aux souffrants l'impression que la société dans laquelle ils vivent est pour eux une ennemie. (Longs applaudissements).

Non, le péril pour nous n'est pas à gauche ; il est toujours à droite. Est-ce qu'on peut avoir sérieusement cette illusion, que la réaction n'existe plus ou a désarmé? Est-ce qu'on peut croire que la haute autorité religieuse, qui met à prétendre nous ramener au moyen âge une intransigeance plus aveugle et plus exaspérée que jamais laissera l'Eglise catholique et sa nombreuse clientèle fléchir dans leur guerre acharnée à l'esprit moderne et à la République ? Ne sait-on pas que le cléricalisme, quand il est battu au grand jour, continue son chemin sous terre et ne voyons-nous pas

partout, autour de nous, le sol soulevé par son travail de taupe? (*Applaudissements*).

D'autre part, ceux qui veulent sincèrement les réformes sociales peuvent-ils s'imaginer que les puissances
d'argent et les bénéficiaires des abus actuels soient
disposés à se réconcilier avec le mouvement démocratique qui menace les privilèges dont ils profitent?

Peut-on concevoir ce rêve fantastique d'une France
où l'esprit de conservation et de recul serait prêt à
sacrifier bénévolement sur l'autel de la République ses
haines vivaces et ses âpres intérêts ?

Demandez aux habitants des plus humbles villages
s'ils connaissent un clocher autour duquel la réaction
ait désarmé? La même réponse viendra de toutes les
extrémités du territoire, et ce serait choisir étrange-
ment son moment que de prétendre que les passions
de nos éternels ennemis s'apaisent à l'heure où l'on
voit le grand parti de « l'ordre » s'associer avec les
plus impudentes glorifications aux coups de revolver
du Panthéon comme naguère il s'associait au faux
Henry. (*Très bien !*)

La réaction est aujourd'hui ce qu'elle était hier.
(*Très bien*).

Un gouvernement républicain doit, comme autrefois, mériter ses attaques et mépriser ses injures.
Tout ce que nous avons à dire à cette nation qui a
fait confiance au parti radical, c'est qu'il reste résolu
à continuer, sous les plis du même drapeau et contre les mêmes ennemis, le combat pour la cause du
peuple (*Applaudissements répétés et prolongés. L'assemblée fait une ovation à l'orateur*).
(*La déclaration du Parti est adoptée par acclamations*)

RAPPORT DE LA COMMISSION DES VŒUX

Le citoyen Edmond Strauss, rapporteur. — Citoyens,
nous avons pensé devoir vous présenter les vœux qui
vous étaient soumis en les classant par catégories. Je
vais rapidement les exposer :

I. — VŒUX D'ORDRE POLITIQUE

Les fonctionnaires

Notre commission des vœux a été saisie, cette
année, d'un plus grand nombre de vœux par nos
comités adhérents : Il faut s'en réjouir, car ce fait

indique que nos comités sont, de plus en plus, en même temps que des centres de propagande en période électorale, des cercles d'études où on examine et discute les grands problèmes qui préoccupent si légitimement notre époque.

Quand, comme votre rapporteur, on est au courant, depuis la fondation du Comité Exécutif, des vœux envoyés chaque année par nos comités adhérents, on peut constater avec fierté pour notre Parti qu'un grand nombre de vœux ont disparu, la majorité radicale socialiste du Parlement ayant voté les lois qu'ils réclamaient. Il en est d'autres, au contraire, qu'on est étonné de revoir présentés chaque année à nos Congrès avec une insistance légitime par un grand nombre de nos organisations. Nous voulons parler des vœux ayant trait à l'attitude des hauts fonctionnaires.

Cette année encore, la Fédération du Nord, la Fédération des Alpes-Maritimes, la Fédération du Sud-Est, le Comité du canton de Tannay demandent l'épuration des hauts fonctionnaires, préfets et autres, dont beaucoup trop témoignent publiquement leur sympathie à des progressistes ou à des réactionnaires avérés, leur prêtent leur appui et contribuent à leur faire accorder des faveurs, des distinctions et des décorations.

Nous disons que nos organisations peuvent légitimement, représenter cette année encore, les mêmes vœux ; pourtant on peut dire que les chefs de notre Parti ont la responsabilité du pouvoir depuis près de dix ans ; malgré cela, l'attitude d'un certain nombre de préfets et de sous-préfets reste la même.

Nos amis se demandent comment une telle situation persiste, en dépit de toutes les batailles politiques gagnées.

Cela tient, à notre avis, à ce que nos chefs n'ont pas toujours eu le courage de faire leur devoir tout entier ; et aussi au mode de recrutement de ces fonctionnaires.

En principe, étant donnée l'influence prépondérante des préfets et des sous-préfets dans la politique du pays, leur nomination est laissée à la volonté entière du ministère.

Aucune règle n'existe pour l'administration préfectorale, parce que, dit-on, la confiance dans les convictions politiques des candidats et les services rendus à la République doivent guider le ministre.

En est-il ainsi dans la réalité ? On peut hardiment répondre : Non ! C'est tout le contraire qui se passe, il suffit de suivre les nominations dans la carrière préfectorale pour s'en rendre compte ; à part, bien entendu, quelques exceptions, où nos amis peuvent trouver parmi ces promus, ceux qu'ils ont appris a connaître et à estimer dans la bataille, parce qu'ils menaient le bon combat à leur côté, on ne voit que des inconnus des propagandistes.

Au contraire, les noms des nouveaux promus sont généralement suivis de cette qualité : « chef de cabinet de préfet ». C'est donc, depuis que la République est devenue vraiment le gouvernement des Républicains, le titre déterminant les nominations dans la carrière préfectorale.

Il suffit, maintenant, de jeter un coup d'œil sur la façon dont on devient chef de cabinet pour comprendre pourquoi un grand nombre de préfets et de sous-préfets ont aussi bien envers les principes qu'envers les personnes, cette attitude que nous qualifierons d'élégante.

Eh bien ! le préfet prend son chef de cabinet où bon lui semble, sans avoir de compte à rendre à personne ; dans sa famille, dans ses relations de salon. Si le préfet a des relations dans le monde réactionnaire, et nos amis de province savent combien ce cas est fréquent, voilà quel est le milieu où se recrutent la plupart des chefs de cabinet de préfet, qui seront certainement sous-préfets et peut-être préfets. Cela est si vrai que nous avons entendu un directeur du personnel (ancien préfet, naturellement) répondre à propos d'un de nos bons militants : « Je m'opposerai à sa nomination, il n'a pas été chef de cabinet de préfet », et le ministre de l'intérieur de l'époque a suivi cette indication.

Voilà donc des fonctionnaires dont la nomination est, en principe, laissée à l'agrément du ministre, mais, dans la réalité, ils sont les seuls qui, dans notre régime démocratique, soient nommés par une sorte de cooptation inavouée.

Eh bien ! il serait enfin aussi nécessaire que juste que nos ministres exigeassent un stage de propagande, un effort un peu long de la part de ceux qui veulent défendre nos principes dans un poste rétribué. Alors on ne verra plus, dans un certain temps, revenir cette éternelle question de l'épuration des fonctionnaires, préfets et sous-préfets.

En attendant cet heureux temps, la suppression des sous-préfets continue à être demandée.

La Fédération du canton de Sceaux (Seine) demande la suppression des sous-préfets.

Le Comité du canton de Tannay demande la suppression des sous-préfets, là où il n'y aura plus de député, si on en diminue le nombre.

Dans cette catégorie nous vous demanderons un vœu en faveur de la réduction du nombre de fonctionnaires.

(*Adopté*).

Le cumul des mandats

Plusieurs vœux concernant le mode du travail parlementaire et le cumul des mandats nous sont parvenus :

Ceux du docteur Lamy et de J. Falcon, délégués du Comité de l'Union des gauches du septième arrondissement.

Premier vœu. — Considérant que l'élection du président de la République, du bureau du Sénat, du bureau de la Chambre des députés et du Conseil municipal de Paris, constituent un vote absolument politique et qu'il est du droit des électeurs de connaître le vote de leurs élus, le Comité Radical-Socialiste du deuxième arrondissement de Lyon émet à nouveau le vœu que ces diverses élections se fassent au scrutin public.

Deuxième vœu. — Le Congrès :

Emet le vœu que le Parlement vote, au cours de la présente législation, la proposition de loi déposée sur le bureau de la Chambre des députés par M. Zévaès, interdisant aux sénateurs et aux députés de faire partie d'un conseil d'administration de Sociétés et Compagnies financières.

Il émet, en outre, le vœu qu'il soit interdit à tout sénateur ou député avocat, d'être avocat conseil de Sociétés et Compagnies financières.

Nous vous proposons le renvoi du premier de ces vœux au Comité Exécutif.

(*Le renvoi est adopté*)

Nous vous demanderons d'accepter le second vœu sur les parlementaires faisant partie de conseils d'administration.

(*Le vœu est adopté*)

La commission vous propose de renvoyer au Comité Exécutif pour rapport, devant le prochain Congrès, les deux vœux suivants présentés par le Comité démocratique de l'Union des gauches du septième arrondissement de Paris et le Comité d'Union radicale et radicale-socialiste du quartier Saint-Ambroise :

Considérant que la réunion de plusieurs mandats électifs entre les mains d'une même personnalité politique est des plus nuisibles à l'exercice normal de chacun d'eux.

Qu'en certaines circonstances ces divers mandats peuvent se trouver en conflit mettant ainsi leur possesseur dans l'impossibilité de soutenir les intérêts qui se trouvent être opposés.

Qu'à l'occasion d'une élection au deuxième degré, tout sénateur ou député, en même temps conseiller général ou conseiller d'arrondissement, diminue d'une unité le nombre des suffrages que pourrait recueillir le candidat du Parti.

Que, au contraire, l'exclusivité du mandat unique en outre de l'indépendance plus grande qu'elle donne rend l'exercice de ce mandat plus juste et plus profitable.

1º Emet le vœu :

Qu'une loi interdise le cumul des fonctions électives.

2º Décide :

Qu'une proposition dans ce sens sera déposée en 1909 sur le bureau du Parlement par les élus du Parti.

Suffrage universel

Nous avons été saisis d'un vœu de la Fédération du Nord demandant que le Parlement vote dans le plus bref délai le projet de loi présenté par M. Pasqual, député du Nord, spécifiant que les Français résidant à l'étranger ne pourront voter, dans les zones frontières, que dans la commune où ils sont nés et dans aucune autre.

D'autre part, le Comité du 2e arrondissement de Lyon et la Fédération de Lyon et du Rhône nous ont transmis le vœu nous demandant que l'on oblige formellement les séminaristes à voter dans leur pays d'origine.

On verra par les commentaires que le président de la Fédération du Nord, notre ami Debierre, a fait à l'envoi du vœu voté par sa Fédération que ces deux questions sont connexes.

« L'importance de ces vœux, notamment du dernier pour nos zones-frontières, ne vous échappera pas. C'est, je vous le rappelle, la descente de Belgique, de tout un monde de congréganistes qui a décidé du succès des réactionnaires cléricaux aux dernières élections municipales de la ville de Roubaix. Plus de cinq cents de cette sorte d'électeurs·sont inscrits également à Lille, quoique demeurant en Belgique. Ils sont venus apporter leur appoint aux dernières élections aux conservateurs et cléricaux de notre ville. »

Votre commission vous propose d'adopter ces vœux. Nos amis, comme tous les contribuables, verront s'effacer cette anomalie singulière qui met les finances, la prospérité des principales villes du Nord entre les mains de gens n'ayant aucun intérêt, sauf celui d'aider à l'élection des réactionnaires.

(Après échange d'observations ces vœux sont renvoyés au Comité Exécutif).

Vœu de la Fédération du Nord

Vœu tendant à ce qu'il soit interdit aux hauts fonctionnaires rétribués par l'Etat pour remplir des fonctions déterminées et, par conséquent, devant tout leur temps audit Etat, d'accepter d'autres postes ou fonctions, à moins que gratuitement et après y avoir été autorisés par le ministre de leur département administratif.

Votre commission vous propose d'accepter ce vœu.
(Adopté).

Vœu présenté par le citoyen Louis Martin, député, au nom de la Fédération du Var et de la Fédération du Sud-Est :

Que, dans l'enseignement primaire et vis-à-vis des instituteurs, les articles 1382 et 1383 du Code civil restent utilement applicables, tandis que, dans l'article 1384 on introduise, aux lieu et place de celle de l'instituteur public la responsabilité de l'Etat;

Que cette mesure soit étendue aux orphelinats laïques et garderies publiques et laïques d'enfants.
(Adopté).

Voici un autre vœu qui complète le précédent :

Vœu formulé par l'Association Amicale des Instituteurs et Institutrices du département de la Sarthe et que la Fédération reprend pour son compte afin de 'e présenter au Congrès de Dijon :

La Fédération, considérant que, le 7 juin 1908, l'Association amicale des Instituteurs et Institutrices du département de la Sarthe, réunie dans la ville du Mans, a adopté le

10

vœu suivant, décide de s'y rallier et de charger ses délégués au Congrès de Dijon de le défendre devant cette assemblée :

Considérant,

Qu'à cette ancienne et toujours existante iniquité nommée la responsabilité civile des accidents vient, en conséquence et par suite de cet arrêt, s'en ajouter une nouvelle que l'on peut nommer la responsabilité de l'enseignement social et républicain :

Que les procès de tendance soulevés, soutenus et payés par l'association cléricale dite « des pères de famille » et intentés aux instituteurs vont devenir de plus en plus nombreux ;

Que l'enseignement laïque est, par suite, dangereusement menacé en son ensemble ;

Qu'il ne faut pas oublier que les forces futures de notre démocratie dépendent de cet enseignement ;

Invite le Congrès du Parti Radical et Radical-Socialiste, à demander aux Sénateurs et Députés adhérents au Parti, de faire hâter le vote du projet de loi déposé en juin dernier, par M. le Ministre de l'Instruction Publique, et relatif à la défense des instituteurs laïques contre les attaques cléricales et réactionnaires.

Votre commission vous propose d'adopter ce vœu. (*Adopté*).

Réintégration des fonctionnaires

Le Comité central pour la défense du droit syndical des fonctionnaires, la Fédération nationale des Syndicats d'instituteurs et l'Emancipation du Syndicat des Bouches-du-Rhône demandent au Congrès de vouloir bien voter une motion en faveur de la réintégration dans leur emploi des petits fonctionnaires révoqués pour faits de syndicalisme.

Nous retenons une partie des considérants qui accompagnent ce vœu afin de bien montrer dans quel bon état d'esprit ce vœu est présenté. Nous sommes persuadés que le Parti radical et radical-socialiste voudra s'associer à la mesure d'apaisement déjà votée par la Chambre, en demandant au Sénat de rendre définitif le vote de la Chambre par l'adoption du projet Reinach (projet de réintégration des officiers et fonctionnaires).

Votre commission vous demande d'adopter ce vœu en faisant remarquer aux intéressés que les députés, membres du Parti, l'ont déjà voté.

(*Adopté*)

Sécurité des campagnes

Vous savez tous, ou presque tous, que nos campagnes sont absolument terrorisées par l'invasion en rangs serrés de bandes de romanichels qui se livrent à toutes sortes de déprédations. On les chasse d'un côté, ils reviennent de l'autre. Il faut que la sécurité soit rétablie sur les routes de ce pays, aussi, nous vous proposons d'adopter le vœu présenté par le Comité démocratique de Villefranche, vœu demandant *que la mendicité et l'autorisation de stationner aux nomades ou romanichels soient interdites sur tout le territoire français.*

(*Adopté*)

II. — VŒUX D'ORDRE ECONOMIQUE

Vœu demandant la protection du petit commerce et de la petite industrie

S'il est une catégorie de travailleurs qu'on a toujours trouvés au sein du Parti radical, c'est bien le groupe si intéressant des petits et moyens commerçants et industriels, aussi notre Parti s'est toujours attaché, avec raison, à les défendre, car leur cause est juste et leur situation de plus en plus menacée par les grands magasins et par une concurrence plus moderne et peut-être plus redoutable encore, par ces grandes affaires financières qui couvrent le pays de succursales causant la ruine des commerçants jusque dans les moindres villes de province. Aussi, restant dans la tradition du Parti qui combat toutes les féodalités, votre commission a adopté le vœu envoyé par la Fédération de la deuxième circonscription de Versailles, qui résume tous ceux que nous avons reçus de la Fédération radicale et radicale-socialiste de Lyon et du Rhône de la Fédération des Alpes-Maritimes, de la Fédération du Var, et de M. Louis Martin.

Le Congrès émet le vœu que les pouvoirs publics se préoccupent des trusts, cartels et syndicats financiers formés en France dans l'industrie et le commerce, en tant que ces associations et groupements formés ont pour effet de favoriser la fortune de quelques-uns au préjudice de la masse du pays ; et attendu que l'extension prise par les entreprises commerciales qui monopolisent la vente de tous les produits constitue un réel danger pour le petit com-

merce, d'autant plus que les impôts pèsent plus lourde-
ment sur ce dernier que sur ses gros concurrents ; le
Congrès émet le vœu que l'impôt frappe les entreprises de
groupement commercial, proportionnellement à leur chiffre
d'affaires, et selon une progression dont le coefficient sera
en raison directe du nombre des spécialités accaparées en
tenant compte toutefois, de l'importance de la ville où
s'exerce l'entreprise ; cette proposition frappera aussi les
succursales de ces mêmes entreprises, en raison directe
du nombre de succursales établies dans une même ville.

Votre commission vous propose d'adopter ce vœu.

Le citoyen Ceruse. — Je propose la motion suivante : Considérant que l'impôt sur le revenu donnera
satisfaction aux petits commerçants, passe à l'ordre
du jour.

Le citoyen Henry Bérenger — On ne peut pas subrepticement sous la forme d'un vœu, en séance plénière,
renouveler une manœuvre contre le projet d'impôt
sur le revenu. Il y a eu une Commission des réformes fiscales qui a fonctionné ; ces vœux auraient dû
lui être soumis. Je considère ce vœu comme dangereux car il peut constituer, je le répète, une manœuvre. Nous avons déjà vu ici le citoyen Sauerwein,
au nom d'un journal, nous apporter des propositions
destinées en apparence à protéger le petit commerce
alors qu'elles faisaient le jeu de la grande féodalité financière. (*Applaudissements*).

Le citoyen Ed. Strauss. — Le citoyen Bérenger ne
peut pas, en ce qui me concerne parler de manœuvre
contre le projet d'impôt sur le revenu, et faire un rap-
prochement entre la proposition apportée par le citoyen Sauerwein au nom de son journal et le vœu dont
je viens de donner lecture qui émane d'un comité du
Rhône et contresigné par la Fédération départementale. J'ai, comme vous tous, été frappé de l'inutilité
de ce vœu puisque ces questions intéressant le petit
commerce ont été traitées avec le plus grand soin
dans le projet de loi sur l'impôt sur le revenu discuté dans ses détails par un grand nombre de mes
amis à la Chambre. Je n'ai pas cru malgré cela devoir
le passer sous silence pour deux raisons : la première, c'est qu'il est bon de faire voir le feu de la
discussion aux vœux qui nous sont parvenus de nos
organisations, ne serait-ce que pour les encourager à
instituer dans leurs réunions des discussions sur toutes les questions qui préoccupent le pays c'est un

excellent moyen, le meilleur, pour parachever l'éducation des cadres de la démocratie.

En second lieu, nous nous rappelons quel effort vigoureux et persévérant le petit et le moyen commerce ont fait dans les premières années de la République pour aider à son établissement dans ce pays; nous avons voulu faire savoir une fois de plus au monde du commerce, en donnant connaissance de ce vœu, que, le Parti Radical et Radical-Socialiste ne faisant aucune différence de classe, tous les citoyens avaient droit à la justice.

Maintenant, je ne m'oppose pas au renvoi de ce vœu pour étude au Comité Exécutif.

Le président met aux voix le renvoi au Comité Exécutif.

Le renvoi est prononcé

Questions régionales

— Fédération radicale-socialiste de Lyon et du Rhône :

Application pour le transport des vins de Beaujolais des tarifs existant pour les transports des vins du Midi.

Rechercher les moyens propres à assurer la solution du canal latéral du Rhône et celle du Rhône à la Loire.

— Comité républicain du canton de Tannay :

Demandant l'établissement d'un chemin de fer d'intérêt local de Brinon à Clamecy, en passant par Asnon, Tannay, Asnois, Brèves, Dornecy, tracé présentant le plus d'intérêt pour les régions traversées et les communes desservies.

Un délégué. — On nous présente en toute dernière heure une série de vœux qui ont de l'importance; chacun d'eux exigerait une discussion approfondie; or, nous ne voulons pas permettre, que par la suite de votes accordés à la légère, on puisse ensuite se prévaloir d'une décision prise par le Congrès en l'opposant à ses propres décisions. Je demande le renvoi à la commission d'étude de ces vœux.

Le citoyen Bourély. — On ne peut pas discuter toutes ces questions, qui ont un caractère spécial, sous la forme de vœux; je demande qu'on renvoie les vœux à une commission spéciale.

(Cette proposition est adoptée à l'unanimité).

Le citoyen Gasparin, député de la Réunion, présente le vœu suivant :

Le Congrès,

Emet le vœu que le Gouvernement rappelle au respect des Institutions républicaines certains hauts fonctionnaires coloniaux — ceux de la Réunion principalement — qui combattent ouvertement leurs subordonnés républicains à cause de leurs opinions politiques et demande que ces derniers soient protégés.

(Adopté à l'unanimité).

Le général Godart passe la présidence au citoyen Henry Bérenger.

RAPPORT DE LA COMMISSION DES RÉFORMES MILITAIRES

Rapport du Général Godart

Le citoyen Général Godart. — Citoyens, il m'est très pénible de constater que beaucoup de nos collègues sont partis alors que nous avons à discuter ces questions si intéressantes des réformes à apporter dans l'armée française. Ces réformes doivent porter, vous le savez, sur l'avancement, sur les officiers généraux, sur les services de ravitaillement, sur le bien-être du soldat; tout le monde connaît évidemment à peu près ce mécanisme, mais personne n'a entendu développer fréquemment ces questions. On paraît montrer à les entendre peu d'intérêt et c'est attristant pour un vieux militaire comme moi qui étudie ces choses non seulement pour l'intérêt que j'y trouve mais encore parce que d'elles dépend la sécurité de la patrie. *(Applaudissements)* .

Citoyens,

La commission des réformes militaires vous présente un rapport dégagé des considérants et des discussions contradictoires attachés à chaque proposition.

En conséquence, nous vous exposons sous la forme d'une simple énumération plusieurs vœux, qui sont l'expression des désirs de l'armée ou qui nous sont inspirés par des projets parus dans les différentes revues militaires françaises.

Ainsi pensons-nous respecter les droits et les devoirs de la Commission de l'armée et du Parlement sur l'examen des avantages et des inconvénients de chaque réforme demandée parmi tant de réformes désirées et sollicitées depuis nombre d'années.

Après étude comparée, nous avons classé ces vœux.

1º Réformes radicales à apporter à la composition et à l'effectif de l'Etat-Major Général de l'armée métropolitaine et coloniale (dont l'effectif est trop nombreux et souvent sans commandement ou sans fonctions effectives).

2º Empêcher qu'un certain nombre d'officiers passent une grande partie de leur carrière dans des emplois trop sédentaires ou illusoires à Paris ou dans une autre grande ville, avec le bénéfice extraordinaire d'un avancement rapide qui tend à atténuer les superbes qualités de notre haut commandement ; le Gouvernement et le Ministre de la Guerre conservent naturellement l'initiative de la liberté absolue de choisir parmi les chefs respectueux des lois et dévoués à la République.

3º Suppression des commissions inutiles.

4º Réduction du nombre des membres des comités dont quelques-uns semblent vivre à Paris, du 1er janvier au 31 décembre de l'année — en congé à solde entière — sans compter le supplément de solde afférent aux garnisons déjà privilégiées de : Paris, Versailles, Vincennes, Nice et autres, etc.

5º Réforme du Code de justice militaire, promise depuis longtemps et attendue par tous.

6º Loi sur l'avancement des officiers tendant à se rapprocher toujours d'une plus grande justice pour chacun.

7º Réaliser des économies importantes par la suppression des inutilités dans le jeu du mécanisme de notre immense machine militaire : partie combattante, partie administrative, parties accessoires, bureaux du ministère, etc., etc., économies qui, quoi qu'on dise, et n'en déplaise aux esprits stationnaires, accroîtront la puissance offensive et défensive de notre belle armée.

8º Apporter une prudence extrême dans l'étude de l'augmentation du nombre de pièces de notre artillerie par une augmentation du nombre de batteries à 4 pièces.

Nous savons amplement ce que peut signifier une expérience, si elle n'est pas répétée un grand nombre de fois devant des jurys contradictoires. Rappelons à cet égard ce souvenir douloureux de l'Année Terrible : « Les batteries de notre canon de « quatre devaient briser l'artillerie allemande ! »

Excepté le dernier vœu, les autres vous ont déjà été présentés par nous-mêmes aux Congrès de Lille (1906), Nancy (1907), et adoptés à l'unanimité.

Après trois années d'attente, nous les soumettons à nouveau au Congrès de Dijon de 1908. Et nous vous prions de bien vouloir leur donner encore une fois votre approbation.

. Vous et nous reconnaissons l'urgence de la réalisation de ces réformes, l'urgence de rendre son plein essor de liberté à notre génie national, qui semble subir un malaise indéfinissable, malgré le rayonnement inouï de ses inventions scientifiques en tous genres, rayonnement qui serait d'un éclat autrement incomparable sous des directions plus pratiques, ainsi que l'exemple nous en est donné d'une façon merveilleuse par les autres grandes nations du monde.

La commission a également adopté et vous demande d'adopter le vœu suivant présenté par la Ligue radicale de Lille :

Considérant que la cause primordiale de l'antimilitarisme réside en ce fait que l'armée se trouve trop souvent appelée à intervenir dans les conflits du Capital et du Travail ;

Le Congrès émet le vœu que le concours de l'armée ne soit plus sollicité pour rétablir l'ordre dans les grèves ou autres manifestations que pour des cas exceptionnels et que l'organisation de la gendarmerie mobile plus spécialement désignée pour parer à ces éventualités soit poussée d'une façon active.

. (*Le rapport du général Godart est adopté à l'unanimité*).

Le citoyen Emile Chauvin. — Au nom du bureau, je me permets de formuler une autre proposition : c'est celle qui consiste à adresser l'expression de nos remerciements et nos félicitations au rapporteur des réformes militaires, notre sympathique ami le général Godart. (*Vifs applaudissements*).

Le citoyen général Godart. — J'ai encore à vous soumettre quelques vœux particuliers étudiés par la commission. La loi oblige le gouvernement à mettre en pratique l'enseignement primaire dans toutes les communes de France; or l'enseignement pratique du tir devrait être donné dans toutes les écoles, lycées ou établissements d'enseignement. Vous savez aussi que toutes les sociétés de tir, quelles qu'elles soient, sont obligées de payer leurs cartouches, et vous savez aussi que l'État est obligé tous les ans de faire désamorcer plusieurs millions de cartouches dont on enlève les douilles. Il faut payer tout un personnel pour ce travail. Il serait très facile au gouvernement de donner toutes ces cartouches à notre jeunesse, et cela ne coûterait presque rien. Je demande votre approbation. (*Assentiments*).

On a fait un rapport très documenté sur la suppression de la grande chancellerie de la Légion d'honneur; les conclusions tendent surtout à supprimer les écoles où les jeunes filles, parentes de légionnaires, reçoivent un enseignement religieux. Il conviendrait de supprimer ces écoles, ces maisons de la Légion d'honneur et de donner des bourses de remplacement à ces jeunes filles qui seraient élevées dans nos lycées.

Le citoyen Louis Tissier. — C'est encore un exemple de l'enseignement de classes; ce n'est pas un principe démocratique.

Le général Godart reprend la présidence.

Le Président. — J'ai reçu le projet de résolution suivant déposé par le citoyen Lerrus.

Le Congrès regrette l'absence de parlementaires qui ne sont pas présents au Congrès et qui ne se sont pas excusés. Il décide la publication à la suite du compte rendu du Congrès des noms des parlementaires présents.

Le citoyen Chauvin. — Est-ce que ce projet de résolution a été rapporté par une Commission ?

Le citoyen Louis Tissier. — Il est impossible de prendre une décision en ce sens ; il n'y a pas de liste de présence d'établie.

Le citoyen Emile Chauvin. — Je ferais observer qu'aux termes du règlement un vœu ne peut être voté en séance plénière que s'il est préalablement rapporté par une commission.

Le citoyen Bourély. — Il n'y a pas eu de liste de présence et des injustices seraient fatalement commises. On pourrait faire l'année prochaine une liste de présence des parlementaires.

Le citoyen E. Serrus — Je me fais l'écho des plaintes de plusieurs délégués de province qui constatent avec peine qu'il manque au moins 350 parlementaires au Congrès ; ils pourraient bien venir au Congrès au moins une fois par an. Nous protestons contre cette indifférence de nos chefs naturels puisqu'ils sont les élus du suffrage universel ou du suffrage restreint.

Sur les sept parlementaires de la Nièvre adhérents au Parti pas un seul n'est venu.

Un délégué. — Nous ne sommes pas assez nombreux ici pour prendre une décision à ce sujet.

(Le projet de résolution est retiré)

L'ordre du jour étant épuisé la séance est levée aux cris de : Vive la République démocratique et sociale !

COMI TÉ EXÉCUTIF

Exercice 1908-1909

Bureau du Comité Exécutif

Président : M. Lafferre, député de l'Hérault.

Vice-Présidents : MM. Louis Blanc, sénateur de la Drôme Bouffandeau, député de l'Oise ; Emile Chauvin, député de Seine-et-Marne ; Couyba, sénateur de la Haute-Saône ; Albert Dalimier, député de Seine-et-Oise ; Hector Depasse, député de la Seine ; Dessoye, député de la Haute-Marne ; Steeg, député de la Seine ; Henry Bérenger (Ille-et-Vilaine) ; J.-L. Bonnet (Mayenne) ; Chabanne (Seine) ; Chérioux (Seine) ; Debierre (Nord) ; Général Godart (Meurthe-et-Moselle) ; Herriot (Rhône) ; J.-B. Morin (Seine).

Secrétaires : MM. René Besnard, député de l'Indre-et-Loire ; Félix Chautemps, député de la Savoie ; Dauthy, député de l'Indre ; Delpierre, député de l'Oise ; Justin Godart, député du Rhône ; Malvy, député du Lot ; Régnier, député de l'Allier ; Schmidt, député des Vosges ; A. Bonet (Seine) ; Boussenot (Alpes-Maritimes) ; Chevillon (Eure-et-Loir) ; Emile Desvaux (Seine-Inférieure) ; Paul Falot (Oran) ; Albert Garnier (Seine) ; F. Michaut (Côte-d'Or) ; Postel (Sarthe).

Membres du Comité Exécutif

Membres d'honneur

MM. Henri BRISSON, député, Président de la Chambre des députés, ancien Président du Conseil des Ministres.
— Léon BOURGEOIS, sénateur, ancien Président de la Chambre des députés, ancien Président du Conseil des Ministres.
— Camille PELLETAN, député, ancien Ministre de la Marine.
— Emile COMBES, sénateur, ancien Président du Conseil des Ministres.
Général ANDRE, ancien Ministre de la Guerre.
VALLE, sénateur, ancien Ministre de la Justice.
DELPECH, sénateur de l'Ariège.

Délégués départementaux

Ain

MM. AUTHIER, député (Bourg).
CHANAL, député (Nantua).
MONTPEYROUX (Bourg).
NOBLET (Bourg).

Aisne

M.M. CECCALDI, député (Vervins).
COUESNON, député (Château-Thierry).
MAGNIAUDÉ, député (Soissons).
Amédée BUGNICOURT, publiciste (Chauny).
LEDUC, brasseur (Saint-Quentin).
POUILLART, président de la Fédération départementale (Bruyères-et-Montbérault).

Allier

MM. MINIER, député (Moulins).
PÉRONNET, député (Gannas).
RÉGNIER, député (La Palisse).
ALEXANDRE (Paris).
Henri CHATENET (Paris).
DU MESNIL (Paris).

Basses-Alpes

MM. HUBBARD, conseiller général.
J.-B. MALON, conseiller général.

Hautes-Alpes

MM. EUZIÈRE, député (Gap).
FERRARY (Versailles).
VALADIER, publiciste (Briançon).

Alpes-Maritimes

MM. G. BOUSSENOT (Charenton).
Xavier DUFRÊNE, publiciste (Nice).
Jules SIOLY, maire de l'Escarène.
Ed. STRAUSS, publiciste (Paris).

Ardèche

MM. BOISSY D'ANGLAS, sénateur.
BOURELY, député (Privas).

BALLIMAN, avocat au Conseil d'Etat (Paris).
CUMINAL (Paris).

Ardennes

MM. F. BACOT, industriel (Sedan).
CORNEAU, publiciste (Charleville).
FENAUX, conseiller général, maire de Givet.
OLLIVET, conseiller général, maire de Mouzon.

Ariège

MM. DELPECH, sénateur.
TOURNIER, député (Pamiers).
CHARLES, conseiller général (La Bastide-de-Sérou).
GACHES (Paris).

Aube

MM. CHARRONAT, député (Troyes).
PAUL MEUNIER, député (Bar-sur-Seine).
PAUL CAILLOT, avocat (Paris).
PIERRE DOLLAT, avocat (Paris).

Aude

MM. ALBERT SARRAUT, député (Narbonne).
JULES SAUZÈDE, député (Carcassonne).
LÉON CASTEL, conseiller général, maire de Lézignan.
MAURICE SARRAUT, publiciste (Paris).

Aveyron

MM. BALITRAND, député (Millau).
BOS, conseiller général, maire de Decazeville.
CABANAC, publiciste (Rodez).
DROUHIN, avocat (Paris).

Bouches-du-Rhône

MM. HENRI MICHEL, député (Arles).
NICOLAS ESTIER, avocat (Marseille).
ISSARTIER (Marseille).
VICTOR JEAN, conseiller général (Marseille).
LAUPIES (Marseille).
MARIUS PASCAL (Marseille).
PASQUET (Paris).
PAYAN (Marseille).
REYBAUD (Aix).

Calvados

MM. Paul BENARD, avocat à la Cour (Caen).
FOUQUET, industriel (Caen).
FRANKLIN-BOUILLON, publiciste (Paris).
Norbert LEVAVASSEUR, président de l'Association
Républicaine de Falaise (Ussy).
Dr NOURY (Caen).
Léon TISSIER, percepteur (Courseulles).

Cantal

MM. LINTILHAC, sénateur.
BADUEL, député (Murat).
RIGAL, député (Aurillac).
Dr DARSES, maire de Parlan.

Charente

MM. BRISSON, sénateur.
BIZARDEL, maire de Barbezieux.
BUROT, ingénieur (Nogent-sur-Marne).
GALINOU (Angoulême).

Charente-Inférieure

MM. Dr BRAUD, député (Rochefort).
LAURAINE, député (Saintes).
TORCHUT, député (Marennes).
BIGNON, président du Comité Radical et Radical-
Socialiste de Beauvais-sous-Matha.
BLANCHARD, publiciste (Rochefort).
RIGNOUX, maire de Surgères.

Cher

MM. DAUMY, sénateur.
DEBAUNE, député (Bourges).
PAJOT, député (Saint-Amand).
RAVIER, député (Sancerre).

Corrèze

MM. BUSSIERES, député (Brives).
DELMAS, député (Ussel).
MONS, député (Tulle).
TAVE, député (Tulle).

Corse

MM. AJACCIO, avocat (Bastia).
Ch. BOURRAT (Paris).
BRANDIZI (Bastia).
FABIANI, avocat (Paris).

Côte-d'Or

MM. GUENEAU, ancien député (Paris).
LE ROY (Dijon).
F. MICHAUT, vice-président de la Fédération départementale, à Chatillon-sur-Seine.
RADOUAN (Dijon).

Côtes-du-Nord

MM. Dr BAUDET, député (Dinan).
De KERGUÉZEC, député (Guingamp).
LE TROADEC, député (Lannion).
R. de JOUVENEL, avocat (Paris).

Creuse

MM. DEFUMADE, sénateur.
SIMONET, député (Aubusson).
BITTARD, publiciste (Paris).
A.-H. CANU, publiciste (Gueret).

Dordogne

MM. SARRAZIN, député (Sarlat).
SIREYJOL, député (Nontron).
CAPETTE-LAPLÈNE, conseiller général (Siorac).
DALBAVIE, conseiller général (Saint-Léon-sur-Vézère).
Robert DELADRIERE, président du Comité Républicain (Belvès).
JOUANAUD, président du Conseil d'arrondissement (Sarlat).

Doubs

MM. BEAUQUIER, député (Besançon).
Léon JANET, député (Besançon).
Julien FELIX, industriel (Besançon).
PUGET, rédacteur en chef du *Petit Comtois* (Besançon).

Drôme

MM. Louis BLANC, sénateur.
Charles CHABERT, député (Valence).
FERROTIN, président du Comité Républicain de Mirabel et Blacons.
Léon GENÈVE (Paris).

Eure

MM. Abel LEFEVRE, député (Evreux).
GROS-FILLAY, conseiller général (Nonancourt).
TAFFONNEAU, négociant (Paris).
VERLOT, professeur (Paris).

Eure-et-Loir

MM. CHEVILLON (Paris).
DURANTEL, publiciste (Dreux).
JOUANNEAU, avocat (Paris).
OULIF (Dreux).

Finistère

MM. LE BAIL, député (Quimper).
AUBERTIN, avocat (Paris).
BERRÉHAR (Brest).
BOTT, secrétaire général des Bleus de Bretagne (Morgat).
HAMONON (Paris).
LOUËL, publiciste (Lorient).
NATALINI (Brest).
Louis TISSIER (Paris).

Gard

MM. BONNEFOY-SIBOUR, sénateur.
DESMONS, sénateur.
POISSON, député (Uzès).
BERTRAND, président du tribunal de commerce (Nîmes).
Dr CROUZET (Paris).
Dr GASCUEL (Alais).

Haute-Garonne

MM. BEPMALE, sénateur.
BOUGUES, député (Saint-Gaudens).
GHEUSI, député (Muret).
FÉLICIEN COURT, conseiller d'arrondissement (Toulouse).
PAUL FEUGA, adjoint au maire (Toulouse).
MARROT, conseiller général (Saint-Simon).

Gers

MM. DESTIEUX-JUNCA, sénateur.
BAFFOS, avocat (Paris).
CAMPISTRON (Paris).
SAINT-MARTIN (Paris).

Gironde

MM. BAUDRY, négociant (Bordeaux).
BOURGOING (Bordeaux).
COURAUD (Saint-Savin-de-Blaye).
Dr DUPEUX, conseiller général (Bordeaux).

DUVERGE (Bordeaux).
NOUZARÈDE (Bordeaux).
PALENGAT, négociant (Bordeaux).
PÉRIE, conseiller général (Bordeaux).
Stanislas RAYMOND (Listrac-Médoc).
ROUSSIE, conseiller d'arrondissement (Bordeaux).

Hérault

MM. AUGÉ, député (Béziers).
LAFFERRE, député (Béziers).
PELISSE, député (Lodève).
BISCAYE, conseiller général (Béziers).
CHAZOT, avocat (Paris).
GARIEL, directeur du *Petit Méridional* (Montpellier).

Ille-et-Vilaine

MM. CAVALIER (Rennes).
COURIAUX (Choisy-le Roi, Seine).
Henry BÉRENGER, directeur de l'*Action* (Paris).
FICHET (Paris).
H. MORIN, directeur des *Nouvelles Rennaises* (Rennes).
PERNOT, receveur des Finances honoraires (Rennes).
QUEROY (Paris).
RÉVILLET (Paris).

Indre

MM. BELLIER, député (Châteauroux).
COSNIER, député (Châteauroux).
DAUTHY, député (La Châtre).
Dr TISSIER (Paris).

Indre-et-Loire

MM. René BESNARD, député (Tours).
ANGELLIAUME (Saint-Symphorien-les-Tours).
ARRAULT, directeur de la *Dépêche du Centre* (Tours).
Paul GASNIER, conseiller municipal (Langeais).

Isère

MM. CHENAVAZ, député (Saint-Marcellin).
RAJON, député (La Tour-du-Pin).
Dr BOUILLET (Paris).
BELMONT, avoué (Bourgoin).
DUFOUR, ancien député (Grenoble).
DUMOLARD, conseiller général (Grenoble).

Jura

MM. MOLLARD, sénateur.
TROUILLOT, sénateur.
ÉMILE CÉRÉ, député (Saint-Claude).
CHARLES DUMONT, député (Poligny).

Landes

MM. BOUYSSOU, député (Mont-de-Marsan).
BOURCERET, publiciste (Paris).
LAROQUETTE, publiciste (Mont-de-Marsan).
MANNE (Paris).

Loir-et-Cher

MM. GAUVIN, sénateur.
HUBERT FILLAY, avocat (Blois).
RAGOT, ancien député (Blois).
JOSEPH SALLES (Joinville, Seine).

Loire

MM. VIDON, député (Saint-Etienne).
ALLEX.
DAURELLE (Saint-Etienne).
DELASSALLE (Saint-Etienne).
DRIVET, sculpteur (Feurs).
JAILLARDON (Saint-Etienne).
MONOT, conseiller général (Saint-Martin-d'Estreaux).
PIERRE ROBERT, avocat (Montbrison).

Haute-Loire

MM. CAMILLE MARGUIER, directeur de l'*Action Républicaine* (Le Puy).
PAGES-RIBEYRE, conseiller général (Le Puy).
LÉON PEYRACHE, président du Comité Républicain Radical de Saint-Didier-la-Seauve.
Dr VIDAL, conseiller général (Paulhaguet).

Loire-Inférieure

MM. AMIEUX, négociant (Nantes).
LÉON DAVID (Nantes).
FOUCAULT, négociant (Nantes).
GRIVEAUD, ingénieur (Nantes).
LE BRUN, ingénieur (Nantes).
LELORD, conseiller général (Saint-Etienne-de-Mont-Luc).
SALIÈRES, directeur du *Populaire* (Nantes).
LOUIS VIEL, inspecteur primaire honoraire (Nantes).

Loiret

MM. DELAUNAY, député (Gien).
FERNAND RABIER, député (Orléans).
H. ROY, député (Orléans).
LECOMPTE (Orléans).

Lot

MM. COCULA, sénateur.
MALVY, député (Gourdon).
DE MONZIE, conseiller général (Castelnau).
TALOU, conseiller général (Saint-Géry).

Lot-et-Garonne

MM. LAGASSE, député (Nérac).
BEAUSSEIN, correspondant de la *Dépêche* (Agen).
JULES CELS (Paris).
G. DELPECH, conseiller général, maire d'Agen.

Lozère

MM. LOUIS DREYFUS, député (Florac).
LOUIS FAVET, avocat (Mende).

Maine-et-Loire

MM. ALLARRIC (Angers).
ABEL BOUTIN, avocat (Paris).
DESÈTRES, conseiller général (Angers).
STÉPHANE MILON, conseiller général, maire de Brissac.
Dr PÉTON, maire de Saumur.
ROLAND, rédacteur en chef du *Courrier de Saumur*
(Saumur).

Manche

MM. BOURGOGNE, conseiller général (Cherbourg).
CHEVALLIER, avocat (Paris).
DELAGARDE, avocat (Cherbourg).
HUITRIC, receveur des Finances (Cherbourg).
JEHENNE, conseiller général (Saint-Malo-de-la-Lande).
RINGARD, négociant (Cherbourg).

Marne

MM. BARCHAT, président du Comité Républicain (Vitry-
le-François).
CH. BERNARD, industriel (Châlons-sur-Marne).
DAILLY, publiciste (Reims).
GAILLEMAIN, conseiller général (Epense).
HAUDOS, avocat (Paris).
MIGNOT (Reims).

Marne (Haute)

MM. DESSOYE, député (Chaumont).
MOISSON, imprimeur (Chaumont).
PERCHERON (Vassy).
Th. VIARD, président de la Fédération Républicaine
départementale, à Langres.

Mayenne

MM. J.-L. BONNET, publiciste (Paris).
Pierre BORDEAU (Mayenne).
Dr DUPRÉ (Laval).
Paul LINTIER, maire de Mayenne.

Meurthe-et-Moselle

MM. GRILLON, député (Nancy).
Général GODART (Château de Lenoncourt).
Dr AIMÉ (Nancy).
BERNARDIN, juge de paix (Pont-à-Mousson).
LARCHER, avocat (Nancy).
MARIE (Longuyon).

Meuse

MM. Lucien BOURCERET (Paris).
Joseph CHARLES (Paris).
Albert PERNET, ancien maire de Bar-le-Duc.
POTERLOT, conseiller d'arrondissement, maire de
Stenay.

Morbihan

MM. Paul GUIEYSSE, député (Lorient).
BOUTHELIER (Lorient).
CHARDEVEL, maire de Guéménée.
GUINARD (Paris).
MACREZ (Pont-Scorff).
MARTINE, président de la Fédération départementale,
à Vannes.

Nièvre

MM. GOUJAT, député (Cosne).
COULON, publiciste (Paris).
MAGNIEN, maire de Metz-le-Comte.
ŒSINGER (Varennes-les-Nevers).

Nord

MM. BERSEZ, sénateur.
MAXIME LECOMTE, sénateur.
POTIÉ, sénateur.
DEFONTAINE, député (Avesnes).
DEHOVE, député (Avesnes).
DELECROIX, député (Lille).
DRON, député (Lille).
BONNEFOY (Lille).
Dr BOURDON, conseiller général (Landrecies).
BOURÉE-THIBAUT, industriel (Lille).
Dr DEBIERRE, président de la Fédération Radicale-
Socialiste.
RENÉ DUFLOT, conseiller d'arrondissement (Somain).
FLINOIS (Walincourt).
MOURMANT, conseiller municipal (Lille).
PETIT (Lille).
PIOLAINE, administrateur des hospices (Lille).
SELLIEZ, négociant (Roubaix).
SPRIET, avocat (Lille).
TÊTE, percepteur (Hondschoote).
VILLARD, adjoint au maire (Armentières).

Oise

MM. BAUDON, député (Beauvais).
BOUFFANDEAU, député (Beauvais).
CHOPINET, député (Senlis).
DELPIERRE, député (Clermont).
ANDRÉ DE BATZ, publiciste (Paris).
RENARD (Ferrières).

Orne

MM. ANDRÉ, directeur de l'*Avenir de l'Orne* (Alençon).
G. BODEREAU, publiciste (Etampes, Seine-et-Oise).
FABIUS DE CHAMPVILLE, publiciste (Paris).
RENÉ HUET (Paris).

Pas-de-Calais

MM. BERQUET, président de la Ligue Radicale, à Calais.
BUTEL (Boulogne-sur-Mer).
Dr CAMUS (Avesnes-le-Comte).
GALLEY, président de la Ligue Radicale de Noyelles-
sous-Lens.
LEFRANC, rédacteur en chef du *Petit Béthunois*
(Béthune).
LEMAITRE, conseiller général (Boulogne-sur-Mer).
MARANGE (Béthune).
PÉRON (Boulogne-sur-Mer).

PRUVOST-BARTIER, conseiller d'arrondissement (Hénin-Liétard).

GEORGES ROBERT, rédacteur en chef du *Progrès du Nord et du Pas-de-Calais* (Lille).

ROUSSEL, rédacteur en chef du *Journal de Lens*.

SEVIN, rédacteur en chef de l'*Avenir*, à Arras.

Puy-de-Dôme

MM. CLEMENTEL, député (Riom).
SABATERIE, député (Ambert).
CHERADAM (Paris).
GUILLEMAIN, conseiller général (Thiers).
Dr IMBERT, maire de Mozac.
MARROU, président de la Fédération départementale.

Basses-Pyrénées

MM. CADIER, avocat (Oloron).
ALFRED DOLHATZ (Bayonne).
JOSEPH GARAT, maire de Bayonne.
Dr INCHAUSPE, conseiller d'arrondissement (Ascarat).
Dr ELIE PECAUT (Ségalas).
RITOU, avocat (Bayonne).

Hautes-Pyrénées

MM. PEDEBIDOU, sénateur.
G. DREYT, député (Tarbes).
FITTE, député (Tarbes).
Dr BRAU (Paris).

Pyrénées-Orientales

MM. J. BOURRAT, député (Perpignan).
PUJADE, député (Céret).
F. MANAUT, président du Conseil général.
LÉON MILHAUD, avocat (Perpignan).

Haut-Rhin

MM. CH. SCHNEIDER, député (Belfort).
LAURENT THIÉRY, conseiller général (Belfort).

Rhône

MM. CAZENEUVE, député (Lyon).
JUSTIN GODART, député (Lyon).
HERRIOT, maire de Lyon.
JEAN LÉPINE (Lyon).
C. MICHAUT (Villefranche).

PAUL PIC, conseiller municipal (Lyon).
PONTEILLE, maire de Châtillon-d'Azergues.
RENARD, conseiller municipal (Lyon).
RIVIÈRE, conseiller municipal (Lyon).
ROBIN, conseiller général (Lyon).

Saône (Haute-)

MM. COUYBA, sénateur.
RENÉ RENOULT, député (Lure).
PÉROZ, conseiller général (Plancher-Bas).
SCHWOB, conseiller général (Héricourt).

Saône-et-Loire

MM. MAGNIEN, sénateur.
RICHARD, sénateur.
DUBIEF, député (Mâcon).
PETITJEAN, député (Louhans).
BUSSIÈRES, conseiller d'arrondissement (Saint-Léger-
    sous-Beuvray).
MYARD, conseiller général (Buxy).
POIRSON, imprimeur (Autun).
PROTAT, conseiller général (Mâcon).

Sarthe

MM. BOUTTIÉ, député (Le Mans).
BOUDET, administrateur des Hospices (Le Mans).
DESCHAMPS, président du Comité Républicain Ra-
    dical et Radical-Socialiste des trois cantons du
    Mans.
PELTIER, avocat (Paris).
POSTEL, percepteur (Enghien).
SAVIGNARD, conseiller municipal (Le Mans).

Savoie

MM. CHAMBON, député (Chambéry).
FÉLIX CHAUTEMPS, député (Albertville).
GEX, avoué (Chambéry).
REVEL (Chambéry).

Haute-Savoie

MM. FERNAND DAVID, député (Saint-Julien).
BOSSONEY (Chamonix).
CHARRIÈRE, juge au Tribunal (Bonneville).
GEORGES DANGON, publiciste (Paris).

Seine

MM. MASCURAUD, sénateur, président du Comité Républicain du Commerce, de l'Industrie et de l'Agriculture.

RANSON, sénateur.
F. BUISSON, député (Paris, XIII° arr.).
CHAUTARD, député (Paris, XV° arr.).
HECTOR DEPASSE, député (Saint-Denis, V°).
FERON, député (Saint-Denis, VI°).
GERVAIS, député (Sceaux, IV°).
MESSIMY, député (Paris, XIV° arr.).
PUECH, député (Paris, III° arr.).
STEEG, député (Paris, XIV° arr.).
AMOUROUX (Asnières).
BALANS (Saint-Maur-les-Fossés).
BAUBE (Paris).
BEER, conseiller municipal (Paris).
BELLANGER (Paris).
BLANCHON, conseiller général (Sceaux).
A. BONET (Paris).
BRULPORT (Paris).
F. CAHEN, membre du Conseil de direction du Comité Républicain du Commerce, de l'Industrie et de l'Agriculture (Paris).
CHABANNE, vice-président du Conseil de direction du Comité Républicain du Commerce, de l'Industrie et de l'Agriculture (Paris).
CARMIGNAC, conseiller général (Montrouge).
A. CHARPENTIER, publiciste (Paris).
A. CHÉRIOUX, président du Conseil Municipal (Paris).
COINTE, avocat (Paris).
A. DOMINIQUE, avocat (Paris).
J. DURAND, avocat (Paris).
FORGEOIS (La Garenne-Colombes).
GARNIER (Paris).
GÉLY (Paris).
L. LE FOYER, avocat (Paris).
MICHEL MILHAUD, avoué (Paris).
J.-B. MORIN, professeur (Paris).
MURAT (Paris).
PATENNE, conseiller municipal (Paris).
L. PRÉVOST (Paris).
RENEUX (Paris).
H. ROUSSELLE, conseiller municipal (Paris).
H. SALLES, publiciste (Montrouge).
SALMON, conseiller municipal (Paris).
P. VIROT, conseiller municipal (Paris).

Seine-Inférieure

MM. MAILLE, député (Rouen).
ALLARD, magistrat (Clainville-Bourg-Dun).
BEAURAIN (Rouen).
BÉNARD (Pavilly).
BOURDELOT (Le Tréport).
Em. DESVAUX, conseiller municipal de Paris.
Denis GUILLOT (Le Havre).
MAY (Rouen).
NIBELLE, avocat (Rouen).
Dr VALENTINO, maire de Graville.

Seine-et-Marne

MM. Émile CHAUVIN, député (Meaux).
BLANCHART, conseiller d'arrondissement (Esbly).
DELAROUE, maire de Melun.
DUCHESNE, conseiller général (Mortcerf).
PENANCIER, conseiller général.

Seine-et-Oise

MM. AIMOND, député (Pontoise).
BERTEAUX, député (Versailles).
DALIMIER, député (Corbeil).
GOUJAT (Houilles).
Émile LAURENT, avocat (Paris).
G. LEFÈVRE, avocat (Paris).
LEMOINE-RIVIÈRE, maire d'Argenteuil.
PÉRILLIER, avocat (Paris).

Deux-Sèvres

MM. DEMELLIER, député (Parthenay).
BRISSON (Nogent, Seine).
Clément MÉNARD, conseiller général, maire de
Thouars.
Frédéric MORIN (Colombes, Seine).

Somme

MM. FIQUET, député (Amiens).
JOUANCOUX, député (Amiens).
KLOTZ, député (Montdidier).
BOURDON, conseiller général (Davenescourt).
JOVELET, conseiller général (Saint-Léger-les-Domart).
Henri LAJUS (Amiens).

Tarn

MM. VIEU, sénateur.
ANDRIEU, député (Albi).
GOUZY, député (Gaillac).
Dr GUIRAUD, maire de Lavaur.

Tarn-et-Garonne

MM. CAPÉRAN, député (Montauban).
BONNAFOUS, publiciste (Montauban).

Var

MM. Louis MARTIN, député (Toulon).
GRUÉ (Solliès-Pont).
Dr HAGEN (Toulon).
PLANCHUD (Barjols).

Vaucluse

MM. MAUREAU, sénateur.
COULONDRE, député (Avignon).
PASQUET (Nogent, Seine).
VIALIS (Paris).

Vendée

MM. GUILLEMET, député (Fontenay-le-Comte).
BATIOT, maire de Talmont.
Dr GODET, conseiller général (Les Sables-d'Olonne).
L. Victor MEUNIER, publiciste (Bordeaux, Gironde).
Émile MOLINA, délégué cantonal (Libourne, Gironde).
MOURRA, père (Les Sables-d'Olonne).

Vienne

MM. G. POULLE, sénateur.
GODET, député (Châtellerault).
RIDOUARD, député (Loudun).
A. LACROIX (Paris).

Haute-Vienne

MM. TOURGNOL, député (Limoges).
NOILLER, rédacteur en chef du *Réveil du Centre*
(Limoges).
PAILLOUX (Paris).
ROUX, conseiller général (Saint-Yrieix).
TARRADE, conseiller général (Châteauneuf).

Vosges

MM. MATHIS, député (Mirecourt).
SCHMIDT, député (Saint-Dié).
C. DUCEUX, industriel (Saint-Dié).
C. PICARD, maire de Lamarches.
GILBERT RENAUD, conseiller général (Epinal).
P. VÉNARD, professeur (Remiremont).

Yonne

MM. BIENVENU-MARTIN, sénateur
LORDEREAU, sénateur.
COLLON, conseiller municipal (Neuvy-Sautour).
SILVY, conseiller général.

ALGÉRIE

Alger

MM. GÉRENTE, sénateur.
JEAN RAYNAL (Morsang-sur-Orge, Seine-et-Oise).

Constantine

MM. AUBRY, sénateur.
CUTTOLI, député.
Dr GUIGON (Constantine).
MYRTIL STIRN, avocat (Paris).

Oran

MM. CÉSAR TROUIN, député.
LOUIS BORDE (Paris).
FERDINAND DURET, adjoint au maire (Oran).
PAUL FALOT (Rueil, Seine-et-Oise).

COLONIES

Cochinchine Française

MM. FRANÇOIS DELONCLE, député.
BOUNDAL (Paris).

Guadeloupe

MM. CICÉRON, sénateur.
ACHILLE-RENÉ BOISNEUF, conseiller général (Basse-Terre).
HÉRISSON, négociant (Paris).
J.-B. TESSONNEAU, négociant (Paris).

La Guyane

MM. E. LEBLOND (Paris).
URSLEUR, avocat (Cayenne).

Inde Française

MM. BONOMALI PAL, conseil agréé (Chandernagor).
Henri MAGER (Paris).

La Martinique

MM. KNIGHT, sénateur.
SÉVÈRE, député.
LEMERY, avocat (Paris).
SHEIKEVITCH (Paris).

La Réunion

MM. GASPARIN, député (Paris).
ENRIQUEZ, avocat (Paris).

Le Sénégal

MM. CARPOT, député.
SCELLIER, publiciste (Paris).

Table des Matières

Séance préparatoire..................................... 3

SÉANCE D'OUVERTURE. — Discours de M. Jossot. 4
Discours de M. Delpech........................... 6
VÉRIFICATION DES POUVOIRS............................. 8
Rapport de M. Lefranc sur les TRAVAUX DU COMITÉ
EXÉCUTIF ET DE SON BUREAU PENDANT L'EXERCICE 1907-
1908 11

DEUXIEME SEANCE 23
LA RÉFORME FISCALE. — Rapport de M. Henry Béren-
ger sur l'impôt sur le revenu. — Discussion...... 25
LES RÉFORMES SOCIALES. — Rapport de M. Bousse-
not sur le laisser-faire économique et social...... 47
Rapport de M. Pic................................ 98
LA PROPRIÉTÉ ET LA LUTTE DE CLASSES. — Discours de
M. Emile Chauvin............................. 104
Nomination de la Commission de la déclaration du
Parti 120
LES RÉFORMES SOCIALES. — Suite du rapport de
M. PIC..................................... 120

TROISIEME SEANCE. — Discours de M. J. Bourrat. 124
Rapports de la Commission d'ENSEIGNEMENT ET DE DÉ-
FENSE LAIQUE................................. 126
Rapport de M. Hubbard........................... 127
Rapport de M. F. Buisson......................... 137
LA TACTIQUE DU PARTI. — Rapport de M. Maurice Sar-
raut 145
Discours de M. Charles Dumont.................... 152
Discours de M. Perraud.......................... 162

QUATRIEME SEANCE 166
Nomination du Comité Exécutif.................... 167
L'ADHÉSION ET LA COTISATION DES PARLEMENTAIRES...... 168
Rapport de la Commission des finances........... 168
Rapport de la Commission de propagande et d'or-
ganisation du Parti. — Rapport de M. J.-L. Bonnet. 170
POLITIQUE EXTÉRIEURE ET COLONIALE. — Rapport de
M. Lucien Le Foyer............................ 177
Nomination du Comité Exécutif (Suite)............ 194
RÉFORMES ÉLECTORALES, ADMINISTRATIVES ET JUDICIAIRES.
Rapport de M. J.-L. Bonnet...................... 198
Rapport de M. Herriot.......................... 205
COMMERCE, AGRICULTURE, INDUSTRIE, ÉTUDES ÉCONOMIQUES.
Rapport de M. J. Bourrat sur LA CRISE VITICOLE.... 215

LE CONTRAT DE TRAVAIL..........................
   Rapport de M. Emile Chauvin................... 219
   Rapport de M. Gavelle......................... 245
   Motion de M. Bepmale......................... 249
Rapport de M. Garnier sur l'ARBITRAGE OBLIGATOIRE.. 250
Rapport de M. Alfred Bouet sur LES ASSURANCES AGRI-
   COLES 252
Rapports de la Commission de discipline. — Affaires
   Leboucq et Thalamas......................... 253

CINQUIEME SEANCE ....
LA COTISATION DES PARLEMENTAIRES (suite de la discus-
   sion) 256
Le Congrès de 1909............................. 257
Rapport de la COMMISSION DU RÈGLEMENT..........
Rapport de M. Emile Desvaux................... 260
LES FÉDÉRATIONS DÉPARTEMENTALES...............
   Rapport de M. J.-L. Bonnet.................... 266
LA PROPAGANDE DU PARTI. — LA DISCIPLINE ÉLECTORALE
   Rapport de M. J.-L. Bonnet.................... 272
   Rapport de M. L. Tissier...................... 276
DÉCLARATION DU PARTI........................... 280
Rapport de la Commission des VŒUX............. 284
RÉFORMES MILITAIRES............................
Rapport de M. le général Godart............... 294
Liste des Membres du Comité Exécutif (exercice
   1908-1909) 299

IMP. FRANÇAISE, J. DANGON, 128, R. MONTMARTRE, PARIS.

www.ingramcontent.com/pod-product-compliance
Lightning Source LLC
Chambersburg PA
CBHW050505270326
41927CB00009B/1904